국제상사조정체제

싱가포르조정협약을 중심으로

박노형

박영사

본서는 최근 UNCITRAL, 즉 UN을 중심으로 확립되고 있는 국제상사분쟁의 조정에 의한 해결에 기반한 국제상사조정체제를 다루고 있다. 본서는 '조정에 의한 국제화해합의에 관한 UN협약'('싱가포르조정협약')을 주로 분석하면서, 'UNCITRAL 국제상사조정 및 조정에 의한 국제화해합의 모델법(2002년 UNCITRAL 국제상사컨실리에이션 모델법 개정)'('조정모델법')도 일정 부분 함께 다룬다.

저자는 1990년 9월 고려대학교 법과대학에서 국제경제법(통상법)을 주된 전공으로 강의와 연구를 시작하였다. 당시 통상법을 연구하면서 GATT 중심의 규범적 연구와 함께 국가 간 통상 마찰의 협상을 통한 해결에도 관심을 가졌다. 당시 학교에서 '영법강독'을 개설하여 법대생들의 영어 자료에 대한 이해를 높이고 있었는데, 저자가 이 과목을 맡으면서 Harvard Law School의 Roger Fisher 교수가 저술한 *Getting to Yes*를 교재로 사용하였다. 우리 법대생들이 영어에 대한 이해와 함께 협상에 대한 이해도 함께 가지길 바라는 이유에서 이 교재를 선택하였다. 마침 1993년 12월 Uruguay Round가 타결되었는데, 우리 국민을 충격에 빠뜨린 한국의 쌀시장 개방이 언론에 보도되면서, 협상 실패에 대한 원인으로서 통상법 전문가와 협상 전문가가 없다는 것이 이구동성으로 지적되었다. 당시 세계화추진위원회(세추위)는 통상법 전문가 양성을 위하여 사법시험에 관련 과목을 포함하기로 하였고(국제거래법이 통상법이라고 했다가 결국 국제경제법이 어렵게 포함되었음), 협상 전문가 양성을 위하여 대외경제정책연구원 주관으로 Harvard Law School의 협상 교육이 시행되었다. 당시 젊은 사무관과 서기관 중심으로 주 닷새 협상 교육이 시행되었는데(40시간의 교육 시간은 대학에서 한 학기 한 과목 교육 시간에 해당), 국책연구원과 대학의 전문가들도 이 협상 교육에 투입되었고, 저자도 이 교육의 혜택을 받았다. 저자는 그 몇 년 전 Harvard Law School에서 LL.M.(법학석사) 과정을 이수하였는데, 국제법을 공부하면서 이 학교가 협상 교육과 연구로도 우수하다는 것을 모르고 있었다. 일주일 협상 교육을 마치고, 저자는 고려대 법과대학에 협상론을 정식으로 개설하였고, 2009년 법학전문대학원이 개설된 후에도 꾸준하게 법대생들과 법전원생들에게 협상과 조정을 교육하였다. 이와 함께 2007년 「협상교과서」(랜덤하우스코리아)를 출간하였다. 당시 시중에 협상에 관한 단행본이 100여 권 출간되어 책의 마땅한 제목을 잡지 못하여 '교과서'의 제목을 붙였던 사정이 새롭다. 이런 중에 Harvard Law School에서 협상 교육을 받은 전문가들 중심으로 사단법인 한국협상학회의 설립과 이후 조정에 관심을 가진 전문가들 중심으로 사단법인 한국조정학회의 설립에 적극적으로 참여하였다. 그리고 2020년 9월 산업통상자원부 등록으로 사단법인 국제조정센터(Korea International Mediation Centre, KIMC)의 설립을 주도하였다.

사단법인 국제조정센터(KIMC)는 본서의 주제인 싱가포르조정협약의 채택에 따른 국제상사분쟁의 조정에 의한 해결, 즉 국제상사조정이 국제사회에서 국제상사중재와 함께 중요한 역할을 할 것이라 예상하고 설립되었다. KIMC의 설립을 통하여 한국도 국제상사분쟁을 조정으로 해결하는 국제적 흐름에 참여한 것이 되지만, 국내에서 싱가포르조정협약과 조정모델법에 대한 올바른 이해가 필요하기에, 본서를 준비하게 되었다. 본서를 준비하면서 주로 외국 전문가들의 선행 연구를 참조하였는데, 국내와 외국의 조정 실무는 물론 조정의 연구 기반과 실적의 큰 차이를 절감하였다. 저자는 물론 국내 전문가들의 조정에 대한 이론과 실무의 연구와 이에 기반한 충실한 교육이 절실하다.

싱가포르조정협약의 올바른 활용은 21세기 한국의 새로운 경쟁력이 된다. 싱가포르조정협약이 추구하는 조정은 우리 기업과 정부의 협상과 조정에서 도움이 될 것이다. 특히 우리 기업이 외국 기업과 체결한 계약의 이행에 관한 분쟁에서 조정에 의한 화해합의를 거래 상대방이 이행하지 않는 경우, 그의 자산이 소재한 싱가포르조정협약 당사국에서 동 화해합의를 집행할 수 있다. 싱가포르조정협약과 같은 조약은 일반적으로 그 당사국인 국가의 권리와 의무를 규정하는 점에서 기업 등 사인에게 직접적인 관련이나 영향을 주지 않는다. 그러나 싱가포르조정협약은 국제상사분쟁의 조정에 의한 화해합의의 궁극적인 집행과 승인을 목적으로 하는 점에서 법원 등 정부는 물론 국제상사조정을 종종 이용할 수밖에 없는 기업들은 이를 반드시 잘 이해하여 활용해야 한다. 즉, 싱가포르조정협약은 그 당사국인 국가의 의무를 규정하지만, 화해합의의 당사자들인 기업의 권리와 이익을 직접 보호한다. 따라서, 우리 기업, 우리 기업에게 법적 자문을 주는 사내외 변호사 및 법원 등 정부 부처는 싱가포르조정협약의 내용을 올바르게 이해하고 이를 적극 활용할 수 있어야 한다. 본서가 우리 기업과 변호사 등 실무계 및 법원 등 정부의 국제상사조정체제의 올바른 이해와 활용에 도움이 되길 기대한다.

저자는 지난 30년 가까이 협상과 조정의 교육과 연구를 꾸준히 수행할 수 있도록 국내외 전문가들의 도움을 받았다. 중국 절강대학 법학원의 WANG Guiguo 교수께서 홍콩성시대학교(City University of Hong Kong) 법학원 교수로 재직할 당시 저자와 일본 규슈대학교 법학원 Levin Kobayashi HISAKO 교수와 함께 조정에 관한 한중일 국제세미나를 수년 동안 진행하였다. 특히 WANG 교수께서 중국의 일대일로(Belt and Road Initiative) 관련 프로젝트로서 주도한 분쟁해결절차의 마련에서, 저자는 조정에 관한 집필을 담당하였다. 또한, 호주 멜버른 소재 RMIT대학교 Rajesh SHARMA 교수께서는 저자의 국제조정센터(KIMC) 설립 및 아시아 지역 ADR기관 협의체인 APCAM(Asia Pacific Centre for Arbitration and Mediation)에의 가입 등에 있어서 큰 힘을 주셨다. 또한, UNCITRAL 사무국의 Anna JOUBIN−BRET 사무국장과 이재성(Jae Sung LEE) 변호사께서 저자가 한국조정학회 회장을 맡을 당시부터 지속적으로 저자의 싱가포르조정협약의 연구에 큰 도움을 주셨다. 또한, 계명대학교 법학과 이로리 교수와 고려대학교 법학연구원 정명현 연구교수, 법무법인 광장 배연재 박사도 오랫동안 교내외 협상과 조정의 교육에서 저자에게 큰 도움을 주었다. 또한, 사단법인 한국조정학회 초대회장이신 부구욱 영산대학교 총장과 현재 회장을 맡고 계신 김용섭 교수께서도 저자의 협상과 조정 교육 활동에서 큰 도움을 주셨다. 특히 부구욱 총장께서는 서울지법 부장판사로서 민사조정을 담당하고 계실 때 저자가 민사조정에 입문할 기회를 주셨다. 그 외에도 감사드려야 할 여러분이 많지만, 한국조정학회와 국제조정센터(KIMC)의 구성원들은 물론 지난 30년 가까이 고려대학교 법과대학과 법학전문대학원에서 협상과 조정 교육을 수강한 학생들은 저자가 협상과 조정의 연구와 교육에 더 집중할 수 있도록 큰 자극과 도움을 주었기에 이 기회에 감사드린다. 또한, 본서의 출간을 맡아주신 박영사와 그 편집진에게 깊이 감사드린다. 또한, 저자가 마음껏 하고픈 공부를 할 수 있게 해준 가족들과 주위의 가까운 여러분에게 감사드린다.

2021년 11월
박노형

일러두기

본서의 본문은 싱가포르조정협약의 분석, 조정모델법의 간략한 이해 및 조정의 간략한 이해의 세 부분으로 구성된다. 본서의 대부분은 싱가포르조정협약의 분석이고, 조정모델법은 싱가포르조정협약에 관련되는 내용을 반영하였다. 조정모델법은 궁극적으로 조정에 관한 국내법의 제정에 참고가 되는 것이어서 조만간 조정모델법에 기초하여 국내에서 조정에 관한 법이 제정되면, 조정에 관한 국내법의 연구와 함께 조정모델법도 연구되어야 할 것이다. 조정의 간략한 이해는 UNCITRAL 사무국의 노트(Note)를 거의 번역하는 수준으로 소개하였다. 동 조정 노트는 2021년 7월에 채택되어서 조정에 관한 가장 최근의 국제적인 합의를 반영한 것으로 볼 수 있다. 조정 노트와 함께 채택된 UNCITRAL의 조정규칙(Mediation Rules)은 다루지 않았는데, 조만간 조정의 실무에 관한 연구에서 동 규칙도 포함되어야 할 것이다.

본서는 UNCITRAL에서 협상을 거쳐 확정된 싱가포르조정협약에 기반하는 국제상사조정체제를 이해하고자 한다. UN 문서인 싱가포르조정협약과 조정모델법의 영문 자료를 분석하였고, 본서의 준비 과정에서 이들 문서에 대한 저자의 번역과 이해에 바탕을 두었다. 본서를 준비하면서, 싱가포르조정협약의 내용을 올바르게 이해하는 것이 중요하였다. 마침 2019년 저자가 회장을 맡고 있을 때 한국조정학회는 싱가포르조정협약의 공식 서명에 즈음하여 학회 설립 10주년 기념사업으로서 동 협약과 조정모델법의 영문/국문본을 발간하였다. 2년이 지난 후 본서를 준비하면서, 위 번역을 다시 검토하였고, 저자는 이들 UN 문서의 내용을 보다 충실하게 반영하려고 노력하였다.

저자는 영어 자료의 국문 번역에서 직역을 기본으로 하였지만, 싱가포르조정협약의 번역은 그렇게 쉽지 않았다. 예컨대, 협약 제4조에서 'reliance on settlement agreements'와 협약 제5조에서 'settlement agreement sought to be relied upon'의 번역에서 'reliance on'과 'relied upon'의 번역에 고심하였다. 싱가포르조정협약의 중국어본(정본)과 일본어본(비공식본)을 참조하여, '원용하다'로 번역하였지만, 쉽지 않은 선택이었다. 싱가포르조정협약의 번역과 관련하여 서울대

법전원 권영준 교수, 고려대 법학연구원 정명현 박사, 중국 절강대학교 법학원 마광(马光) 교수, 법무법인 광장 배연재 박사, 사단법인 국제조정센터 이상혁 박사, 오석영 대표, 이재우 박사와 정한아름 미국변호사 및 고려대 박사과정 리징(黎婧) 학생의 도움을 받았다. 그러나 본서의 관련된 번역의 책임은 저자에게 있고, 저자의 한계를 실감하였다.

싱가포르조정협약은 일반적으로 조정에 의한 국제화해합의의 '집행'을 부여하는 것으로 이해하고, 본서도 동 협약의 설명에서 종종 이러한 화해합의의 집행이라고 설명한다. 그러나, 동 협약은 화해합의의 '구제'(relief) 부여에 관한 것이고, 그 구제는 협약 제3조에서 확인되듯이 화해합의의 집행(1항)과 승인(2항) 모두를 포함하는 점에 유념하여야 한다.

보통의 경우 각주를 사용하지만 본서의 경우 본문의 가독성을 높이기 위하여 미주를 사용하였다.

'외국 중재판정의 승인 및 집행에 관한 UN협약'은 보통 '뉴욕협약'으로 불리지만 본서는 싱가포르조정협약과 상응하게 '뉴욕중재협약'이라고 부른다.

마지막으로, 싱가포르조정협약의 보다 깊은 이해를 위하여 관련 논문 등을 참조해야 하지만, 동 협약의 협상 과정을 기술한 UNCITRAL 작업그룹(Working Group Ⅱ)의 보고서와 사무국 노트 및 특히 실제 협상의 녹음 파일(audio recordings of meetings)이 도움이 된다. 이들 자료는 각각 https://uncitral. un.org/en/working_groups/2/arbitration; https://uncitral.un.org/en/audio에서 확인할 수 있다. 또한, Singapore International Dispute Resolution Academy가 싱가포르조정협약의 전용 웹사이트(https://www.singaporeconvention.org/)를 개설하였는데, 동 웹사이트는 동 협약의 협상 과정의 준비문서(*Travaux Préparatoires*)를 잘 정리하였으니, 큰 도움이 된다. 앞으로 국내에서도 싱가포르조정협약을 포함한 국제상사조정에 대한 연구와 교육이 보다 활성화되기를 기대한다.

싱가포르조정협약의 핵심

싱가포르조정협약의 적용을 받는 국제적인 화해합의의 직접 집행 또는 승인은 동 화해합의 당사자들의 국적과 관계없이 어느 협약 당사국에서도 가능하다.

이렇게 화해합의의 집행이 청구되는 협약 당사국에는 동 화해합의의 이행에 도움이 될 관련 자산이 소재할 것이다.

해당 분쟁이나 조정과 관련이 없는 협약 당사국도 자신의 절차규칙에 따라 및 싱가포르조정협약에 규정된 조건으로 해당 화해합의를 집행하고 승인해야 한다.

싱가포르조정협약이 적용되는 전형적인 예

오랫동안 거래 관계에 있던 A국 갑기업와 B국 을기업 사이에 분쟁이 발생하였지만, 곧 두 기업은 조정에 의한 화해합의를 체결하여 동 분쟁을 성공적으로 해결하였다. 그런데 부득이한 상황이 발생하여, B국 을기업의 A국 갑기업에 대한 상당한 금액의 지급이 이행되지 못하였다. 마침 A국 갑기업은 C국에서 B국 을기업이 보유한 상당한 규모의 부동산과 동산을 확인하였다. C국은 싱가포르조정협약 당사국이다. A국 갑기업과 B국 을기업이 체결한 화해합의는 협약 제1조에 규정된 조건을 충족한다. 이에 A국 갑기업은 협약 제4조에 따라 C국 법원에 B국 을기업과 체결한 화해합의의 집행을 청구하였다. B국 을기업은 협약 제5조에 규정된 화해합의의 구제 부여 거부를 위한 별다른 이의를 제기하지 않았다. 결국 C국 법원은 협약 제3조 1항이 정한 대로, 자신의 절차 규칙에 따라 및 싱가포르조정협약에 규정된 조건으로 동 화해합의의 구제, 즉 직접 집행을 부여한다.

국제상사분쟁이 조정에 의하여 해결되어 화해합의가 체결되면, 싱가포르조정협약은 동 화해합의가 협약 당사국의 법원 등 소관당국에 의하여 구제, 즉 직접 집행될 수 있게 한다. 싱가포르조정협약은 조정의 당사자들 중심의 자발적이고 유연한 해결을 그대로 유지하면서 그 결과인 화해합의가 협약 당사국에서 구제될 수 있게 한다. 즉, 협약 당사국은 이러한 화해합의의 집행과 승인의 의무를 이행하여야 한다.

싱가포르조정협약이 적용될 상사분쟁 유형

상사분쟁의 '상업적' 개념은 계약인 여부에 관계 없이 상업적 성격의 모든 관계에서 발생하는 사안을 다루도록 넓게 해석되어야 한다. 상업적 성격의 관계는 다음의 거래를 포함하나 이에 국한되지 않는다: 상품 또는 서비스의 공급이나 교환을 위한 모든 거래계약; 유통계약; 상업적 대리 또는 대리인; 팩토링; 대여; 건설공사; 컨설팅; 엔지니어링; 라이센싱; 투자; 파이낸싱; 은행 업무; 보험; 개발계약 또는 양허; 합작 및 다른 유형의 산업 또는 사업 협력; 및 항공, 해상, 철도 또는 육로의 상품 또는 승객의 운송.

싱가포르조정협약은 국제상사분쟁의 조정에 의한 화해합의에 적용되지만, 상사분쟁의 '상업적'(commercial) 개념에 대한 정의를 규정하지 않는다. 대신 조정모델법은 '상업적' 개념을 위에서처럼 설명한다.[1] 싱가포르조정협약에 따라 국제상사분쟁의 조정에 의한 해결이 활성화될 것인데, 싱가포르조정협약은 계약에서 발생하는 분쟁은 물론 상업적 성격의 모든 관계에서 발생하는 분쟁에 적용된다. 위에서 언급된 상사분쟁의 유형은 예시에 불과한 점에서, 기업과 기업의 분쟁은 대체로 싱가포르조정협약의 적용을 받는 상업적 성격을 가지게 될 것이다.

---

1) 조정모델법 각주 1.

○ ○ ○
조정의 두 가지 가능한 유형

유형 1

오랫동안 거래 관계에 있던 A국 갑기업와 B국 을기업 사이에 분쟁이 발생
하였고, 동 분쟁은 법원의 재판에 회부되었지만, 당사자들은 동 분쟁을 조
정을 통하여 해결하고자 합의하였다. 조정인으로 C국 변호사가 선임되었고,
조정의 과정에서 법적 쟁점에 집중하여 당사자들 사이의 협상이 진행되었
다. 또한, 당사자들보다는 그들을 대리하는 변호사들이 주도하여 조정인과
상대하였다. 당사자들은 대체로 수동적인 역할을 하였다. 당사자들의 변호
사들은 동 분쟁이 법원의 재판으로 해결되는 경우 예상된 결과와 조정에서
합의될 결과를 비교하였다. 결국, 동 분쟁은 조정으로 해결되지 않았다.

유형 2

위의 예에서 A국 갑기업과 B국 을기업은 조정을 시도하였고, 변호사 대신
C국 협상 전문가를 조정인으로 지정하였다. C국 조정인은 당사자들과 그들
의 변호사들에게 조정에서 그들의 역할과 자신의 역할을 설명하였다. 특히
조정인은 그동안 법적인 접근에서 다루어지지 않은 당사자들 사이의 사업
과 거래 관계 등을 반영하여 이해관계 중심으로 창의적인 옵션 개발을 통
한 협상에 기반한 조정을 수행할 것을 설명하였다. 조정에 의한 합의가 이
루어지면, 조정인은 당사자들의 변호사들에게 구속력 있는 합의문, 즉 계약
으로서 화해합의의 내용을 초안하도록 부탁할 것이라고 설명하였다. 조정
의 수행에 하루가 소요되었고, 합의가 도출됨에 따라 조정인은 당사자들과
참석한 변호사들에게 도출된 합의 내용을 설명하였다. 당사자들은 자신의
변호사들이 3일 이내에 법적으로 구속력 있는 합의문을 작성하게 하였다.
이후 조정인은 조정에 의한 화해합의의 문서화 등을 안내하였고, 당사자들
은 자신의 변호사들이 배석한 자리에서 동 화해합의에 서명하였다.

유형 1과 유형 2 모두 조정에 해당하지만, 유형 1은 법적 쟁점 중심이고, 유
형 2는 당사자들의 사업 관계 중심이다. 또한, 유형 1의 조정인은 법적 다툼의 해
결에 능한 변호사이고, 유형 2의 조정인은 이해관계 중심의 협상에 기반한 해결에
능한 협상−조정 전문가였다. 결국 유형 2의 조정에서 과거는 물론 미래의 사업
관계의 발전을 포함한 이해관계에 기반한 협상이 가능하게 되어서 조정에 의한 해
결이 성공하였다.

부록

싱가포르조정협약의 분석

01 싱가포르조정협약의 분석

I. 싱가포르조정협약의 이해

'조정에 의한 국제화해합의에 관한 UN협약'(United Nations Convention on International Settlement Agreements Resulting from Mediation, 이하 '싱가포르조정협약')은 국제상사분쟁의 조정에 의한 해결을 촉진하는 다자조약이다.[1] 싱가포르조정협약은 16개 조항으로 구성된 점에서 비교적 짧은 내용의 조약이다. UN국제상거래법위원회(United National Commission on International Trade Law, UNCITRAL)에서 협상된 동 협약은 2019년 8월 7일 싱가포르에서 한국 등 46개 국가의 서명을 거쳐, 싱가포르, 피지와 카타르의 비준으로 2020년 9월 12일 발효하였다.[2] 2021년 11월 현재 8개 국가가 동 협약의 당사국이다.

UN 총회는 2002년 11월 19일 결의 57/18의 전문에서 1980년 12월 4일 UN 총회에서 채택된 UNCITRAL 컨실리에이션규칙(Conciliation Rules)과 함께 2002년 UNCITRAL 국제상사컨실리에이션 모델법(Model Law on International Commercial Conciliation, 이하 '컨실리에이션모델법')이 '국제상사관계에서 발생하는 분쟁의 공정하고 효율적인 해결의 조화된 법적 골격의 수립'(the establishment of a harmonized legal framework for the fair and efficient settlement of disputes arising in international commercial relations)에 중요하게 기여한다는 확신을 표시하였다.[3] 국제상사관계에서 발생하는 분쟁의 우호적 해결 수단으로서 조정의 가치를 인정하여,[4] 싱가포르조정협약은 1958년 6월 10일 채택된 '외국 중재판정의 승인과 집행에 관한 협약'(Convention on the Recognition and Enforcement of Foreign Arbitral Awards, 이하 '뉴욕중재협약')과 유사하게 국제상사분쟁의 조정을 통한 화해합의(settlement agreement)의 구제(relief), 즉 집행과 승인을 위한 단일의 효율적인 국제법체제를 제공한다.[5] 싱가포르조정협약은 국제조정에 관한 현존하는 법적 골격을 보완하고 조화로운 국제경제관계의 발전에 기여할 것이다.[6]

UNCITRAL은 2018년 6월 25일 제1070차 회의에서 싱가포르조정협약과 함께 컨실리에이션모델법을 개정한 '국제상사조정 및 조정에 의한 국제화해합의 모델법'(이하 '조정모델법')을 채택하였고, UN 총회는 제73차 회기에서 2018년 12월 20일 결의 73/198에 따라 동 협약을 공식 채택하였다. 이렇게 2014년부터 2018년까지 5년에 걸친 국제적 노력 끝에 싱가포르조정협약에 기반한 국제상사조정체제가 출범하게 되었다.

싱가포르조정협약에 기반하는 국제상사조정체제는 동 협약, 조정모델법 및 UNCITRAL 조정규칙(Mediation Rules, 이하 '조정규칙')으로 구성된다.[7] 우선, 2018년 12월 20일 UN 총회가 공식 채택한 싱가포르조정협약은 조정에 의한 국제상사분쟁의 화해합의에 대한 집행과 승인에 적용된다. 동 협약은 당사자들의 화해합의가 간소하고 간결한 절차에 따라 구속력 있고 집행 가능하도록 보장한다. 둘째, 2018년 6월 25일 UNCITRAL이 채택한 조정모델법은 국제조정에 있어서 국가들의 조정에 관한 국내법 제정에 기초가 된다. 조정모델법에 따른 조정에 관한 국내법은 조정절차에 관한 기본적 규정을 포함하는데, 국제조정은 물론 국내조정도 규율할 수 있다. 셋째, 2021년 7월 14일 UNCITRAL이 채택한 조정규칙은 조정 과정의 절차적 골격을 제공한다.[8] 조정규칙은 모델조정조항(model mediation clause)을 포함하여, 당사자들이 상사계약에서 용이하게 채택할 수 있는데, 조정관리기관 없이 이용할 수 있고, 당사자들은 원하는 대로 그 내용을 변경하고 조정할 수 있다. 조정규칙의 채택으로 조정 과정이 통일적으로 수행될 수 있을 것이다. 이렇게 통일적인 절차에 따른 조정에 의한 국제상사분쟁의 화해합의는 싱가포르조정협약을 통하여 통일적인 국제상사조정체제를 이루게 된다.

1. 채택 경과

2014년 UNCITRAL의 '제2 작업그룹'(Working Group Ⅱ, 이하 '작업그룹')에

의한 투자자-국가 중재의 투명성에 관한 작업이 마무리될 때 미국은 조정에 관한 협약의 작업이 필요함을 제안하였다.[9] 그 직전인 2014년 2월 미국 국무부의 국제사법자문위원회(Advisory Committee on Private International Law)는 이러한 제안을 공론화하였다.[10] 이에 UNCITRAL은 제47차 세션에서 작업그룹이 2015년 2월 제62차 세션에서 조정에 관한 협약 작업을 검토하여 그 타당성 등에 관하여 2015년 UNCITRAL 제48차 세션에 보고하도록 결정하였다.[11] UNCITRAL은 제48차 세션에서 작업그룹에게 협약, 모델규정 또는 지침(guidance texts)의 가능한 준비를 포함하여 관련 쟁점을 확인하고 가능한 해결책을 개발하도록 화해합의의 집행을 주제로 작업을 개시할 것을 결정하였다.[12]

작업그룹은 2015년 제63차 세션에서 작업을 개시하였는데, 첫 회의에서 조정에 관한 협약 작업의 가능성에 대한 기대는 크지 않았다.[13] 2015년 여름 작업그룹은 조정에 관한 협약의 도출을 보다 긍정적으로 검토하게 되었는데, 유럽연합과 일부 회원국들이 모델법에 따른 국내법상 집행이 아닌 작업은 비현실적이라고 부정적 의견을 표출하였다.[14] 이러한 의견에 대하여 뉴욕중재협약에 유사한 방식의 작업이 현실적이라는 의견이 제시되었다.[15]

싱가포르의 Natalie Morris-Sharma가 의장을 맡은 작업그룹은 총 6개 협상세션으로 조정에 관한 협약의 협상을 수행하였다.[16] 미국과 이스라엘은 작업그룹의 첫 번째 협상세션에서 협약 규정의 초안을 제시하였고, 작업그룹은 네 번째 협상세션에서 협약 방식을 결정하였다. 즉, 2017년 2월 작업그룹의 제66차 세션에서 다음의 다섯 가지 중요한 쟁점의 '타협안'(compromise proposal)이 제시되었다.[17] 이들 다섯 가지 쟁점에 대하여 싱가포르조정협약의 협상에서 국가들의 입장이 가장 첨예하게 대립되었다. 첫째, 싱가포르조정협약에서 승인 용어를 사용하지 않고 승인의 측면을 기능적으로 규정하기로 하였다.[18] 둘째, 판결이나 중재판정에 의하여 집행될 수 있는 화해합의는 싱가포르조정협약의 범위에서 제외하기로 하였다.[19] 셋째, 협약 당사국은 화해합의 당사자들이 싱가포르조정협약의 적용을 '선택'(opt-in)하게 하는 유보를 선언할 수 있게 하였다.[20] 넷째, 협약 당사국 소관 당국의 구제 부여의 거부 사유에 조정인의 행위에 관련된 두 가지 사유를 추가하도록 하였다.[21] 다섯째, 작업그룹은 싱가포르조정협약과 조정모델법에 대한 작업을 동시에 수행하기로 하였다.[22] 이러한 두 가지 작업의 동시 진행에 관하여, 싱가포르조정협약은 조정에 의한 화해합의의 국경간 집행에 대한 법적 안정성을 제공할 것이라 기대되었다.[23] 또한, 조정모델법은 국제법적으로 구속력 있는 조약을 채택하기 어려운 국가에게 국제상사분쟁의 조정에 의한 해결을 촉진하는데 기여할 것이라고 기대되었다.[24] 결국, 작업그룹은 이러한 타협을 수용하였고, UNCITRAL은 2017년 7월 제50차 세션에서 이를 추인하였다.[25] 이후 작업그룹은 두 번의 협상세션을 수행하였고, UNCITRAL은 2018년 6월 25일 제1070차 회의에서 총의로 싱가포르조정협약의 채택을 결정하였다.[26] 싱가포르조정협약이 비교적 짧은 시간의 협상으로 완료된 것은 작업그룹 의장의 지도력과 UNCITRAL 사무국의 헌신은 물론 동 협상에 참가한 국가대표들의 노력에 기인한다.[27]

작업그룹은 싱가포르조정협약과 함께 컨실리에이션모델법을 개정한 조정모델법을 준비하였다. 이는 상이한 관할권에서 조정에 관한 경험의 상이한 수준을 수용하고 국가에게 조정에 의한 국제화해합의의 국경간 집행에 대한 일관된 기준을 제공하기 위하여 의도되었다.[28] 관심 있는 국가들이 '두 문서'(either instrument) 모두를 채택하도록 기대되지 않았지만,[29] 조정모델법을 국내법으로 채택한 후 싱가포르조정협약의 당사국이 된다는 기대가 있었다.[30] 또는 조정모델법의 채택이 사실상 싱가포르조정협약의 국내 이행을 의미하는 점에서 조정모델법과 싱가포르조정협약의 동시 채택도 기대되었다.[31]

2. 싱가포르조정협약 당사국과 화해합의 당사자

싱가포르조정협약에서 'Party'와 'party'의 용어가 두루 언급된다. 협약 당사국인 국가와 지역경제통합기구는 '협약 당사국'(a Party/Parties to the Convention)으로서 그 영문은 대문자 'P'로 시작하고, 동 협약의 적용을 받는 '화해합의 당사자'(a party to the settlement agreement)의 영문은 소문자 'p'로 시작한다.[32] '체약국'(a Contracting State) 대신 '협약 당사국'의 용어 사용은 국가가 싱가포르조정협약에 구속되기로 동의하고, 동 당사국에 대하여 동 협약이 발효한 것을 의미한다.[33] '화해합의 당사자'는 협약 제1조(적용 범위), 제2조(정의), 제3조(일반원칙)와 제4조(화해합의 원용 요건)에서 언급된다.[34] 또한, '협약 당사국'은 협약 전문, 제3조(일반 원칙), 제5조(구제 부여의 거부 사유), 제7조(다른 법 또는 조약), 제8조(유보), 제12조(지역경제통합기구의 참여), 제13조(통일되지 않은 법체제), 제15조(개정) 및 제16조(폐기)에서 언급된다. 이밖에 '국가'(State)는 협약 전문, 제1조

(적용 범위), 제11조(서명, 비준, 수락, 승인, 가입), 제12조(지역경제통합기구의 참여) 및 제14조(발효)에서 언급된다.

싱가포르조정협약의 적용을 받는 화해합의 당사자는 원칙적으로 정부 기관도 포함한다.[35] 정부 기관도 상업적 활동을 하고 또한 상사분쟁의 당사자가 되며, 이 분쟁을 조정으로 해결할 수 있기 때문이다. 단, 협약 당사국은 자신이 당사자이거나, 또는 어떤 정부 기관이나 또는 정부 기관을 대신하여 행위 하는 자가 당사자인 화해합의에 싱가포르조정협약을 적용하지 않는다고 선언할 수 있다.[36] 정부 기관 등이 화해합의의 당사자가 아니라는 유보는 결국 해당 정부 기관이 싱가포르조정협약에 따라 자신이 당사자인 화해합의를 이행할 수 없게 됨을 의미한다.[37]

3. 조정과 컨실리에이션

전통적으로 분쟁해결방법으로서 'mediation'과 'conciliation'은 구별되었고,[38] 국내 국제법학계에서는 여전히 'mediation'을 '중개', 'conciliation'을 '조정'으로 구별하여 부르고 있다.[39] 그러나 UNCITRAL은 'mediation'(조정)과 'conciliation' (컨실리에이션)을 그 의미를 구별하지 않으면서 혼용하는데, 1980년 컨실리에이션규칙(Conciliation Rules)과 2002년 컨실리에이션모델법에서는 공식적으로 컨실리에이션 용어를 사용하였다. 이들 문서에서 UNCITRAL은 컨실리에이션과 조정 용어가 혼용된다고 이해하였다.[40]

그러나 UNCITRAL은 2018년 싱가포르조정협약과 조정모델법을 채택하면서, 컨실리에이션 용어 대신 조정 용어를 사용하기로 입장을 변경하였다. 즉, 당사자들이 계약적 또는 다른 법적 관계로부터 발생하거나 이에 관련되는 그들의 분쟁을 우호적으로 해결하려는 시도에서 조정인에게 그들을 지원하도록 요청하는 과정으로서 '조정'(mediation)이 '넓게 사용되는 용어'(a widely used term)이기 때문이다.[41] 조정모델법을 준비하면서, UNCITRAL은 용어의 실제 및 실용적 사용에 맞추기 위한 노력에서 및 이러한 변경이 동 모델법의 홍보를 촉진하고 그 가시성을 제고할 것이라는 기대를 가지고 조정 용어를 대신 사용하기로 결정한 것이다.[42] 물론, 용어의 이러한 변경은 실체적 또는 개념적 함의를 가지지 않는다.[43]

다만, 싱가포르조정협약과 조정모델법의 조정 개념은 두 문서의 성격을 반영하여 약간 차이를 가진다고 볼 수 있다.[44] 우선, 조정모델법의 조정 개념은 컨실리에이션모델법의 컨실리에이션 개념과 거의 동일하다. 컨실리에이션과 컨실리에이터(conciliator) 용어를 조정과 조정인(mediator)으로 변경할 뿐이다.

〈컨실리에이션모델법과 조정모델법의 조정 개념의 비교〉

컨실리에이션모델법 제1조 3항	조정모델법 제1조 3항
For the purposes of this Law, 'conciliation' means a process, whether referred to by the expression conciliation, mediation or an expression of similar import, whereby parties request a third person or persons('the conciliator') to assist them in their attempt to reach an amicable settlement of their dispute arising out of or relating to a contractual or other legal relationship. The conciliator does not have the authority to impose upon the parties a solution to the dispute.	For the purposes of this Law, 'mediation' means a process, whether referred to by the expression mediation, conciliation or an expression of similar import, whereby parties request a third person or persons('the mediator') to assist them in their attempt to reach an amicable settlement of their dispute arising out of or relating to a contractual or other legal relationship. The mediator does not have the authority to impose upon the parties a solution to the dispute.

싱가포르조정협약의 조정 개념은 조정의 행태를 기술하고 있는데, 이해관계 기반의 당사자들 관계를 중시하는 해결과 자문적 성격의 조정도 포함하는 것으로 보인다고 한다.[45] 또한, 조정모델법의 조정 개념은 '중립적 평가'(neutral evaluation)와 같은 분쟁 해결방식도 포함하는 것으로 보인다고 한다.[46] 싱가포르조정협약과 달리, 조정모델법은 조정의 대상인 분쟁을 '계약적 또는 다른 법적 관계로부터 발생하거나 이에 관련되는'(arising out of or relating to a contractual or other legal relationship) 것으로 특정한다. 다만, 싱가포르조정협약의 조정 개념은 조정모델법 제1조 3항에 규정된 정의에 해당하는 '넓은 범위의 활동'(a broad range of activities)을 포함하도록 의도된다.[47] 따라서, 싱가포르조정협약과 조정모델법의 조정 개념은 사실상 일치하는 것으로 의도되었다.

〈싱가포르조정협약과 조정모델법의 조정 개념의 비교〉

싱가포르조정협약 제2조 3항	조정모델법 제1조 3항
"사용된 표현이나 과정이 수행되는 근거와 무관하게, 분쟁당사자들에게 해결책을 부과할 권한을 갖지 않는 제3자 또는 제3자들('조정인')의 지원을 받아 분쟁당사자들이 자신의 분쟁을 우호적으로 해결하려고 시도하는 과정"	"조정, 컨실리에이션 또는 유사한 의미의 표현으로 언급됨에 상관없이, 당사자들이 계약적 또는 다른 법적 관계로부터 발생하거나 이에 관련되는 분쟁을 우호적으로 해결하려고 시도할 때 제3자 또는 제3자들('조정인')에게 지원을 요청하는 과정을 의미한다. 조정인은 당사자들에게 분쟁의 해결책을 부과할 권한을 가지지 않는다."

조정은 다음과 같은 유형으로 분류할 수 있다고 하는데, 실제 조정은 아래 유형의 하나 또는 혼합의 형식을 취하게 된다.[48] 이렇게 구별되는 조정이지만, 분쟁당사자들이 주역을 맡고 조정인이 그들의 분쟁 해결을 도와주는 조역을 맡는 당사자 자치가 유지되고, 한편 과정의 유연성이 확보되는 것은 공통적이다. 첫째, 전문가 자문 조정이다. '전문가 자문 조정'(expert advisory mediation)의 목적은 신속한 해결을 구하는 것이다. 동 조정은 법적 쟁점에 대한 전문성이 요구되는 분쟁에 적합한데, 경험 많은 법률가나 분쟁 사안에 대한 전문성을 갖춘 인사가 조정인이 된다. 둘째, 화해 조정이다. '화해 조정'(settlement mediation)의 목적은 당사자들의 자율성을 존중하면서 효율적인 해결을 구하는 것이다. 동 조정은 당사자들 사이의 화해 협상이 가능하도록 적합한 환경을 제공하는데, 조정인은 당사자들 사이에서 연이은 개별회의(individual/separate meeting)를 통하여 제안의 교환, 수정 제안, 양보, 합의 및 초안을 마련함으로써 당사자들의 협상을 촉진하게 된다. 셋째, 촉진적 조정이다. '촉진적 조정'(facilitative mediation)의 목적은 분쟁 해결에서 당사자들의 참여를 통한 '자기 결정'(self-determination)과 이에 따른 만족을 추구하는 것이다. 동 조정은 당사자들 사이의 '이해관계 기반'(interest-based) 협상이 가능하도록 최적의 환경을 제공하는데, 조정인은 당사자들에게 자문이나 법적 정보를 제공하지 않는 점에서, 분쟁 사안의 전문성 대신 절차나 소통의 기량이 요구된다. 넷째, 현명한 충고 조정이다. '현명한 충고 조정'(wise counsel mediation)의 목적은 당사자들의 장기적인 이익을 추구하는 효율적인 해결이다. 조정인은 종종 입장이 아닌 이해관계 파악과 옵션 개발 및 대안의 확인 등에서 당사자들에게 도움을 줌으로써, 당사자들이 조정을 통한

화해를 결정함에도 동 화해에 대하여 일정한 책임을 부담한다고 볼 수 있다. 분쟁에 관련된 업계의 전문가나 사회적 공동체의 리더가 조정인이 될 수 있다. 다섯째, 전환적 조정이다. '전환적 조정'(transformative mediation)의 목적은 당사자들의 자율성을 존중하면서 회복적 정의를 실현하는 것이다. 동 조정은 당사자들이 대화를 통하여 서로 그들의 가치와 필요를 표현하고 인정하는 환경을 제공하는데, 분쟁 구조와 행동과학의 지식을 가진 절차와 관계에 대한 기량을 가진 조정인이 적합하다. 여섯째, 진단적 조정이다. '진단적 조정'(diagnostic mediation)의 목적은 당사자들의 자율성을 존중하면서 관점의 변화를 유도함으로써 분쟁을 효과적으로 해결하는 것이다. 동 조정에서 진단적 질문을 통하여 분쟁의 원인을 파악하고, 당사자들의 관계에 대한 이해를 바탕으로 해결의 기회가 제공된다. 동 조정에서 당사자들은 사안인 분쟁에서의 이해관계 등에 대한 논의를 넘어서 당사자들 사이의 근본적인 필요와 가치 등을 반영하도록 기대된다.

4. 조정인의 행위 기준

조정에 의한 화해합의가 성격상 계약이면서 일반적인 계약과 다른 점은 제3자인 조정인의 개입이다. 즉, 조정인의 개입으로 조정에 의한 화해합의가 계약과 구별되고, 법적 안정성이 제공되며, 집행절차가 촉진되고, 가능한 남용이 방지된다.[49]

그러나 조정은 일반적으로 외부에 공개되지 않고 진행된다. 이런 점에서 조정인에 의한 강압, 부당한 압력, 편견, 정보의 비공개, 일방 당사자에게 자문 등 비윤리적 방식으로 조정이 진행될 가능성도 있다. 이러한 문제를 방지하기 위하여 변호사단체와 조정기관 등은 각자 조정인의 '행위 기준'(standard of conduct) 또는 '행동강령'(code of conduct)을 채택하고 있다.[50] 또한, 국가나 기관에 따른 조정인의 행위 기준에 약간의 차이가 있지만, 2000년 이후 조정인의 자격과 행위 등은 국내법이나 조정기관의 규율을 받고 있다.[51] 물론 조정을 통하여 분쟁을 해결하려는 당사자들이 자신의 분쟁을 해결하는 조정에서 조정인의 행위 기준을 정할 수 있다. 국제상사분쟁의 조정에 의한 해결이 확산되면서, 국제조정에서 조정인의 행위 기준도 마련되고 있다.[52] 협약 당사국은 자신의 조정인 행위 기준을 법이나 행동강령 등의 형식으로 채택할 수 있을 것이다.[53]

일반적으로 조정인의 의무는 다음과 같다:[54] 조정 과정 및 당사자들의 법적 권리에 대한 결과 및 구제의 설명; 조정 참여자의 역할 설명; 조정에 관련되는 자격과 경험의 공개; 독립적인 법적 자문을 구하라고 당사자들에게 조언; 당사자들에게 법적 또는 기술적 자문을 주지 않음; 비밀유지 한도의 설명; 이해상충 가능성의 공개; 공평하고 공정한 절차의 진행; 특정 상황에서 조정절차의 종료; 아동 학대나 범죄 관련 사안의 보고; 조정 결과에 관하여 법원 등에의 보고. 아래에서 조정인의 행위 기준으로서 가장 중요하다고 고려되는 공개 의무, 공평 의무, 비밀유지 의무, 및 특정 상황에서 조정의 종료를 고려할 의무를 검토한다.

(1) 공개 의무

조정인의 공개 의무(duty of disclosure)는 협약 제5조 1(e)항과 1(f)항에 관련된다. 특히 협약 제5조 1(f)항은 화해합의의 구제 부여의 거부 사유로서 조정인의 '비공개'(failure to disclose)를 규정한다. 즉, 조정인은 자신의 공평성이나 독립성에 관하여 정당한 의심이 제기되는 상황을 당사자들에게 공개하여야 한다.[55] 조정인의 공개 의무는 조정의 수행 중 지속적으로 이행되어야 한다. 따라서, 조정의 수행 중 공개해야 할 사안이 대두되는 경우 조정인은 가능한 한 바로 공개해야 한다. 이 경우 당사자들은 조정의 수행을 속행하기 위하여 그들의 동의를 갱신하여야 한다.[56]

조정인은 '합리적 개인이 조정인의 공평성에 영향을 줄 것이라고 고려하는'(a reasonable individual would consider likely to affect the impartiality of the mediator) 사안을 공개해야 할 것이다.[57] 조정인은 당사자들에게 이해상충(conflict of interests)의 가능성을 공개하는데, 조정인으로 지정되기 전에 당사자들과 금전, 직업 및 사회적 관계를 맺거나 법적 자문을 준 사례가 해당한다. 예컨대, 조정인이 당사자 일방이 유지하고 있는 법무법인의 변호사인 경우, 조정인은 모든 당사자들이 이러한 사실을 충분히 이해한 후에 조정을 진행할 수 있다. 또한, 조정인은 자신의 자격을 공개하도록 요구될 수 있다. 조정인이 중재인으로서 활동하거나 그 반대의 경우, 이러한 이중적 역할은 당사자들의 '이해한 동의'(informed consent)에 따라 수용될 수 있을 것이다.[58] 조정인의 공개 의무는 당사자들이 조정인을 충분하게 이해하여 지정할 수 있게 하고, 조정의 진행에 있어서 조정인의 공정성 등의 의문을 제거할 수 있다.

조정인이 당사자들에게 자신의 이해상충 가능성을 공개하지 않더라도, 예컨대 조정인이 당사자 일방의 대리인과의 관계를 공개하지 않았지만 이러한 비공개 문제를 제기한 타방 당사자가 그 사실의 '추정적 인식'(constructive knowledge)을 한 경우, 즉 알 수 있었던 경우에는 공개 의무를 위반한 것으로 보기 어려울 것이다.[59] 조정인의 공개 의무는 조정인의 역할 수행에서 공평성, 독립성, 중립성 및 공정한 대우의 문제와 관련된다.

(2) 공평성 의무

조정인의 공평성 의무(duty of impartiality)는 협약 제5조 1(e)항과 1(f)항에 관련된다. 특히 협약 제5조 1(f)항은 조정인의 공평성(impartiality)과 독립성(indepence)에 관한 상황의 공개를 요구하는데, 공평성은 중립성, 독립성, 공정한 대우와 관련된다.[60] 이 점에서, 조정인으로서 행위할 개인을 추천하거나 지정할 때, 기관이나 사람은 '독립적이고 공평한 조정인'(an independent and impartial mediator)의 지정을 확보할 것 같은 고려사항을 참작하여야 한다.[61]

조정인의 공평성은 중립성과 혼용되는 개념인데, 조정인의 행위에 더 깊이 관련된다. 조정인의 공평성은 조정절차의 수행에서 당사자 일방을 편들지 않는 의미에서 편견이 없음을 의미한다.[62] 즉, 조정인은 절차의 수행에서 당사자들을 공정하게 대우하여야 하고, 그렇게 함에 있어서, 사건의 상황을 고려하여야 한다.[63] 이러한 조정인의 공평성은 조정절차에서 조정인의 행위에 관련되는 점에서 조정인의 중립성 요구보다 충족하기 더 용이하다.[64] 한편, 조정인의 중립성(neutrality)은 조정인이 당사자들 사이에서 편견을 가지지 않고 자신의 의견이나 느낌을 보류하는 것이다. 즉, 조정인은 당사자들과 그들의 분쟁에 관하여 개인적 판단을 하지 말아야 한다.[65] 따라서, 조정인은 조정의 대상인 분쟁에 관한 사전 지식이 없고 그 결과에 대하여 상관이 없으며 당사자들과는 조정인 이외의 다른 관계가 없는 외부인이 될 것이다.[66] 조정인의 중립성으로 당사자들은 조정절차에서 동등하고 공정하게 대우를 받게 된다. 이렇게 조정인의 중립성은 조정인의 공평성과 독립성을 포괄하게 된다.

조정인의 공평성 의무와 관련하여, 관련 법에 따라 변호사만이 법률 사무를 수행할 수 있는 경우, 조정인이 화해 내용의 초안 과정에서 당사자들에게 자문 등 도움을 준다면, 변호사가 아닌 조정인은 '불법적 법률사무'(unauthorized practice of law)를 수행한 것으로 볼 수 있다.[67] 특히 촉진적 조정은 조정인이 당사자들에게 자문 등 도움을 주도록 허용하지 않는 점에서 조정의 수행에서 당사자들의 대우에서 조정인의 공평성을 강조하게 된다.[68]

동일한 분쟁에서 중재인 역할도 수행하는 조정인은 각각의 분쟁 해결절차에서 공평성 의무에 관한 차이에 유념하여야 한다. 즉, 중재절차에서 중재인에게 전달되는 정보의 성격은 조정절차에서 조정인에게 전달되는 경우보다 더 제한적일 수 있기 때문이다. 조정인이 동일한 분쟁에 관하여 추후 중재인으로서 역할을 할 것을 당사자들이 아는 경우 조정절차에서 당사자들은 개방적이고 건설적인 합의를 도출하려는데 주저하게 될 것이다.[69]

(3) 비밀유지 의무

　　조정인의 비밀유지 의무(duty of confidentiality)는 협약 제5조 1(e)항에 관련된다. 조정인의 비밀유지 의무는 당사자들이 그들의 분쟁 해결에 필요한 솔직하고 완전한 논의를 가능하게 하여서 조정의 중심적 가치이다.[70]

　　조정인의 비밀유지 의무는 적어도 두 가지 관점에서 요구된다. 첫째, 조정인은 해당 조정의 수행 중에 획득한 정보를 조정에 참여하지 않는 외부인 등에게 공개하지 않을 비밀유지 의무를 가진다. 즉, 당사자들이 달리 합의하지 않는한, 법에 따라 또는 화해합의의 이행 또는 집행의 목적으로 공개가 요구되는 경우를 제외하고, 조정절차에 관련된 모든 정보는 비밀로 유지되어야 한다.[71] 이 점에서 조정인의 비밀유지 의무는 절대적이지 않다. 둘째, 조정인은 당사자 일방과의 개별회의(private meeting)에서 획득한 정보에 대하여 그의 허가 없이 타방 당사자에게 공개하지 않을 비밀유지 의무를 가진다. 즉, 당사자 일방이, 비밀로 유지되어야 한다는 특정 조건으로, 조정인에게 정보를 줄 때, 동 정보는 조정의 타방 당사자에게 공개되어서는 아니 된다.[72]

　　조정으로 화해합의가 효과적이고 효율적으로 도출되기 위하여, 당사자들은 조정절차 중에 발생하는 일이 추후 중재나 법원 절차 등에서 자신에게 불리하게 사용될 수 있다는 우려를 갖지 말아야 한다.[73] 조정인의 비밀유지 의무는 조정인이 조정의 상세한 내용을 제3자와 공유하지 않고 추후 절차에서 조정의 소통에 따른 다양한 정보를 제공하지 않는 점에서 조정인의 공평성 의무와 관련이 있다.[74] 비밀유지 의무는 조정절차에서 공식적인 문서가 요구되지도 바람직하지도 않은 점에서 조정절차의 효율성을 제고할 수 있다.[75]

(4) 특정 상황에서 조정의 종료를 고려할 의무

　　조정인이 특정 상황에서 조정절차를 종료하도록 요구되는 의무는 조정인의 행위 기준이 되어서 협약 제5조 1(e)항에 관련된다. 예컨대, 조정인은 당사자들과의 협의 후 조정에 대한 추가 노력이 더 이상 정당화되지 않는다는 취지로 선언하면, 동 선언 일자에 조정절차는 종료된다.[76] 따라서, 조정인은 조정을 지속할 필요가 없는 상황에서는 조정절차를 종료할 것을 고려하고, 당사자들과 협의해야 할 것이다. 이렇게 조정이 지속될 필요가 없는 경우는 조정인이 당사자들이 합의할 화해가 집행 가능하지 않거나 불법적이라고 판단하는 경우를 포함한다.[77] 또한, 조정인이 당사자 일방이나 그의 법적 대리인이 다음과 같으면서 돌이킬 수 없다고 판단하는 경우에도 조정절차를 종료해야 할 것이다.[78] 즉, 당사자 일방이 타방 당사자에게 해를 끼치도록 자신에게 유리한 정보를 찾으려 하거나, 당사자 일방이 조정을 하는 척하거나, 화해에 필요한 정보를 제공하지 않거나, 조정절차의 진행을 방해하거나, 달리 불성실하게 행동하는 경우이다.

---

1) 2019년 8월 7일 싱가포르에서 동 협약의 공식 서명식이 개최되어, '싱가포르조정협약'(Singapore Convention on Mediation)의 통칭이 사용된다. 실제로 동 협약의 협상 의장인 싱가포르의 Natalie Morris-Sharma의 기여가 인정된 것으로 볼 수 있다. Timothy Schnabel, "The Singapore Convention on Mediation: A Framework for the Cross-Border Recognition and Enforcement of Mediated Settlements", 19 Pepp. Disp. Resol. L.J. 1, 2(2019)(이하 'Timothy Schnabel'). Timothy Schnabel은 미국 국무부 법률국에 근무하면서 싱가포르조정협약을 제안한 미국의 협상단 대표로서 동 협상을 주도하였다. Timothy Schnabel의 위 논문은 싱가포르조정협약에 대한 비공식적인 주석으로서 집필되었다.

2) UNCITRAL은 국제거래법(international trade law)의 점진적인 조화와 통일을 발전시키고자 1966년 12월 17일 UN 총회 결의 2205(XXI)에 따라 설치되었다. UNCITRAL의 활동 대상인 국제거래법은 세계무역기구(WTO)와 자유무역협정(FTAs) 등과 같은 국제경제법(international economic law)과 구별된다. 전자는 실제적 경제활동의 주체인 기업의 활동을 활성화하기 위하여 국제적으로 상거래 관련 법의 조화를 대상으로 하고, 후자는 기업의 국제경제적 활동을 제한하려는 국가의 간섭을 통제하기 위한 국제법의 채택과 적용을 대상으로 한다.

3) 컨실리에이션규칙 원문은 UNCITRAL, *Yearbook, Vol XI: 1980*(A/CN.9/SER.A/1980)(1982) Part Three, Annex II 참조. 컨실리에이션모델법의 검토 과정에서 컨실리에이션에 의한 화해가 중재판정과 유사하게 집행 가능한지 및 화해의 집행력에 관한 모델조항이 논의되었지만, 결국 총의를 이루지 못하였다. 2000년 3월 작업그룹 보고서, paras. 38-40; 2001년 11월 작업그룹 보고서, paras. 133-39.

4) 협약 전문 참조.

5) 뉴욕중재협약이 중재판정의 국경간 집행의 기반을 제공한 것처럼, 컨실리에이션, 즉 조정에 의한 화해합의의 집행에 대한 협약 형식의 국제법적 기반의 마련이 기대되었다. 2016년 9월 작업그룹 보고서, para. 137. 싱가포르조정협약은 조정의 결과인 화해합의를 규율하지만 조정에 의하여 분쟁을 해결한다는 합의, 즉 조정합의(agreement to mediate)는 규율하지 않는 점에서, 당사자들이 조정합의를 하였을 것을 요구하지 않는다. 즉, 싱가포르

조정협약은 분쟁당사자들이 사전에 조정합의를 하였는지 관계 없이 적용된다. Intervention of the United States, in UNCITRAL Audio Recordings: Working Group Ⅱ(Dispute Settlement), 65th Session, Sept. 19, 2016, 14:00－17:00. 뉴욕중재협약은 중재판정이 중재합의(agreement to arbitrate)의 범위 내의 쟁점만을 다루도록 요구한다. Intervention of India, in UNCITRAL Audio Recordings: Working Group II(Arbitration and Conciliation), 62nd Session, Feb. 2, 2015, 15:00－18:00.

6) 2018년 UNCITRAL 보고서, para. 49.

7) 2021년 7월 UNCITRAL이 채택한 조정규칙 제9조는 조정모델법의 조정절차가 종료되는 경우에 두 가지 경우를 추가한다: '당사자들과 협의 후, 조정인이 지정한 합리적 기간 내에 모든 당사자들이 요구된 기탁금을 완전하게 지불하지 않았다면, 조정인의 선언에 의하여, 동 선언 일자에' 및 '적용 가능한 국제문서, 법원 명령 또는 강행적 법규정에서 규정된 기간 또는 당사자들이 처음에 합의한 기간이 만료하여'. 또한, 조정절차가 종료되는 첫 경우에서 '또는 화해합의에서 당사자들이 합의한 다른 일자에'가 추가되어 있다.

8) UNCITRAL은 싱가포르조정협약과 조정모델법의 채택에 상응하여 1980년 컨실리에이션규칙을 개정하여 조정규칙을 채택하였다.

9) Proposal by the Government of the United States: Future Work for Working Group Ⅱ, A/CN.9/822, at 3(June 2, 2014).

10) Public Meeting on International Arbitration and Conciliation, U.S. Department of State(Feb. 26, 2014), https://2009－2017.state.gov/s/l/229037.htm.

11) 2014년 UNCITRAL 보고서, para. 129.

12) 2015년 UNCITRAL 보고서, paras. 135－42.

13) Intervention of the Chair, in UNCITRAL Audio Recordings: Working Group Ⅱ(Arbitration and Conciliation), 62nd Session, Feb. 3, 2015, 10:00－13:00. 컨실리에이션모델법의 검토 과정에서 확인되었듯이 조정에 의한 화해합의의 집행에 대한 국가들의 다양한 접근이 확인되었기 때문이다. 2015년 2월 작업그룹 보고서, paras. 45－49. 따라서, 컨실리에이션모델법 제14조를 다루었을 때의 문제가 여전히 있다고 지적되었다. 2015년 2월 작업그룹 보고서, para. 20. 그럼에도, 컨실리에이션모델법의 채택 이후 국가들의 국내법 발전에서 조정에 의한 화해합의 집행의 중요성이 확인된 점에서 UNCITRAL에서 이 문제의 검토는 '시의적'(timely)이라고 언급되었다. 2015년 2월 작업그룹 보고서, para. 49.

14) Intervention of the European Union, in UNCITRAL Audio Recordings: UNCITRAL, 48th Session, July 2, 2015, 9:30－12:30.

15) Intervention of the United States, in UNCITRAL Audio Recordings: UNCITRAL, 48th Session, July 2, 2015, 9:30－12:30.

16) 2016년 가을을 제외하고 각 세션은 대체로 1주일 소요되었다.

17) 2017년 2월 협상세션 중에 뉴욕의 눈보라 사태로 UN 본부 건물이 폐쇄되면서, 작업그룹은 비공식 회의를 진행하였고, 다섯 가지 쟁점에 대한 타협안이 마련되는 계기가 되었다. Natalie Y Morris－Sharma, "Constructing the Convention on Mediation: The Chairperson's Perspective", 31 SAcLJ 487, para. 25(2019)(이하 'Natalie Morris－Sharma'). Natalie Morris－Sharma는 싱가포르조정협약의 협상을 수행한 작업그룹의 의장으로서 동 협약의 협상 과정에서 특히 중요한 역할을 맡았다. 위 논문은 의장의 경험에서 중요 쟁점의 협상을 기록한 것이다. 2017년 2월 7일 점심을 이용한 비공식 논의 후 이스라엘이 제안한 다섯 가지 주요 쟁점들의 타협은 조정에 관한 협약의 협상 과정에서 중요한 전기가 되었다. Interventions of the Chair and Israel, in UNCITRAL Audio Recordings: Working Group

Ⅱ(Dispute Settlement), 66th Session, Feb. 7, 2017, 15:00-18:00. 이후 재개된 공식 회의에서 다섯 가지 쟁점에 대하여 관련 규정의 초안이 제시되었다. 2017년 2월 작업그룹 보고서, para. 52. 이러한 타협은 특히 유럽연합의 싱가포르조정협약의 협상 및 구체적 내용(판결로 집행 가능한 화해합의의 배제, 승인 개념의 포함, 당사자들의 동 협약 적용의 합의 등)에 대한 반대를 무마하는데 필요하였다. Intervention of the European Union, in UNCITRAL Audio Recordings: Working Group Ⅱ(Arbitration and Conciliation), 63rd Session, Sept. 7, 2015, 10:00－12:30 참조.

18) 협약 제3조 2항은 화해합의의 이행에 관한 분쟁에서 동 화해합의의 원용을 허용하도록 규정한다. 싱가포르조정협약은 승인(recognition) 용어를 사용하지 않지만, 화해합의의 '구제'(relief) 용어는 화해합의의 집행과 승인을 포괄적으로 의미한다. Timothy Schnabel, p. 7, FN 35.

19) 협약 제1조 3(a)항과 3(b)항 참조.

20) 협약 제8조 1(b)항 참조.

21) 협약 제5조 1(e)항과 1(f)항 참조.

22) 중국은 모델법은 법적으로 구속력이 없어서 효과적이지 않다고 주장하였다. Intervention of China, in UNCITRAL Audio Recordings: Working Group Ⅱ(Dispute Settlement), 65th Session, Sept. 22, 2016, 14:00-17:00. 한편, 아직 조정이 활성화되지 않은 현실에서 법적 구속력 있는 협약은 회의적이라는 의견이 제기되었다. Interventions of the European Union, the Russian Federation, and Austria, in UNCITRAL Audio Recordings: Working Group Ⅱ(Dispute Settlement), 65th Session, Sept. 19, 2016, 9:30－12:30.

23) 2016년 9월 작업그룹 보고서, para. 136.

24) Intervention of the United States, in UNCITRAL Audio Recordings: Working Group Ⅱ (Dispute Settlement), 65th Session, Sept. 16, 2016, 14:00－17:00.

25) Intervention of the Chair, in UNCITRAL Audio Recordings: Working Group Ⅱ(Dispute Settlement), 66th Session, Feb. 10, 2017, 10:00-13:00; 2017년 UNCITRAL 보고서, para. 238. 다섯 가지 쟁점의 타협안을 중심으로 싱가포르조정협약의 분석에 관하여, Natalie Morris－Sharma 참조.

26) 2018년 UNCITRAL 보고서, para. 49.

27) 사무국의 Corinne Montineri와 Jae Sung Lee(이재성 변호사)의 역할이 돋보였고, 협상 대표들의 비공식적 교류도 큰 효과를 발휘했다고 한다. Timothy Schnabel, p. 60.

28) General Assembly resolution on 73/199 of 20 December 2018, 전문; 2017년 2월 작업그룹 보고서, para. 93.

29) General Assembly resolution on 73/199 of 20 December 2018, 전문. UN 총회도 이들 두 문서 중에서 국가가 채택할 문서의 유형에 대한 선호를 표현하지 않도록 기대되었다. 2017년 2월 작업그룹 보고서, para. 93.

30) 2017년 2월 작업그룹 보고서, para. 92.

31) Natalie Morris－Sharma, para. 65.

32) 협약 당사국의 표기에 관하여 'Contracting States', 'Parties', 'States Parties', 'Contracting Parties'가 거론되었으나, 'Parties to the Convention' 또는 'a Party to the Convention'으로 합의되었다. 'States'도 적절한 경우 언급될 수 있다고 합의되었다. 2018년 2월 작업그룹 보고서, para. 118; 2018년 UNCITRAL 보고서, para. 21.

33) 2018년 2월 작업그룹 보고서, para. 116. 조약법에 관한 비엔나협약 제2조 1(g)항 참조.

34) 협약 전문은 '분쟁 당사자들'(the parties in dispute)을 언급하는데, 이러한 분쟁 당사자들이 조정을 통하여 화해합의를 체결하면, '화해합의 당사자들'이 된다.

35) 조정모델법 가이드, para. 122.

36) 협약 제8조 1(a)항.

37) 2015년 9월 작업그룹 보고서, para. 46.

38) UN헌장 제33조 1항 참조.

39) 정인섭, 신국제법강의, 985−87면(2016) 참조.

40) 2017년 사무국 노트 2, para. 5; 조정모델법, 각주 2.

41) 조정모델법, 제1조 3항과 각주 2.

42) 조정모델법, 각주 2.

43) 조정모델법, 각주 2.

44) 2018년 2월 작업그룹 보고서, para. 30.

45) Nadja Alexander and Shouyu Chong, *The Singapore Convention on Mediation: A Commentary*, para. 2.14(2019)(이하 'Alexander & Chong'). Nadja Alexander는 국제조정의 대표적 연구자이다.

46) Alexander & Chong, para. 2.13.

47) 2017년 10월 작업그룹 보고서, para. 103.

48) Nadja Alexander, "The Mediation Metamodel: Understanding Practice", 26 Conflict Resolution Quarterly 97, 106−17(2008) 참조.

49) 2016년 9월 작업그룹 보고서, para. 70.

50) 조정인의 행위 기준에 관하여 Nadja Alexander and Felix Steffek, *Making Mediation Law*(International Finance Corporation, 2016) 참조.

51) 예컨대, 한국의 민사조정법은 1990년 1월 13일 제정되고 1990년 9월 1일 시행되었는데, 법원의 조정에 국한하여 적용된다. 또한, 호주에서 조정인 행위 기준에 관하여 Mediator Standards Board, 홍콩에서 Hong Kong Mediation Accreditation Association Limited가 설치되어 있다. 한국도 법원 조정이 아닌 민간형 조정에서 조정인을 규율하는 자율적인 기준이 마련되어야 할 것이다.

52) UNCITRAL은 2021년 조정규칙을 채택하였고, 국제상공회의소(International Chamber of Commerce)도 2014년 조정규칙을 채택하였다.

53) 2017년 2월 작업그룹 보고서, para. 87; 2017년 10월 작업그룹 보고서, para. 96.

54) Alexander & Chong, para. 5.57.

55) 조정모델법 제6조 5항도 조정인이 자신의 공평성 또는 독립성에 대한 정당한 의심을 야기할 것 같은 모든 상황을 공개할 것을 요구한다. 미국 통일조정법 제9조 및 EU 조정지침 제4조 참조.

56) Alexander & Chong, para. 5.63.

57) 미국 통일조정법 제9조 (a)(1)항. EU 행동강령 제2조 1항의 조정인의 독립성에 관한 규정은 공개 의무에 상응한다.

58) 싱가포르 중재법 제62조 3항 참조.

59) Alexander & Chong, para. 5.62.

60) EU 행동강령 제2조 1항과 2항은 조정인의 공평성과 독립성을 구별하여 규정한다. EU 조정지침 제3조 (b)호는 조정인을 정의하면서, 조정을 '효과적이고, 공평하며, 자격이 있는

방식으로'(in an effective, impartial and competent way) 수행하도록 규정하여 공평성은 조정인 역할의 중심 개념이 된다.

61) 조정모델법 제6조 4항.

62) Alexander & Chong, para. 5.70.

63) 조정모델법 제7조 3항.

64) Alexander & Chong, para. 5.71.

65) Alexander & Chong, para. 5.68.

66) Alexander & Chong, para. 5.68.

67) 변호사법 제109조 1호는 변호사가 아니면서 금품·향응 또는 그 밖의 이익을 받거나 받을 것을 약속하고 또는 제3자에게 이를 공여하게 하거나 공여하게 할 것을 약속하고 소송 사건, 비송 사건, 가사 조정 또는 심판 사건, 또는 그 밖에 일반의 법률사건 등에 관하여 화해 또는 법률 관계 문서 작성, 그 밖의 법률사무를 취급하거나 이러한 행위를 알선한 자에게 7년 이하의 징역 또는 5천만원 이하의 벌금에 처하도록 규정한다.

68) Alexander & Chong, para. 5.76.

69) Alexander & Chong, para. 5.77.

70) Alexander & Chong, para. 5.78.

71) 조정모델법 제10조. 예컨대, 관련 법에 따라 사망이나 심각한 물리적 해 또는 불법행위를 방지하기 위하여 필요한 경우 또는 조정인에 대한 불만의 해결이나 징계절차의 수행을 위하여 또는 이미 공개된 경우 또는 당사자들이 공개를 동의한 경우에 비밀유지 의무의 예외가 인정된다.

72) 조정모델법 제9조 2문. 그러나 조정인이 당사자 일방으로부터 분쟁에 관한 정보를 받을 때, 조정인은 그 정보의 요지를 조정의 타방 당사자에게 공개할 수 있다. 조정모델법 제9조 1문.

73) 그러나 중재인이 중재절차 당사자들의 동의를 얻어 조정인으로서 역할을 수행하고 동 조정으로 분쟁이 해결되지 않으면, 중재인은 중재절차의 재개 전에 조정에서 획득한 중재절차에 중요하다고 고려한 정보를 모든 당사자들에게 공개하여야 한다. 싱가포르 국제중재법 제17조 3항 참조.

74) Alexander & Chong, para. 5.78.

75) Alexander & Chong, para. 5.78.

76) 조정모델법 제12조 (b)호.

77) EU 행동강령 제3조 2항.

78) Alexander & Chong, para. 5.83.

II. 싱가포르조정협약의 목적

전문

　본 협약 당사국들은,

　분쟁당사자들이 자신의 분쟁을 우호적으로 해결하려고 시도할 때 자신을 지원하도록 제3자 또는 제3자들에게 요청하는 상사분쟁 해결 수단으로서 조정의 국제거래에 대한 가치를 인정하고,

　조정이 소송에 대한 대안으로서 국제 및 국내 상사실무에서 점점 더 이용되는 것을 주목하며,

　분쟁에 의하여 상사관계가 종료되는 상황의 감소, 상업적 당사자들의 국제거래 이행의 촉진 및 국가들의 사법 행정 비용 절감 등 조정의 이용으로 상당한 혜택이 결과함을 고려하고,

　상이한 법적, 사회적 및 경제적 체제를 가진 국가들이 수용할 수 있는 조정에 의한 국제화해합의 골격의 확립이 조화로운 국제경제관계의 발전에 기여할 것임을 확신하며,

　다음과 같이 합의하였다:

　싱가포르조정협약은, 다른 조약과 달리, 그 목적을 명시적으로 규정하지 않는다. 다만, 협약 전문에서 그 목적을 가늠할 수 있다. 즉, 협약 당사국들은 조정이 소송에 대한 대안으로서 국제 및 국내 상사실무에서 점점 더 이용되는 것을 주목하고, 국제상사분쟁의 해결 수단으로서 조정의 국제거래에 대한 가치를 인정한다. 협약 당사국들은 조정의 이용으로 제공되는 혜택, 특히 분쟁으로 상사관계가 종료되는 상황이 감소되고, 상업적 당사자들의 국제거래 이행이 촉진되며, 국가들의 사법 행정 비용이 절감됨을 고려한다. 이에 협약 당사국들은 상이한 법적, 사회적 및 경제적 체제의 국가들이 수용할 수 있는 조정에 의한 국제화해합의 골격이 확립되어 조화로운 국제경제관계가 발전할 것을 확신한다.

　협약 전문을 포함한 전체 규정을 이해하면, 싱가포르조정협약의 궁극적 목적이 국제상사분쟁의 우호적 해결을 위한 조정의 이용 촉진임을 알 수 있다. 조정은, 다른 분쟁 해결제도와 달리, 당사자들의 상사관계를 유지하면서 보다 신속하고 보다 적은 비용이 수반되어 효과적이기 때문이다.[1] 중재에서 당사자들은 중재를 통한 그들의 분쟁 해결 수행에만 합의하지만, 조정에서 당사자들은 조정을 통한 그들의 분쟁 해결 수행은 물론 해결 결과에 대하여도 합의할 수 있

다.[2] 이러한 조정의 장점에도 불구하고, 중재와 달리, 조정에 의한 화해합의에 법적 효과를 주는 국제적 장치의 결여는 국제상사분쟁의 조정에 의한 해결에서 큰 장애로 인식되었다.[3] 당사자들이 시간과 비용을 들여 조정에 의한 화해합의를 도출하여도 동 화해합의가 이행되지 않을 경우, 그 집행을 위하여 소송이나 중재를 다시 이용해야 하기 때문이다.[4]

조정에 의한 화해합의는 기본적으로 계약이지만, 싱가포르조정협약에 따라 화해합의는 법적으로 구속력 있는 국제법체제의 보호를 받게 된다. 협약 당사국들은 싱가포르조정협약의 적용을 받는 화해합의의 구제를 부여하도록 청구되기 때문이다. 이렇게 보다 효율적이고 효과적인 국제화해합의에 대한 국제법적 구제가 제공됨으로써 근본적으로 국제상사분쟁의 조정에 의한 해결이 촉진될 것이다.[5] 물론 화해합의 당사자들의 자발적인 이행으로 싱가포르조정협약이 제공하는 화해합의의 구제가 이용되지 않는 것이 더 바람직하다.

---

1) Interventions of the United States and Belarus, in UNCITRAL Audio Recordings, 48th Session, July 2, 2015, 9:30 – 12:30.

2) Timothy Schnabel, p. 11.

3) 컨실리에이션을 통한 화해가 '신속집행체제'(a regime of expedited enforcement)로 보완되거나 집행 목적으로 중재판정으로 간주된다면, 이의 활용이 더 클 것이라고 지적되곤 하였다. 컨실리에이션모델법 가이드, para. 87.

4) Intervention of the International Institute for Conflict Prevention and Resolution(CPR), in UNCITRAL Audio Recordings, 47th Session, July 9, 2014, 10:00 – 13:00; Intervention of Corporate Counsel International Arbitration Group(CCIAG), in UNCITRAL Audio Recordings: Working Group II(Arbitration and Conciliation), 62nd Session, Feb. 3, 2015, 10:00 – 13:00.

5) Intervention of the International Mediation Institute(IMI), in UNCITRAL Audio Recordings: Working Group II(Dispute Settlement), 65th Session, Sept. 22, 2016, 14:00 – 17:00.

III. 싱가포르조정협약의 적용 범위

제1조 적용 범위

1. 본 협약은 상사분쟁을 해결하기 위하여 조정에 의하고 당사자들이 서면으로 체결하며 체결 당시 다음과 같이 국제적인 합의('화해합의')에 적용된다:

   (a) 화해합의의 적어도 두 당사자들이 상이한 국가들에서 그들의 영업소들을 가지는 경우; 또는

   (b) 화해합의 당사자들이 그들의 영업소들을 가지는 국가가 다음의 어느 한 국가와 다른 경우:

   (i) 화해합의에 따른 의무의 상당 부분이 이행되는 국가; 또는

   (ii) 화해합의의 대상과 가장 밀접하게 관련된 국가.

2. 본 협약은 다음의 화해합의에 적용되지 않는다:

   (a) 개인, 가족 또는 가사 목적으로 당사자들 중 일방(소비자)이 참여한 거래에서 발생하는 분쟁을 해결하기 위하여 체결된 화해합의;

   (b) 가족법, 상속법 또는 노동법과 관련된 화해합의.

3. 본 협약은 다음에 적용되지 않는다:

   (a) 다음의 화해합의:

   (i) 법원이 승인하였거나 법원의 절차 중에 체결된 화해합의; 및

   (ii) 해당 법원의 국가에서 판결로서 집행 가능한 화해합의;

   (b) 중재판정으로 기록되었고 집행 가능한 화해합의.

싱가포르조정협약은 상사분쟁의 해결을 위하여 조정에 의하고 당사자들이 서면으로 체결하고 국제적 성격인 화해합의에 적용된다.[1] 싱가포르조정협약의 적용 범위의 확정에 있어서 '국제적', '상업적', '조정', '화해합의' 및 '서면으로'의 개념은 중요하다. 동 협약의 적용을 위하여 화해합의가 서면으로 체결되고, 당사자들과 조정인이 화해합의를 서명하는 등 형식적 요건은 최소한으로 규정된다. 즉, 동 협약에 규정되지 않은 다른 형식적 요건을 협약 당사국의 소관 당국이 요구할 수는 없다.[2] 이는 화해합의의 집행에 대한 장벽을 낮추고,[3] 현존하는 조정의 관행과 불일치 및 불필요한 소송 가능성을 낮추기 위함이다.[4] 싱가포르조정협약에 따른 조정의 활성화로 국제상사분쟁은 유연하게 해소될 수 있을 것이다.[5]

1. 싱가포르조정협약의 적용 대상

(1) 화해합의

싱가포르조정협약에서 화해합의(settlement agreement)는 상사분쟁의 해결을 위하여 당사자들이 조정에 의하고 서면으로 체결한 합의를 가리킨다.[6] 화해합의는 조정에 의한 것이기 때문에 '조정에 의한 화해합의'(mediated settlement agreement)가 되고, 싱가포르조정협약의 목적으로 국제적 성격을 충족하면 '조정에 의한 국제적 화해합의'(international mediated settlement agreement)로 이해하는 것이 더 정확할 수 있다.[7] 또한, 화해합의는 본질적으로 당사자들 사이의 계약이 되어서 청약과 승낙 및 법률관계를 형성하려는 의사 등의 요건이 충족되어야 한다.[8] 화해합의는 금전적 또는 비금전적 의무를 포함할 수 있다.[9]

1) 조정에 의한 화해합의

싱가포르조정협약에서 화해합의는 '조정에 의한'(resulting from mediation) 것이어야 한다.[10] 조정에서 당사자들은 제3자, 즉 조정인의 지원을 받는데, 조정인의 지원 내지 개입의 정도는 크게 문제가 되지 않을 것이다. 예컨대, 분쟁의 대부분이 해결되고 남은 사안을 당사자들이 직접 해결 방안을 찾도록 하는 경우 여러 달의 시간이 소요되면서 조정인이 조정의 전체 과정을 진행하지 않아도 싱가포르조정협약의 적용을 받는 조정이 된다.[11]

2) 서면의 화해합의

싱가포르조정협약에서 화해합의는 '서면으로 체결되어야'(concluded in writing) 한다.[12] 법원 등 소관 당국이 화해합의의 내용에 관한 증거를 갖기 위하여도 동 화해합의는 서면이어야 할 것이다.[13] 화해합의의 내용이 어느 형식으로도 기록되면 동 화해합의의 '서면으로'(in writing) 요건은 충족된다.[14]

서면으로 요건은 전자계약협약에 반영된 '기능적 동등성'(functional equivalence) 원칙에 상응한다.[15] 예컨대, 화해합의의 서면으로 요건은 전자적 교신에 포함된 정보가 추후 참조를 위하여 이용될 수 있도록 접속 가능하면 동 전자적 교신에 대하여 충족된다.[16] 이메일 교환도 허용될 것이다.[17] 화해합의는 복수의 이메일 교환으로 체결되거나 별도의 부속서가 첨부될 수 있는 점에서, '단일 문서'(a single document)로 체결될 필요는 없다.[18]

3) 국제적 화해합의

싱가포르조정협약은 체결 당시 국제적 화해합의에 적용된다.[19] 조정이 당사자들 사이의 조정합의(agreement to mediate)에 근거하여 개시되지 않을 경우도 고려해야 하기 때문에 화해합의의 국제적 성격의 결정은 조정합의가 아닌 화해합의의 체결 시점이 기준이 된다.[20] 싱가포르조정협약의 적용을 받는 화해합의가 국제적 성격을 가지는 요건은 동 협약이 국제상사분쟁의 해결을 위한 것을 의미한다. 화해합의의 국제적 성격은 조정이 아니라 화해합의 그 자체의 국제적 성격에서 나온다.[21] 이 점에서 싱가포르조정협약은 국내상사분쟁의 조정에 의한 화해합의에는 적용되지 않는다.[22]

화해합의의 국제적 성격은 당사자들의 영업소에 따라 결정된다.[23] 화해합의의 체결 당시 다음과 같은 경우에 화해합의는 국제적이다.[24] 첫째, 화해합의에 대한 적어도 두 당사자들이 그들의 영업소들을 상이한 국가들에서 두는 경우이다.[25] 이 요건은 싱가포르조정협약의 적용을 받게 되는 화해합의의 대부분의 경우에 해당할 것이다. 둘째, 화해합의 당사자들이 그들의 영업소들을 한 국가에 두는 경우, 이 국가가 다음의 어느 한 국가와 다른 경우이다:[26] (i) 화해합의에 따른 의무의 상당 부분이 이행되는 국가; 또는 (ii) 화해합의의 대상과 가장 밀접하게 관련된 국가. 따라서, 화해합의는 당사자들이 그들의 영업소들을 동일한 국가에 두어도 국제적일 수 있다.[27]

예컨대, 분쟁당사자들이 동일한 국가에 소재하더라도, 그들의 분쟁인 계약이 다른 국가에 대한 상품의 공급을 대상으로 한다면, 해당 화해합의에 따른 '의무의 상당 부분'(a substantial part of the obligations)이 이행되는 국가가 그 당사자들이 소재하는 국가와 다르기 때문에 동 화해합의는 국제적이다.[28] 또는 분쟁당사자들이 동일한 국가에 소재하더라도, 그들의 분쟁인 계약이 다른 국가에서 프로젝트의 기획과 감독에 관한 것이면, 해당 '화해합의의 대상'(the subject matter of the settlement agreement)과 가장 밀접하게 관련된 국가가 그 당사자들이 소재하는 국가와 다르기 때문에 동 화해합의는 국제적이다.[29] 싱가포르조정협약은 화해합의의 체결 당시 국제적인 점에서 당사자들 중 일방이 동 화해합의의 체결 후 자신의 영업소를 변경하는 경우 동 화해합의의 국제적 성격에 영향을 주지 않는다.[30]

뉴욕중재협약 등으로 집행될 외국 판정의 국제적 성격이 분명한 국제중재의 경우와 달리, 싱가포르조정협약의 목적으로 화해합의를 외국(foreign) 합의라고 기술하는 것은 의미가 없다.[31] 그럼에도 싱가포르조정협약의 적용을 위하여 화해합의의 국제적 성격은 결정될 필요가 있다. 이 점에서 싱가포르조정협약이 규정한 화해합의의 국제적인 조건은 중요하다.[32]

싱가포르조정협약이 적용되는 화해합의에 여러 국가들이 관여하게 된다. 일반적으로 당사자들은 두 국가들에서 사업을 하고, 또 다른 국가에서 조정을 수행하며, 또 다른 국가 국적을 가지는 조정인이 조정을 진행하고, 또 다른 국가의 소관 당국에 화해합의의 집행을 청구하는 모양이 된다. 이런 전형적인 국제상사조정에 의한 화해합의의 경우, 조정이 어느 국가에서 수행되어 화해합의가 이루어졌는지는 현실적으로 중요하지 않다. 따라서, '조정의 장소'(location of the mediation)는 싱가포르조정협약의 적용을 받는 화해합의의 국제적 성격의 결정에 영향을 주지 않는다.[33] 즉, 싱가포르조정협약은 조정지(situs or seat of mediation)를 염두에 두지 않는다.[34] 싱가포르조정협약의 주된 목적인 화해합의의 직접적 집행은 집행국(State of enforcement)에 의한 것이지 조정국(State of mediation)에 의한 것이 아니기 때문이다.[35] 싱가포르조정협약의 목적으로 중요한 점은 화해합의의 집행을 원하는 당사자가 동 화해합의의 집행국을 자유롭게 선택할 수 있는 점이다.[36] 따라서, 국제중재에서 중재지(seat of arbitration)가 준거법의 적용 등을 통하여 분쟁 해결이 특정 국가의 법제도에 연계되는 것과 달리, 싱가포르조정협약의 국제조정에서 당사자들은 그들의 분쟁 해결에서 상당한 자유를 누리게 된다.[37]

중재판정과 달리, 화해합의를 무효로 하는 권한은 하나의 관할권에 한정되지 않는다. 따라서, 싱가포르조정협약에 따른 구제(relief)의 목적으로 화해합의와 관련 조정절차는 조정국의 국가가 인정한 자격을 가진 조정인에 의한 조정의 수행이나 특정 조정기관이나 특정 조정규칙의 사용 등 국내법을 준수하도록 요구되지 않는다.[38] 또한, 어느 한 국가의 화해합의를 무효로 한 결정은 다른 국가를 구속하지 않는다.[39]

싱가포르조정협약에서 화해합의의 '상호적 집행'(reciprocal enforcement)의 문제는 발생하지 않는다. 조정지(a seat of mediation) 없이 집행 권능을 가진 법원의 관점에서 상호성을 정의하는 것은 불가능하기 때문이다.[40] 예컨대, A국 구매자와 B국 판매자 사이의 분쟁이 C국 조정기관의 조정에 의하여 해결되어 화해합의가 도출된 경우, 이들 세 개 국가가 협약 당사국이라면 각 국가의 소관 당국은 동 화해합의의 집행에서 동등한 지분을 가지는 것이다.[41]

4) 상업적 분쟁

싱가포르조정협약은 '상사분쟁'(commercial dispute)의 조정에 의한 해결에 적용된다.[42] UNCITRAL이 '국제상거래법의 점진적 조화 및 통일의 촉진'(the promotion of the progressive harmonization and unification of the law of international trade)을 목적으로 설립된 점에서,[43] UNCITRAL 주관으로 협상된 싱가포르조정협약이 규율하는 분쟁은 상업적 성격을 가지는 것이 마땅할 것이다. 싱가포르조정협약은 구제나 계약적 의무의 성격에 대한 제한을 주지 않으면서 상업적 화해합의에 적용된다.[44]

싱가포르조정협약은 상사분쟁의 '상업적'(commercial) 개념에 대한 정의를 규정하지 않는다.[45] 대신 조정모델법은 '상업적' 개념을 다음과 같이 설명한다.[46] 즉, '상업적' 개념은 계약인 여부에 관계 없이 상업적 성격의 모든 관계에서 발생하는 사안을 다루도록 넓게 해석되어야 한다. 상업적 성격의 관계는 다음의 거래를 포함하나 이에 국한되지 않는다: 상품 또는 서비스의 공급이나 교환을 위한 모든 거래계약; 유통계약; 상업적 대리 또는 대리인; 팩토링; 대여; 건설공사; 컨설팅; 엔지니어링; 라이센싱; 투자; 파이낸싱; 은행 업무; 보험; 개발계약 또는 양허; 합작 및 다른 유형의 산업 또는 사업 협력; 및 항공, 해상, 철도 또는 육로의 상품 또는 승객의 운송.[47] 따라서, 상사분쟁의 해결에 적용되는 싱가포르조정협약은 개인, 가족 또는 가사 목적으로 당사자들 중 일방(소비자)이 참여한 거래에서 발생하는 분쟁을 해결하기 위하여 체결된 화해합의 또는 가족법, 상속법 또는 노동법과 관련된 화해합의에 적용되지 않는다.[48]

(2) 화해합의 당사자

싱가포르조정협약은 국제상사분쟁의 화해합의에 적용되는데, '화해합의 당사자들'(parties to the settlement agreement)은 해당 분쟁을 조정에 의하여 해결한 분쟁주체를 가리킨다. 또는 싱가포르조정협약에서 화해합의 당사자들의 개념을 확대하여, 이러한 직접적인 분쟁 당사자들 이외에 해당 분쟁 사안인 계약 등에 대한 파생적 이익을 갖는 자도 포함하는 것을 고려할 수 있다고 한다.[49] 예컨대, 갑기업의 자산을 신탁 관리하는 을기업이 동 자산을 침해한 병기업과 조정에 의하여 화해합의에 도달한 경우, 을기업에 더하여 갑기업도 싱가포르조정협약에서 화해합의 당사자가 될 수 있다는 것이다. 그러나 싱가포르조정협약에서 화해합의를 원용하는 당사자는 구제가 청구되는 협약 당사국의 소관 당국, 예컨대 법원에 당사자들이 서명한 화해합의 및 화해합의가 조정에 의하였다는 증거를 제출해야 한다.[50] 위의 예에서 화해합의에 서명하지 않은 갑기업이 싱가포르조정협약에서 규정한 화해합의 당사자가 될 수 있을지 의문이다. 갑기업과 을기업의 관계는 화해합의의 집행에 관계 없이 그들 사이의 문제로 보아야 할 것이다.

2. 싱가포르조정협약의 적용 배제

싱가포르조정협약은 상사분쟁의 조정에 의하고 서면으로 요건을 충족한 국제적 화해합의에 적용된다. 즉, 상사분쟁에 관한 것이 아니거나, 화해합의가 달리 집행될 수 있는 경우에는 싱가포르조정협약이 적용되지 않는다. 이러한 적용 배제 범위는 열거적(exhaustive)이다.[51]

(1) 비상업적 분쟁의 화해합의

싱가포르조정협약은 다음과 같은 상사분쟁이 아닌 특정 유형의 화해합의에는 적용되지 않는다.

1) 소비자 분쟁

개인, 가족 또는 가사 목적으로 당사자들 중 일방인 소비자가 참여한 거래에서 발생하는 분쟁을 해결하기 위하여 체결된 화해합의에 싱가포르조정협약은 적용되지 않는다.[52] 비상업적, 즉 개인적 분쟁임을 확실하게 하기 위하여 '소비자'(consumer)가 명시되었다.[53] 소비자 용어가 다양한 관할권에서 다르게 이해되기 때문에, '개인, 가족 또는 가사 목적'(personal, family or household purposes)이 명시되었다.[54]

2) 비상법적 분쟁

소비자 분쟁이 배제된 것과 같이, 가족법, 상속법 또는 노동법과 관련된 화해합의에 싱가포르조정협약은 적용되지 않는다.[55] 상속법을 가족법과 별도로 다루는 국가를 고려하여, 두 법이 함께 언급된다.[56] 가족법(family law)에 관련된 화해합의가 배제되지만, 예컨대, 가족 구성원을 수반하는 상업적 분쟁이 될 수 있는 '가족 사안'(family matters)에 관한 화해합의에는 싱가포르조정협약이 적용된다.[57] 이들 법에 관련된 화해합의가 싱가포르조정협약의 적용을 받지 않는 것은 UNCITRAL이 가족법 등 국제사법을 다루는 헤이그국제사법회의(Hague Conference on International Private Law)와 업무 중복을 피하기 위한 이유도 있다.[58]

(2) 달리 집행될 수 있는 화해합의

싱가포르조정협약은 다음과 같이 법원 판결이나 중재판정으로서 집행될 수 있는 화해합의에 적용되지 않는다. 화해합의가 이렇게 달리 집행될 수 있는 화해합의인지 여부의 결정은 협약 당사국의 국내 절차규칙에 따르게 된다.[59] 싱가포르조정협약을 포함한 관련 조약들에 가입한 여부는 국가마다 다르지만, 특정 국가가 이들 조약의 당사국인 여부와 관계 없이 싱가포르조정협약은 법원 판결이나 중재판정으로 집행 가능한 화해합의에 적용되지 않는다.

조정절차에 판사나 중재인의 '단순한 관여'(mere involvement)로 싱가포르조정협약의 적용이 배제되는 것은 아니다.[60] 또한, 화해합의가 재판이나 중재 절차 중에 이루어졌어도 판결이나 중재판정으로 기록되지 않으면, 싱가포르조정협약의 적용을 받는다.[61] 중요한 점은 판결이나 중재판정으로서 기록된 화해합의에 싱가포르조정협약이 적용되지 않으려면 동 화해합의가 판결이나 중재판정으로서 집행되어야 한다는 것이다.[62]

1) 법원 판결에 의한 집행

법원이 승인하였거나 법원의 절차 중에 체결되고,[63] 해당 법원의 국가에서 판결로서 집행 가능한 화해합의에 싱가포르조정협약은 적용되지 않는다.[64] 화해합의의 집행이 청구되는 협약 당사국의 소관 당국은 싱가포르조정협약의 적용과 화해합의의 집행 가능성을 결정하고, 화해합의가 판결과 같은 방식으로 집행 가능한지는 화해합의가 승인되거나 법원 절차가 진행된 협약 당사국의 법에 따라 결정되며, '보다 유리한 권리'(more-favourable-right) 규정에 따라 협약 당사국은 법원이 승인하고 판결과 같은 방식으로 집행 가능한 화해합의에 동 협약을 적용할 수 있다.[65]

화해합의의 '집행 가능성'(enforceability)은 법원이 승인하거나 법원의 절차 중에 체결된 화해합의가 해당 법원의 국가에서 '판결로서 집행 가능한지'

(enforceable as a judgment) 고려하여 결정될 것이다. 싱가포르조정협약의 적용 배제로 한 국가에서 판결로서 집행 가능하지만 다른 국가에서 집행 가능하지 않은 경우에는 궁극적으로 화해합의가 집행되지 못할 위험이 야기될 수 있다.[66] 예컨대, 법원 절차가 개시되었지만 당사자들이 조정을 통하여 법원의 지원 없이 해결할 수 있는 경우, 그러한 화해합의가 법원 절차가 개시된 국가에서 판결로서 집행 가능하면 동 화해합의는 싱가포르조정협약의 적용을 받지 못한다.[67] 또한, 화해합의가 법원 절차 중에 체결되었지만 법원 판결로서 기록되지 않더라도, 그러한 화해합의가 법원 절차가 개시된 국가에서 판결로서 집행 가능하면 동 화해합의는 싱가포르조정협약의 적용을 받지 못한다.[68]

법원의 판결로 집행될 수 있는 화해합의에 대한 싱가포르조정협약의 적용 배제는 2017년 2월 합의된 다섯 가지 쟁점의 '타협안'(compromise proposal)의 하나였다.[69] 이렇게 법원 판결에 의한 집행이 가능한 화해합의에 대한 싱가포르조정협약의 적용 배제는 2005년 헤이그관할합의협약(Convention on Choice of Court Agreements)과 2019년 헤이그외국판결협약(Foreign Judgments Convention) 등 현존하거나 미래의 협약 등과의 적용 중복이나 공백의 가능성을 피하면서, 동일한 화해합의의 집행에 복수의 국제법적 장치가 적용되는 것을 막기 위한 것이다.[70] 예컨대, 헤이그관할합의협약은 국제상거래 등에서 재판관할의 합의에 관한 조약인데, 동 협약 당사국은 자신의 법원이 다른 협약 당사국의 법원이 내린 판결을 승인하고 집행할 것이라고 선언할 수 있다.[71] 또한, EU 조정지침에 따라, 당사자들 중 일방의 명시적 동의가 있는 경우, EU 회원국의 법원 등은 조정에 의한 화해합의를 집행할 수 있도록 요구된다.[72]

법원이 화해합의를 승인하였음은 법원이 사건을 외부의 조정에 회부한 후 당사자들이 해당 화해합의를 법원에 제출하여 승인을 받는 경우를 의미한다.[73] 이러한 승인 과정에서 법원은 화해합의의 선의(bona fides), 당사자들의 '이해한 동의'(informed consent), 화해합의의 해석에 관련한 명확성, 화해합의의 이행 가능성, 화해합의 내용의 적법성(legality) 및 제3자 이익의 침해 가능성 등을 검토할 수 있다.[74] 이 경우 법원의 승인을 얻지 못한 화해합의에 싱가포르조정협약이 적용될 수 있다.[75] 그런데, 협약 제4조에 따른 법원 등 소관 당국의 '구제 요청의 부여'(granting a request for relief)는 여기서 법원의 화해합의의 승인을 의미하는 것은 아니다.[76]

법원의 절차 중에 화해합의가 체결되었음은 법원의 재판 과정에서 판사가 조정인으로서 또는 법원 내 조정인이 조정을 수행한 결과 화해합의가 이루어진 경우를 의미한다. 예컨대, 수소법원은 필요하다고 인정하면 항소심 판결 선고 전까지 소송이 계속 중인 사건을 결정으로 조정에 회부할 수 있다.77) 조정은 당사자 사이에 합의된 사항을 조서에 기재함으로써 성립하는데, 재판상 화해와 동일한 효력을 가진다.78)

화해합의가 국가의 법원에서 승인되었거나 절차 중에 체결되었어도, 동 화해합의는 '해당 법원의 국가에서'(in the State of that court) 집행 가능하여야 한다.79) 예컨대, 시효가 경과하여 화해합의를 집행할 수 없게 되면, 싱가포르조정협약의 적용 배제가 인정되지 않는다.80) 이 경우 화해합의는 싱가포르조정협약의 적용을 받게 된다.

2) 중재판정에 의한 집행

중재판정으로 기록되었고 집행 가능한 화해합의에 싱가포르조정협약은 적용되지 않는다.81) 이렇게 중재판정에 의한 집행이 가능한 화해합의에 대한 싱가포르조정협약의 적용 배제는 뉴욕중재협약과의 적용 중복 또는 공백을 피하기 위함이다.82) 중재판정으로서 싱가포르조정협약의 적용을 받지 않는 화해합의는 '화해중재판정'(consent awards)이라고 불린다.83)

최근 상사분쟁의 해결에 조정과 중재가 결합되는 경향을 보이는데,84) 예컨대 중재절차가 진행되는 과정에서 조정이 도입되는 경우이다.85) 이 경우 해당 분쟁이 조정을 통하여 해결되면 동 화해합의는 화해중재판정으로서 기록되는 것이 보통이다.86) 해당 화해합의가 중재판정으로 기록되지 않으면, 싱가포르조정협약의 적용 배제가 인정되지 않는다.87) 일반적으로 중재판정부는 조정에 의한 화해합의를 검토할 권한을 가지는데, 동 화해합의를 중재판정의 형식으로 기록하는 것을 거부할 수 있다.88)

화해합의의 중재판정으로서 집행 가능성의 결정은 해당 협약 당사국의 소관 당국에게 맡겨진다.89) 화해합의가 중재판정으로서 집행 가능할 것이 요구되는 것은 특정 관할권에서는 중재판정으로 기록된 화해합의가 집행 가능하지 않은 경우가 있어서 이로 인한 법적 공백을 다루고자 함이다.90) 화해합의를 기록한 중재판정이 동 화해합의의 집행을 청구한 국가에서 관련 집행체제의 범위에 해당하지 않으면, 동 화해합의는 싱가포르조정협약에 따른 집행을 위하여 고려

될 수 있다.[91]

중재판정으로서 싱가포르조정협약의 적용을 받지 않는 이들 유형의 화해합의는 뉴욕중재협약의 적용을 받을 수 있다.[92] 그러나 화해중재판정의 법적 성격에 따라 뉴욕중재협약의 적용을 받지 못할 수 있다. 예컨대, 화해중재판정의 일부가 중재판정부의 관할 내에 있지 않은 경우, 뉴욕중재협약에 따라 그 일부를 제외한 다른 적법한 부분이 승인되고 집행될 수 있다.[93] 이 경우 뉴욕중재협약의 적용을 받지 않는 부분에 대하여 싱가포르조정협약이 적용될 수 있다.[94] 화해중재판정이 조정에 의한 화해합의의 일부만 포함하는 경우, 이러한 부분적 화해중재판정의 경우에는, 당사자들이 합의한 내용의 부분적인 화해를 구성하는 화해합의는 싱가포르조정협약의 요건을 충족하는 경우 동 협정의 적용을 받을 수 있다.[95] 화해합의의 집행 가능성이 동 화해합의의 집행을 청구하는 국가에 따라 결정된다면, 당사자는 중재판정으로서 및 화해합의로서 집행을 두 차례 청구할 기회를 가지게 된다.[96]

---

1) 협약 제1조 1항. 싱가포르조정협약은 궁극적으로 화해합의의 집행을 가능하게 하는 점에서, 동 협약의 적용 범위를 집행의 유형으로 특정할 수 있었지만, 자칫 동 협약이 화해합의의 승인을 배제한다는 인상을 주지 않기 위하여 동 협약의 적용 범위는 조정에 의한 화해합의로 규정되었다. Timothy Schnabel, p. 38. 이는 협약 제3조 2항에서와 같이 승인 용어를 사용하지 않게 된 것과 관련된다. 협약 제5조의 '구제'(relief)는 화해합의의 집행과 승인의 두 개념을 포함한다. Intervention of Israel, in UNCITRAL Audio Recordings: Working Group II(Dispute Settlement), 66th Session, Feb. 8, 2017, 10:00－13:00; Intervention of the United States, in UNCITRAL Audio Recordings: UNCITRAL, 50th Session, July 7, 2017, 14:00－17:00.

2) 예컨대, 싱가포르조정협약에 규정되지 않은 모든 경우에 조정인의 서명을 요구하거나, 공증을 요구하거나, 조정인이 특정 국가의 자격이나 인증을 받기를 요구하는 등 형식적 요건은 요구될 수 없다. Timothy Schnabel, p. 33. 그러나, 화해합의의 집행이 청구되는 협약 당사국은 조정과 관련되지 않는 예컨대 부동산 소유권 이전에 관한 국내법 요건을 요구할 수 있다. Interventions of Germany and the United States, in UNCITRAL Audio Recordings: Working Group II(Dispute Settlement), 65th Session, Sept. 15, 2016, 14:00－17:00. 협약 제4조 4항 참조.

3) Intervention of Bulgaria, in UNCITRAL Audio Recordings: Working Group II(Arbitration and Conciliation), 63rd Session, Sept. 8, 2015, 9:30－12:30.

4) Intervention of the United States, in UNCITRAL Audio Recordings: Working Group II (Arbitration and Conciliation), 63rd Session, Sept. 8, 2015, 14:00－17:00.

5) Intervention of the Chair, in UNCITRAL Audio Recordings: Working Group II (Arbitration and Conciliation), 63rd Session, Sept. 9, 2015, 9:30－12:30.

6) 협약 제1조 1항.

7) Alexander & Chong, para. 1.04. 본고에서는 싱가포르조정협약의 본문에 충실하게 '화해합의'라 부른다.

8) 한국 등 대륙법계와 달리 영미법계에서는 청약자과 승낙자가 계약의 체결에서 서로 주고 받는 거래상의 반대급부인 약인(consideration)이 요구된다.

9) 조정모델법 가이드, para. 107.

10) 협약 제1조 1항. 작업그룹에서 '조정에 의하지 않은'(non-mediated) 화해합의도 싱가포르조정협약의 적용을 받아야 한다는 주장이 제기되었는데, 제1차 협상세션에서 동 협약은 오직 조정에 의한 화해합의에 적용되도록 결정되었다. Intervention of the Chair, in UNCITRAL Audio Recordings: Working Group Ⅱ (Arbitration and Conciliation), 63rd Session, Sept. 7, 2015, 10:00-12:30.

11) Intervention of Sweden, in UNCITRAL Audio Recordings: Working Group Ⅱ (Arbitration and Conciliation), 63rd Session, Sept. 9, 2015, 9:30-12:30.

12) 협약 제1조 1항. 싱가포르조정협약은 동 협약의 적용에 가능한 최소한의 형식적 요건을 규정하는데, 화해합의의 '서면으로' 요건과 당사자들과 조정인의 화해합의의 서명은 그 중의 하나이다. Intervention of the Chair, in UNCITRAL Audio Recordings: Working Group Ⅱ (Arbitration and Conciliation), 64th Session, Feb. 3, 2016, 10:00-13:00.

13) Intervention of Norway, in UNCITRAL Audio Recordings: Working Group Ⅱ (Arbitration and Conciliation), 63rd Session, Sept. 8, 2015, 9:30-12:30.

14) 협약 제2조 2항 1문.

15) 2016년 2월 작업그룹 보고서, para. 133. 전자계약협약 제9조 2항, 3항 참조.

16) 협약 제2조 2항 2문. 전자계약협약 제9조 참조.

17) Timothy Schnabel, p. 28. 이메일 교환은 싱가포르조정협약 초안에 언급되었지만 결국 반영되지 못하였다. 2018년 UNCITRAL 보고서, para. 23.

18) 2016년 2월 작업그룹 보고서, para. 134; Intervention of the Chair, in UNCITRAL Audio Recordings: Working Group Ⅱ (Dispute Settlement), 65th Session, Sept. 21, 2016, 9:30-12:30; 2016년 9월 작업그룹 보고서, paras. 67, 177-85. 판사 등이 화해합의가 체결된 여부 등의 확인을 위하여 복수의 서면을 검토하는 부담은 그 자신의 마땅한 역할이라고 이해되었다. Intervention of International Academy of Mediators(IAM), in UNCITRAL Audio Recordings: Working Group Ⅱ (Dispute Settlement), 65th Session, Sept. 20, 2016, 14:00-17:00.

19) 협약 제1조 1항. 싱가포르조정협약 초안에서 '국제적 합의'(international agreements) 용어는 국제법에 따라 구속력을 가지는 국가들 또는 국제기구들 사이의 협정과 혼동될 우려가 있어서, '합의'(agreement) 용어 앞에 '국제적'(international) 용어를 두지 않았다. 2018년 2월 작업그룹 보고서, para. 17. 국내조정이나 국제조정에 의한 화해합의의 법적 성격에 차이가 있지 않지만, 국내적 성격을 가지는 화해합의는 국내법에 따르는 점에서 싱가포르조정협약은 국제적 화해합의에만 적용되도록 하여 국가의 당사국으로서 동 협약 가입에 대한 부담이 줄게 되었다. Intervention of Israel, in UNCITRAL Audio Recordings: Working Group Ⅱ (Arbitration and Conciliation), 63rd Session, Sept. 7, 2015, 14:00-17:00.

20) 2018년 2월 작업그룹 보고서, para. 123.

21) 2017년 10월 작업그룹 보고서, para. 31. 조정절차가 국제적이지 않아도 화해합의가 국제적일 수 있다. 예컨대, 당사자 일방이 조정절차의 개시 후 화해합의 체결 전에 영업소

를 타방 당사자와 다른 국가로 이전하는 경우이다. 조정모델법 가이드, para. 116.

22) 싱가포르조정협약의 이행을 위한 국내법은 기본적으로 국제적 성격의 화해합의를 대상으로 할 것이지만, 동 협약이 지향하는 민간형 조정에 대한 국내법이 없는 현실에서, 동 협약의 이행을 위하여 제정되는 국내법은 국내적 성격의 화해합의에도 적용되도록 보다 일반적인 내용의 규정이 바람직할 것이다. Interventions of South Africa and Canada, in UNCITRAL Audio Recordings: Working Group Ⅱ(Arbitration and Conciliation), 63rd Session, Sept. 7, 2015, 14:00－17:00 참조.

23) 영업소에 관하여 협약 제2조 1항 참조.

24) 싱가포르조정협약의 화해합의의 국제적 기준은 조정모델법 제3조 2항의 조정의 국제적 기준의 규정과 유사하다. 그러나 조정모델법 제3조 4항에서 당사자들은 자신의 조정이 이러한 기준에 부합하지 않아도 국제적이라고 합의하도록 허용되는데, 싱가포르조정협약은 이를 허용하지 않는다. 국제적 화해합의가 확대되어 싱가포르조정협약의 적용이 남용될 우려가 반영된 것이다. Intervention of the Chair, in UNCITRAL Audio Recordings: Working Group Ⅱ(Dispute Settlement), 65th Session, Sept. 14, 2016, 9:30－12:30. 조정모델법 제16조 4항은 협약 제1조 1항에 상응하게 화해합의의 국제적 기준을 규정한다.

25) 협약 제1조 1(a)항. 참고로 '아시아태평양 국경간 전자무역의 촉진에 관한 프레임워크협정'(Framework Agreement on Facilitation of Cross－border Paperless Trade in Asia and the Pacific) 제3조 (f)호는 그 적용 대상인 '상업적 거래'(commercial transactions)를 '영업소들이 상이한 영토들에 있는 당사자들 사이의 상품 무역에 관련된 거래'(transactions relating to the trade in goods between parties whose places of business are in different territories)라고 정의한다.

26) 협약 제1조 1(b)항.

27) 화해합의 당사자들이 동일한 국가에 영업소들을 가지고 있는 경우, 당사자들의 모기업이나 주주들이 상이한 국가들에 소재하면, 동 화해합의는 국제적 요소를 가질 것이라고 한다. 이러한 의견에 대하여 소관 당국이 당사자들의 기업 내 구조를 확인해야 하는 부당한 부담을 가질 수 있다고 지적되었다. 작업그룹은 상이한 관할권에서 일반적으로 수용될 간단하고 분명한 방식에 합의하는 것이 가능하지 않다고 보았다. 2018년 2월 작업그룹 보고서, para. 27.

28) *Fung Sang Trading Limited v Kai Sun Sea Products and Food Company Limited* [1991] 2 HKC 526; [1992] HKCU 0380 참조. 동 사안은 국제상사중재이다.

29) *D Heung and Associates, Architects and Engineers v Pacific Enterprises(Holdings) Company Limited*, 04.05.1995, CLOUT case No. 108. 동 사안은 국제상사중재이다.

30) 조정모델법 가이드, para. 116.

31) 중재판정은 일반적으로 그의 외국 성격을 결정하는 발행지(a place of issuance)를 가지지만, 조정에 의한 화해합의의 '특정 장소 또는 법적 본거지'(a specific place or legal seat)는 용이하게 확인될 수 있는 요소가 아니다. 2015년 9월 작업그룹 보고서, paras. 35.

32) 협약 제1조 1항.

33) Timothy Schnabel, "Implementation of the Singapore Convention: Federalism, Self－Execution, and Private Law Treaties", 30 Am. Rev. Int'l Arb. 265, 267(2019).

34) Intervention of the United States, in UNCITRAL Audio Recordings: Working Group Ⅱ (Dispute Settlement), 65th Session, Sept. 16, 2016, 14:00－17:00. 국제중재에서 중재지는 집행되어야 할 중재판정이 국내 판정인지 국제 판정인지 결정에 결정적이다. 뉴욕중재협약 제I조 1항. 중재지의 법원은 전통적으로 중재판정의 주된 심사 권한을 가진다. 뉴욕

중재협약 제V조 1(e)항.

35) Norel Rosner, "The New UNCITRAL Instruments on International Commercial Settlement Agreements Resulting from Mediation – an Insider's View", 22(4) Nederlands－Vlaams tijdschrift voor mediation en conflictmanagement 30, 33(2018). 조정지의 결정은 조정이 원격으로 수행되는 경우에 더욱 어렵게 된다. Interventions of the United States, Finland, and Israel, in UNCITRAL Audio Recordings: Working Group Ⅱ (Arbitration and Conciliation), 63rd Session, Sept. 7, 2015, 14:00－17:00.

36) Haris Meidanis, "International Enforcement of Mediated Settlement Agreements: Two and a Half Models – Why and How to Enforce Internationally Mediated Settlement Agreements", 85(1) Arbitration 49, 53－54(2019).

37) Timothy Schnabel, p. 22.

38) Timothy Schnabel, P. 22. 협약 당사국은 자신의 절차규칙에 따라 및 싱가포르조정협약에 규정된 조건으로 화해합의를 집행하여야 한다. 협약 제3조 1항. 또한, 구제가 청구되는 협약 당사국의 소관 당국은 구제 부여가 동 당사국의 공공정책에 반할 경우 구제 부여를 거부할 수 있다. 협약 제5조 2(a)항. 물론, 관련 국가의 국내법 위반에 대하여 조정인이나 당사자들은 법적 책임을 질 수 있다. Timothy Schnabel, p. 22.

39) Timothy Schnabel, p. 22.

40) Alexander & Chong, para. 1.16.

41) Alexander & Chong, p.27 참조.

42) 협약 제1조 1항.

43) UNGA Res. 2205(XXI) on Establishment of the United Nations Commission on International Trade Law(1966년 12월 17일 채택).

44) 2016년 9월 작업그룹 보고서, para. 16.

45) 뉴욕중재협약도 그러한 개념 정의를 규정하지 않는다. 싱가포르조정협약의 상업적 분쟁은 조정모델법의 상업적 개념과 국제상사컨실리에이션에 관한 UNCITRAL의 활동 맥락에서 이해되었다. 2015년 9월 작업그룹 보고서, para. 40.

46) 조정모델법 각주 1.

47) 이러한 상업적 분쟁은 개념적으로 건설이나 자원개발에 관련된 투자 특히 투자자－국가 분쟁도 포함할 수 있을 것이다. Timothy Schnabel, pp. 22－23. 참고로 헤이그외국판결협약은 '행정적 사안'(administrative matters)을 배제하여 투자자－국가 분쟁의 판결에 적용되지 않는다. 헤이그외국판결협약 제1조 1항.

48) 각각 협약 제1조 2(a)항과 2(b)항.

49) Alexander & Chong, para. 1.20.

50) 협약 제4조 1항.

51) 2017년 10월 작업그룹 보고서, para. 16. 즉, 싱가포르조정협약의 적용 배제는 이외에 더 인정되지 않는다.

52) 협약 제1조 2(a)항.

53) Interventions of Colombia, Argentina, Israel, and Germany, in UNCITRAL Audio Recordings: Working Group Ⅱ (Dispute Settlement), 65th Session, Sept. 14, 2016, 14:00－17:00. 온라인 분쟁해결에 관한 제3 작업그룹이 소비자 보호에 관하여 큰 어려움을 겪은 경험으로 작업그룹은 처음부터 싱가포르조정협약이 소비자 분쟁에 적용되지 않음을 확인하였다. Intervention of Canada, in UNCITRAL Audio Recordings: Working Group Ⅱ (Arbitration

and Conciliation), 64th Session, Feb. 2, 2016, 15:00 – 18:00.

54) 2016년 9월 작업그룹 보고서, paras. 58 – 59.

55) 협약 제1조 2(b)항.

56) Interventions of the United States, Egypt, Israel, Singapore, in UNCITRAL Audio Recordings: Working Group Ⅱ(Dispute Settlement), 65th Session, Sept. 14, 2016, 14:00 – 17:00.

57) 조정모델법 가이드, para. 110.

58) 예컨대, 아동 관련 가족 문제에 대한 합의의 국경 간 승인 및 집행은 헤이그국제사법회의에서 다뤄지고 있다. 헤이그국제사법회의는 국가 간 국제사법의 점진적 통일을 목적으로 1893년 설립되었고, 1951년 10월 31일 채택되고 1955년 7월 15일 발효한 '헤이그국제사법회의 규정'(Statute of the Hague Conference on Private International Law)으로 정부 간 국제기구가 되었다. 한국은 1997년 8월 20일 가입하였다.

59) 2018년 2월 작업그룹 보고서, para. 24.

60) 2017년 2월 작업그룹 보고서, para. 25. 예컨대, 판사나 중재인이 조정인으로서 조정절차를 개시하고 화해합의의 도출을 촉진한 경우, 동 화해합의는 싱가포르조정협약의 적용을 받는다. 2016년 2월 작업그룹 보고서, para. 131.

61) 2017년 2월 작업그룹 보고서, para. 25.

62) 그럼에도, 협약 당사국은 법원이나 중재 절차의 진행 중에 체결된 화해합의에 대한 싱가포르조정협약의 적용을 국내법에 규정할 유연함을 가진다. 2017년 10월 작업그룹 보고서, para. 19.

63) 협약 제1조 3(a)(ⅰ)항.

64) 협약 제1조 3(a)(ⅱ)항.

65) 2017년 사무국 노트 1, para. 8. '보다 유리한 권리'는 협약 제7조 참조.

66) Intervention of the United States, in UNCITRAL Audio Recordings: Working Group Ⅱ (Dispute Settlement), 66th Session, Feb. 6, 2017, 10:00 – 13:00.

67) 2017년 10월 작업그룹 보고서, para. 20.

68) 2017년 10월 작업그룹 보고서, para. 21.

69) 2017년 2월 작업그룹 보고서, para. 52. 특히 법원 판결에 의하여 집행 가능한 화해합의의 배제는 유럽연합이 강력하게 제기한 사안이었고, 이러한 합의로 다른 쟁점들도 해결될 수 있었다. Timothy Schnabel, p. 25. 유럽연합의 입장에 관하여, 일반적으로 Intervention of the European Union, in UNCITRAL Audio Recordings: Working Group Ⅱ (Arbitration and Conciliation), 63rd Session, Sept. 7, 2015, 10:00 – 12:30 참조.

70) 2016년 9월 작업그룹 보고서, para. 206; 2017년 2월 작업그룹 보고서, para. 26. 싱가포르조정협약의 협상에 참여한 국가들 중 상당수가 헤이그외국판결협약을 중요하게 고려하였다. 특히, 유럽연합은 헤이그협약의 적용을 받는 화해합의의 집행에 싱가포르조정협약이 적용되지 않을 것을 강력하게 주장하였다. Intervention of the European Union, in UNCITRAL Audio Recordings: Working Group Ⅱ(Dispute Settlement), 66th Session, Feb. 6, 2017, 10:00 – 13:00.

71) 헤이그관할합의협약 제12조 및 제22조. 그러나 실제로 이들 헤이그협약과의 직접적인 충돌은 발생하지 않을 것이다. Intervention of the Chair, in UNCITRAL Audio Recordings: Working Group Ⅱ(Dispute Settlement), 65th Session, Sept. 14, 2016, 9:30 – 12:30. 또한, 모든 국가들이 이들 조약에 가입하지 않는다면, 어느 한 조약으로도 집행될 수 없는

상황을 고려한다면, 이들의 중복적 적용이 현실적으로 타당할 수도 있다. Intervention of the United States, in UNCITRAL Audio Recordings: Working Group II (Arbitration and Conciliation), 64th Session, Feb. 3, 2016, 10:00−13:00. 한국은 2021년 3월 현재 헤이그관할합의협약에 가입하지 않았다.

72) EU 조정지침 제6조. 또한, 'Regulation(EU) 1215/2012 of the European Parliament and of the Council on jurisdiction and the recognition and enforcement of judgments in civil and commercial matters(recast)' 또는 소위 'Recast Brussels Regulation'은 EU 회원국들 사이의 민사와 상사 판결의 승인과 집행을 규율한다. 동 규칙 제58조 1항에 따르면, '판결이 내려진 회원국'(Member State of origin)에서 집행 가능한 정본은 '집행 가능 선언'(declaration of enforceability)이 요구되지 않고 다른 회원국에서 집행 가능하여야 한다. 즉, EU가 싱가포르조정협약에 가입한 경우, EU 회원국 법원이 동 협약에 따라 화해합의의 집행을 부여하는 결정을 내리면 다른 EU 회원국들은 동 판결을 승인해야 한다. 또한, 'Regulation(EC) No 805/2004 of the European Parliament and of the Council of 21 April 2004 creating a European Enforcement Order for uncontested claims'도 주목해야 한다. 즉, 법원이 승인하였거나 법원의 절차 중에 체결되고 이렇게 승인되거나 체결된 회원국에서 집행 가능한 청구에 관한 화해는 해당 법원에 신청하여 '유럽집행명령'(European Enforcement Order)으로서 인증되어야 한다. 동 규칙 제24조 1항. 여기서 청구는 법원 판결 등에서 확정된 금액의 지불에 관한 것이다. 동 규칙 제4조 2항. 판결이 내려진 회원국에서 유럽집행명령으로서 인증된 화해는 '집행 가능 선언'의 필요 없이 및 집행 가능성에 대한 반대 가능성 없이 다른 회원국에서 집행되어야 한다. 동 규칙 제24조 2항.

73) Alexander & Chong, para. 1.28.

74) Alexander & Chong, para. 1.31.

75) Alexander & Chong, para. 1.28.

76) 싱가포르조정협약에 따라 승인이나 집행을 위하여 화해합의를 법원에 제출하는 것은 이러한 법원의 화해합의의 승인에 해당하지 않는다. 2017년 사무국 노트 1, para. 22.

77) 민사조정법 제6조. 조정사건을 처리하는 조정담당판사는 스스로 조정을 하거나, 상임으로 조정에 관한 사무를 처리하는 조정위원(상임조정위원) 또는 조정위원회로 하여금 조정을 하게 할 수 있다. 민사조정법 제7조 1항과 2항. 수소법원이 조정에 회부한 사건으로서 수소법원이 스스로 조정하는 것이 적절하다고 인정한 사건은 스스로 처리할 수 있다. 민사조정법 제7조 3항. 이 경우, 수소법원은 수명법관이나 수탁판사로 하여금 조정을 담당하게 할 수 있다. 민사조정법 제7조 5항.

78) 각각 민사조정법 제28조와 제29조.

79) 협약 제1조 3(a)항. 예컨대, EU에서 타방 당사자의 명시적 동의가 있는 경우 당사자 일방은 조정에 의한 서면의 합의 내용이 집행될 것을 요청할 수 있고, 이러한 요청이 이루어진 회원국의 법에 따라 판결이나 결정 또는 정본으로서 법원 또는 다른 소관 당국은 동 내용을 집행할 수 있다. EU 조정지침 제6조 1항과 2항.

80) Timothy Schnabel, p. 26.

81) 협약 제1조 3(b)항.

82) 2017년 2월 작업그룹 보고서, para. 26.

83) Alexander & Chong, para. 1.39. 당사자들이 실제로 분쟁에 관한 중재를 개시한 경우에만 중재판정부는 화해중재판정을 내릴 수 있다. 당사자들이 분쟁을 해결한 후에 동 화해를 화해중재판정으로서 기록할 목적으로만 중재를 개시하는 경우에는 화해중재판정을 내

릴 권한이 적용되지 않는다. Gary Born, p. 3023.

84) '조정-중재'(Med-Arb) 형식은 다음의 두 가지 경우이다. 첫째, 분쟁 사안이 먼저 조정에 회부되고, 조정에 의하여 해결되지 않으면 중재에 회부되는 경우이다. 조정을 통하여 분쟁이 해결되면, 중재가 개시되지 않는다. 중재모델법 제30조 1항에 따르면, 중재절차의 진행 중에 당사자들이 분쟁을 해결한 경우에 중재판정부는 동 절차를 종결하고 해당 화해를 중재판정의 형식으로 기록해야 한다. 둘째, 조정과 중재의 특성을 고려하여, 분쟁 사안의 일부는 조정에 회부되고 다른 일부는 중재에 회부되는 경우이다. 한편, '중재-조정'(Arb-Med) 형식은 분쟁 사안이 중재 절차에서 처리되는 도중에 조정에 회부되는 것인데, 중재 결정은 조정이 성립되지 않은 경우에 당사자들에게 전달된다. 또는 중재 결정의 내용이 판정의 형식이 아닌 채로 당사자들에게 전달될 수 있다. 이 경우 당사자들은 조정 단계에서 중재 결정의 내용 보다 호의적인 합의를 이끌어낼 수 있다. Alexander & Chong, para. 1.45. 조정의 진행 중에 중재절차는 중지된다. 조정을 통하여 해결되면 동 화해합의는 중재판정으로서 기록될 수 있고, 뉴욕중재협약의 적용을 받을 수 있다. 이 경우 중재인과 조정인이 독립된 별개의 인사가 되어야 하는지 아니면 동일인이 되어도 좋은지 당사자들이 합의할 수 있어야 할 것이다.

85) 이렇게 다양한 분쟁 해결의 방법이 활용되는 경우를 '혼합 분쟁 해결 과정'(mixed mode dispute resolution processes) 또는 '혼성 분쟁 해결'(hybrid dispute resolution)이라고 부른다. 이러한 다양한 분쟁 해결절차가 결합되는 경우, 예컨대 특정 분쟁 해결절차가 싱가포르조정협약의 적용을 받는 조정에 해당하는지 문제가 될 수 있다. 싱가포르조정협약의 적용을 받는 조정은 분쟁 해결에서 결정적(determinative) 성격이 아니라, 촉진적(facilitative), 변형적(transformative), 자문적(advisory) 또는 평가적(evaluative) 성격을 가질 것이다. Alexander & Chong, pp. 37-38.

86) Alexander & Chong, para. 1.41.

87) 예컨대, 당사자들이 해당 화해합의를 중재판정이 아닌 조정을 통한 화해합의로 기록할 수 있다.

88) 중재모델법 제30조와 제31조 참조.

89) 2017년 10월 작업그룹 보고서, para. 27.

90) 2017년 10월 작업그룹 보고서, para. 25.

91) 2017년 10월 작업그룹 보고서, para. 25.

92) Timothy Schnabel, p. 25.

93) 뉴욕중재협약 제V조 1(c)항.

94) Alexander & Chong, para. 1.53.

95) Alexander & Chong, para. 1.54.

96) 2017년 10월 작업그룹 보고서, para. 26.

IV. 싱가포르조정협약의 주요 개념 정의

제2조 정의

1. 제1조 1항의 목적으로:

   (a) 당사자가 둘 이상의 영업소들을 가지는 경우, 관련 있는 영업소는 화해합의의 체결 당시 당사자들에게 알려지거나 당사자들이 예기한 상황을 고려하여, 화해합의로 해결된 분쟁에 가장 밀접한 관계를 가지는 영업소이다.

   (b) 당사자가 영업소를 가지지 않는 경우, 동 당사자의 상거소를 참조하여야 한다.

2. 화해합의의 내용이 어느 형식으로도 기록되면 동 화해합의는 '서면으로'이다. 전자적 교신에 포함된 정보가 추후 참조를 위하여 이용될 수 있도록 접속 가능하면 화해합의의 서면으로 요건은 동 전자적 교신에 대하여 충족된다.

3. '조정'은, 사용된 표현이나 과정이 수행되는 근거와 무관하게, 분쟁당사자들에게 해결책을 부과할 권한을 갖지 않는 제3자 또는 제3자들('조정인')의 지원을 받아 분쟁당사자들이 자신의 분쟁을 우호적으로 해결하려고 시도하는 과정이다.

싱가포르조정협약은 세 가지 개념의 정의 규정을 둔다. 일반적으로 조약이나 법률은 별도의 개념 정의가 필요한 다수의 용어에 대한 정의 규정을 두는데, 싱가포르조정협약은 제1조 1항에 규정된 화해합의의 주요 구성 요소인 화해합의의 국제성의 기준인 '영업소', '서면으로' 및 '조정'에 대한 정의 내지 설명에 그친다.

1. 영업소

(1) 당사자가 둘 이상의 영업소들을 가지는 경우

싱가포르조정협약의 적용을 받는 화해합의는 체결 당시 국제적이어야 한다. 협약 제1조 1항은 화해합의의 국제적 요건을 규정한다. 화해합의가 체결될 당시 동 화해합의의 당사자들이 그들의 영업소들을 상이한 국가들에 두고 있으면, 동 화해합의는 국제적이다. 이렇게 당사자들의 영업소들이 상이한 국가들에 있지 않아도, 다음의 두 가지 경우에 화해합의는 국제적이다. 즉, 당사자들의 영업소들이 소재한 국가가 아닌 국가에서 화해합의에 따른 의무의 상당 부분이 이행되면 된다.[1] 또는 당사자들의 영업소들이 소재한 국가가 화해합의의 대상과 가장 밀접하게 관련되면 된다.[2]

당사자가 둘 이상의 영업소들을 가지는 경우, 싱가포르조정협약의 목적으로 '관련 있는 영업소'(the relevant place of business)는, 화해합의의 체결 당시 당사자들에게 알려지거나 당사자들이 예기한 상황을 고려하여, '화해합의로 해결된 분쟁에 가장 밀접한 관계'(the closest relationship to the dispute resolved by the settlement agreement)가 있는 영업소이다.[3] 당사자가 둘 이상의 영업소들을 가지게 되는 경우, '더 오래된'(older) 영업소와 '더 새로운'(newer) 영업소가 존재하는 사실을 반영하여, 집행되어야 하는 화해합의가 싱가포르조정협약의 국제적 적용 범위를 충족하도록 보장하는데 해당 당사자에 관하여 가장 적절한 영업소가 확인되어야 한다.[4] 화해합의가 체결될 당시 당사자들이 당사자 일방의 국경간 인수 또는 영업소의 다른 국가로의 단순한 이전과 같은 상황을 알게 되면, 동 화해합의의 집행을 목적으로 해당 당사자의 영업소를 결정할 수 있다.[5] 그러나 화해합의의 체결 당시 당사자들이 그러한 상황을 모른다면, 당사자들이 둘 이상의 영업소들을 가지는 여부의 문제는 제기되지 않는다.

예컨대, A국에 설립된 갑기업과 을기업이 A국 조정센터의 도움을 받아 화해합의를 체결하였는데, 을기업이 재정 상황으로 B국으로 영업 활동을 이전하는 최종 단계에 있는 것을 갑기업이 알고 있는 경우, 동 화해합의의 집행을 위하여 싱가포르조정협약의 적용을 받기 위하여 동 화해합의의 국제적 요건이 충족되는지 결정해야 한다. 즉, 두 당사자들은 을기업의 영업소가 B국에 보다 밀접함을 보여줘야 하는데, 해당 화해합의로 해결된 분쟁 사안인 상업적 관계에 따라 의무의 상당 부분이 B국에서 이행됨을 보여주면 될 것이다.[6]

또한, A국에 설립된 갑기업과 을기업이 A국 조정센터의 도움을 받아 화해합의를 체결하였는데, 이후 을기업이 예상하지 못한 재정 상황으로 B국의 투자자에게 갑자기 매각되었고, 동 투자자는 을기업의 영업소를 폐쇄하고 B국으로 이전하였다. 동 화해합의의 집행을 위하여 싱가포르조정협약의 적용을 받기 위하여 동 화해합의의 국제적 요건이 충족되어야 하는데, 을기업의 A국에서 B국으로 영업소 이전은 동 화해합의의 체결 당시에 당사자들이 알지 못하였기 때문에 동 화해합의의 국제적 요건은 충족되지 않을 것이다. 즉, 동 화해합의의 체결 당시 A국에 을기업의 하나의 영업소가 존재할 뿐이었다.[7]

(2) 당사자가 영업소를 가지지 않는 경우

싱가포르조정협약의 적용을 받는 화해합의는 체결 당시 당사자들의 영업소 소재지를 기준으로 국제적이어야 한다. 당사자가 영업소를 가지지 않으면, 동 당사자의 상거소(habitual residence)가 참조되어야 한다.[8] 즉, 싱가포르조정협약의 목적으로 당사자들은 개인적 자격에서 화해합의를 체결할 수 있고, 이 경우 화해합의의 국제적 요건의 충족을 결정하는데 당사자의 상거소가 영업소로 고려된다.[9]

예컨대, A국의 자신의 집에서 자영업을 운영하는 갑과 B국에 영업소를 둔 을 사이에서 상거래 분쟁이 발생하였고, A국 국제조정센터의 조정에 의하여 화해합의가 체결된 경우, 싱가포르조정협약의 적용을 위하여 동 화해합의는 국제적이어야 하는데, 갑의 영업소는 A국 내 자신의 상거소가 될 것이다.[10]

2. 서면의 화해합의

화해합의의 내용이 어느 형식으로도 기록되면 동 화해합의는 '서면으로'(in writing)이다.[11] 화해합의의 '서면으로' 요건은 화해합의의 내용이 '어느 형식으로든'(in any form) 기록되는 것을 요구한다. 화해합의의 내용이 어느 형식으로든 기록되면 되기 때문에, '단일 문서'(a single document)에 기록될 필요는 없을 것이다.[12]

'서면으로' 요건은 전자상거래에 관한 UNCITRAL 문서에 반영된 '기능적 동등성'(functional equivalence) 원칙에 상응한다.[13] 이러한 기록의 형식은 전자적 교신의 경우도 포함한다. 국제계약의 체결에서 전자적 교신의 이용이 확대되는 현실을 반영한 것이다. 즉, 화해합의가 서면이어야 하는 요건은 전자적 교신에 포함된 정보가 추후 참조를 위하여 이용될 수 있도록 접속 가능하면 동 전자적 교신에 대하여 충족된다.[14]

오늘날, 특히 2020년부터 세계적으로 창궐한 코로나 바이러스 사태로, 이메일과 Zoom 등 온라인 화상회의와 같이 부분적으로나 전체로서 전자통신을 이용한 '온라인 분쟁해결'(online dispute resolution, ODR)에 대한 관심이 커지고 실제 실행되는 사례가 늘고 있다.[15] ODR은 회의나 심리에서 물리적으로 참석하지 않는 당사자들이 분쟁을 간단하고, 신속하며, 유연하고 안전한 방식으로 해결하도록 지원할 수 있다. ODR은 협상, 조정, 중재 등 폭넓은 범위의 분쟁 해결

을 포함하고, 온라인과 오프라인의 요소로 구성되는 '혼성 과정'(hybrid processes)
의 수행이 가능하다.[16) ODR을 통하여 특히 국제조정의 경우 당사자들과 조정
인이 특정 장소로 이동하면서 발생하는 시간과 비용이 감소하는 장점이 있다.
싱가포르조정협약도 이렇게 전자통신을 활용한 조정에 의한 화해합의의 체결을
상정하고 있다.[17)

   싱가포르조정협약에 따라 화해합의를 원용하는 당사자는 구제가 청구되는
협약 당사국의 소관 당국에게 당사자들이 서명한 화해합의는 물론 화해합의에
대한 조정인의 서명 등 화해합의가 조정에 의하였다는 증거를 제출해야 한
다.[18) 전자적 교신과 관련하여 화해합의가 당사자들에 의하여 또는, 적용 가능
한 경우, 조정인에 의하여 서명되어야 한다는 요건은 다음의 경우 충족된다:[19)
(a) 당사자들 또는 조정인을 확인하기 위하여 및 전자적 교신에 포함된 정보에
관하여 당사자들 또는 조정인의 의사를 나타내기 위하여 수단이 사용되는 경우;
및 (b) 사용된 수단이 다음의 하나인 경우: (i) 모든 관련 합의를 포함하여, 모든
상황을 고려하여, 전자적 교신이 생성되었거나 전송된 목적으로 적절하게 신뢰
할 수 있는 경우; 또는 (ii) 그 자체로서 또는 추가 증거와 함께 위 (a)호에서 기
술된 기능을 충족하였다고 사실상 증명된 경우.

3. 조정

(1) 조정

   조정은, 사용된 표현이나 과정이 수행되는 근거와 무관하게, 분쟁당사자들
에게 해결책을 부과할 권한을 갖지 않는 제3자 또는 제3자들('조정인')의 지원을
받아 분쟁당사자들이 자신의 분쟁을 우호적으로 해결하려고 시도하는 과정이
다.[20) 싱가포르조정협약의 조정은 '촉진적'(facilitative) 및 '자문적'(advisory) 분쟁
해결절차를 포함하지만, '결정적'(determinative) 분쟁 해결절차는 포함하지 않는
다.[21)

   싱가포르조정협약의 조정은 '사용된 표현과 무관한'(irrespective of the expression
used) 점에서 동 협약의 적용을 받는 조정은 분쟁 해결을 위한 과정 그 자체가
중요한 것이고, 그의 명칭은 중요하지 않다. 따라서 각자의 전통에 따라 조정
(mediation)이나 컨실리에이션(conciliation) 등 어떤 명칭을 사용하는 국가도 동
협약에 가입할 수 있도록 유연성이 부여된다.[22) 또한 당사자들의 화해합의는

동 화해합의가 도출된 절차 내지 과정이 조정이라고 명시할 필요는 없어서, 예컨대, '중립적 평가'(neutral evaluation)도 싱가포르조정협약의 적용을 받는 조정이라고 볼 수 있게 된다.[23] 이렇게 싱가포르조정협약의 적용을 받는 분쟁 해결절차로서 조정의 지위가 그 실제적 명칭과 상관이 없게 되어 공식적으로 조정을 수행하는 기관이 아닌 곳에서의 조정도 포함되는 점에서 유연성이 보장된다.[24] 그러나 이러한 조정 개념의 유연성으로 당사자들이 자신의 분쟁 해결절차가 싱가포르조정협약의 적용을 받는 조정이라고 인식하지 못할 수 있다. 또는 당사자들이 해당 분쟁 해결절차를 조정이라고 부르는 경우에도 싱가포르조정협약이 규정한 조정의 요건을 갖추지 않는다면 해당 화해합의는 조정에 의하여 체결된 것이라고 보지 않을 수 있다.[25] 싱가포르조정협약의 적용을 받는 조정에 의하여 화해합의를 체결하였다는 사실은 협약 제4조에 따른 화해합의의 원용에서 확인될 것이다.[26]

싱가포르조정협약의 조정은 '과정이 수행되는 근거와 무관한'(irrespective … of the basis upon which the process is carried out) 점에서 동 협약의 적용을 위하여 조정이 어떻게 개시되는지보다 조정의 결과가 더 중요하다. 그럼에도 일반적으로 상사계약에서 기업 등은 소위 조정조항(mediation clause)을 삽입하고 있다. 조정조항은 향후 분쟁이 발생하면 조정을 통해 해결한다는 독립된 조문이 될 수 있고, 또는 분쟁 해결조항에서 부분적으로 이러한 내용을 포함할 수 있다. 국제조정조항은 조정이 수행되는 방식, 조정인의 지정 방법, 조정의 장소와 비용, 조정의 소송에서의 시효에 대한 영향 및 사용될 언어를 포함할 수 있다. 기업 등은 분쟁이 발생한 후에도 조정절차를 개시하는 합의, 즉 조정합의(agreement to mediate, mediation agreement)를 체결할 수 있다. 이미 발생한 분쟁에 대한 조정인 점에서 동 조정합의는 조정되어야 하는 분쟁을 구체적으로 확정하게 된다. 또한, 조정합의는 조정인의 지정을 위한 조정인과 당사자들 사이의 계약 형식을 갖출 수 있다. 이외에 조정은 국내법에 따라 법원이나 중재판정부는 물론 다른 당국의 강제적이거나 권고적인 회부로 개시될 수 있다.[27]

조정은 '당사자들이 자신의 분쟁을 우호적으로 해결하려고 시도하는 과정'(a process … whereby parties attempt to reach an amicable settlement of their dispute)이다. 싱가포르조정협약의 조정은 분쟁당사자들의 합의에 기반한 성격을 가진다. 당사자들은 계약의 조정조항이나 법원의 조정 회부로 조정에 참여하도록 강제될 수 있지만, 조정에 의하더라도 그 해결이 강제될 수는 없다. 참고로, 싱가포르조정협약과 달리, 조정모델법은 조정의 대상인 분쟁을 '계약적 또는 다른 법적 관계로부터 발생하거나 이에 관련되는'(arising out of or relating to a contractual or other legal relationship) 것으로 특정한다.[28] 따라서 조정모델법의 조정은 계약적 청구는 물론 당사자들 사이의 어떠한 법적 관계에도 관련되는 분쟁에 적용될 수 있다. 즉, 법적으로 관련되지 않지만 사실상 관련되는 분쟁도 조정으로 해결될 수 있다.[29] 싱가포르조정협약은 조정의 대상인 분쟁을 특정하지 않음으로서 동 조정은 당사자들 사이의 어떤 분쟁이나 다툼도 상업적 성격을 가지면 대상이 될 것이다.[30] 싱가포르조정협약의 조정은 분쟁의 해결을 위한 것이어서, 당사자들의 거래를 성사시키는 '거래적 조정'(deal-making/transactional mediation)은 동 협약의 대상이 되지 않는다.[31]

싱가포르조정협약의 적용을 받기 위한 조정의 요건은 해결책을 부과할 권한이 없는 제3자의 도움을 받아 당사자들이 자신의 분쟁을 우호적으로 해결하고자 하는 것이다. 따라서, 조정인이 추후 중재인 역할을 하더라도 조정의 과정에서 중재판정을 내릴 권한이 없다면, 싱가포르조정협약의 적용을 받는 조정이 된다.[32] 예컨대, '조정-중재'(med-arb) 절차에서, 조정인이 조정절차를 종료하고 중재인으로서 역할을 개시하면, 당사자들에게 해결책을 부과할 권한을 가지게 된다.[33] 판사가 조정인 역할을 하는 경우 추후 진행되는 재판에서 해당 분쟁에 대한 판결을 내리게 된다면, 싱가포르조정협약의 적용을 받는 조정이 되지 않는다.[34]

(2) 조정인

싱가포르조정협약은 조정인(mediator)의 개념 정의를 규정하지 않는다.[35] 다만, 조정 개념에 관한 협약 제2조 3항에서 조정인의 개념을 이해할 수 있다. 즉, 조정인은 당사자들에게 분쟁의 해결책을 부과할 권한을 가지지 않으면서 분쟁당사자들이 자신의 분쟁을 우호적으로 해결하려고 시도하는 것을 지원하는 제3자(들)이다. 조정인은 '제3자 또는 제3자들'(a third person or persons)이다. 즉, 조정인은 분쟁의 복잡성 등에 따라 단수 또는 둘 이상의 복수가 될 수 있다. 또한, 조정인은 자신의 공평성과 독립성에 관하여 정당한 의심이 제기되는 상황을 당사자들에게 공개하도록 요구된다.[36]

조정인은 당사자들이 그들의 분쟁을 해결하도록 지원(assistance)을 제공한다. 당사자들과 조정인 사이의 연결점인 지원은 당사자의 화해합의의 원용에서 소관 당국에 제공하는 '화해합의가 조정에 의하였다는 증거'(evidence that the settlement agreement resulted from mediation)로서 '조정이 수행되었음을 나타내는 조정인이 서명한 문서'([a] document signed by the mediator indicating that the mediation was carried out)로서 확인될 수 있다.[37] 즉, 조정인은 분쟁의 해결을 위한 조정을 수행하여야 한다. 여기서 조정인의 지원 범위는 표기되지 않는데, 싱가포르조정협약의 목적과 조정에 의한 분쟁 해결의 필요를 고려할 때, 조정인이 제공하는 조정의 범위는 공평성과 독립성이 유지되는 한 유연하게 해석되어야 할 것이다.[38]

조정인은 분쟁당사자들에게 그들 분쟁에 대한 '해결책을 부과할 권한'(the authority to impose a solution)을 가지지 않는다.[39] 조정인이 조정에서 그 사건에 대한 해결의 결정적 권한을 가지면, 싱가포르조정협약의 조정과 조정인의 개념에 해당하지 않는다. 예컨대, 조정을 수행한 판사가 해결의 결정적 권한을 가지는 '재판상 화해'(judicial settlement)는 싱가포르조정협약의 적용을 받는 조정이 되지 않는다. 또한, 해당 분쟁의 사법적 절차에 책임을 지지 않는 판사가 수행한 조정은 이러한 판사가 해결의 결정적 권한을 가지지 않은 점에서, 싱가포르조정협약의 적용을 받는 조정이 된다.[40] 또는 동일한 분쟁에 대하여 중재와 조정을 모두 수행하는 조정인은 중재 과정에서 해결의 결정적 권한을 가지는 점에서 싱가포르조정협약의 조정인이 되지 못한다.[41]

---

1) 협약 제1조 1(b)(i)항 참조.
2) 협약 제1조 1(b)(ii)항 참조.
3) 협약 제2조 1(a)항. 그러나, 조정의 국제적 요건을 규정하는 조정모델법 제3조 3(a)항에 따르면, 당사자가 둘 이상의 영업소들을 가지면, 영업소는 조정합의(agreement to mediate)와 가장 밀접한 관계를 가지는 영업소가 된다. 영업소가 조정합의와 밀접한 관계를 가지는 요소는 첫째, '분쟁 사안'(the subject of the dispute)인 상업적 관계 의무의 상당 부분이 이행되거나, 둘째, '분쟁 대상'(the subject matter of the dispute)과 가장 밀접하게 관련되는 경우이다. 조정모델법 가이드, para. 40.
4) Alexander & Chong, para. 2.04.
5) Alexander & Chong, para. 2.04.
6) Alexander & Chong, pp. 46−47 참조.
7) Alexander & Chong, p. 47 참조.
8) 협약 제2조 1(b)항.

9) 싱가포르조정협약이 소비자 분쟁이 아닌 상사분쟁에 적용되는 점에서 이러한 영업소의 요건은 현실적으로 중요하지 않을 것이라고 한다. Timothy Schnabel, p. 21.

10) Alexander & Chong, p. 47 참조.

11) 협약 제2조 2항 1문.

12) 화해합의의 형식과 내용에서 다양한 점과 '참조에 의한 통합'(incorporation by reference)과 같은 다양한 계약 체결 행태가 고려되었다. 2016년 2월 작업그룹 보고서, para. 134. 뉴욕중재협약 제Ⅱ조 2항은 중재에 대한 '서면 합의'(agreements in writing)에 '서신 또는 텔레그램의 교환'(an exchange of letters or telegrams)을 명시한다.

13) 2016년 2월 작업그룹 보고서, para. 133.

14) 협약 제2조 2항 2문. 예컨대, 이메일 등의 교환으로 기록될 수 있으면 서면의 화해합의로 인정될 수 있다.

15) UNCITRAL은 온라인 국경간 상거래가 급격히 증가함에 따라 ODR을 포함하여 이들 거래에서 발생하는 분쟁의 해결을 위한 메커니즘의 필요에 주목하고서, 2016년 특히 개도국과 경제전환국은 물론 ODR을 이용하는 당사자 등을 지원하기 위하여 'ODR 노트'(UNCITRAL Technical Notes on Online Dispute Resolution)를 채택하였다. ODR 노트는 법적 구속력을 가지지 않지만, ODR에 적용될 '공정성, 투명성, 적법 절차와 책임'(fairness, transparency, due process and accountability)의 원칙을 포함한다. 2019년 8월 아시아태평양경제협력체(Asia−Pacific Economic Cooperation, APEC)는 칠레에서 국경간 기업들 분쟁의 온라인 분쟁 해결을 촉진하기 위하여 'APEC 공동 프레임워크'(APEC Collaborative Framework for Online Dispute Resolution of Cross−Border Business−to−Business Disputes)를 채택하였다. 2020년 10월 1일 현재 중국, 싱가포르, 미국, 일본, 홍콩이 동 프레임워크를 채택하였다.

16) ODR 노트 제2항.

17) 뉴욕중재협약은 전자적 교신에 관한 명시적 규정을 두지 않는다. 동 협약이 채택된 1958년은 이메일은 물론 ODR에 대한 실질적 개념이 없었을 것이다.

18) 협약 제4조 1항.

19) 협약 제4조 2항.

20) 협약 제2조 3항. 동 조항의 'to impose a solution upon the parties'에서 'solution'은 '해결책'을 의미한다. 싱가포르조정협약의 중국어본은 'solution'을 '解決办法'(해결방법)이라고 언급한다. 2021년 7월 UNCITRAL이 채택한 '조정 노트'는 조정을 '당사자들이 자신의 분쟁을 협상으로 우호적으로 해결하려는 시도에서 제3자(들)의 지원을 받는 과정'이라고 정의한다. 조정 노트 제13항.

21) Alexander & Chong, para. 2.19.

22) 조정모델법 제1조 3항은 조정의 정의에서 '조정, 컨실리에이션 또는 유사한 의미의 표현으로 언급됨에 상관없이'(whether referred to by the expression mediation, conciliation or an expression of similar import)라고 규정하여서, 조정모델법에 따른 조정에 관한 법을 채택하는 국가는 그 명칭의 선택에서 유연성을 가질 것이다. 컨실리에이션모델법 제1조 3항도 컨실리에이션을 정의하면서, '컨실리에이션, 조정 또는 유사한 의미의 표현'에 상관 없음을 밝혔다. 이렇게 조정과 컨실리에이션은 유사한 의미를 가지는데, 작업그룹은 보다 많이 사용되는 조정의 용어를 사용하기로 결정하였다. 2018년 2월 작업그룹 보고서, para. 16; 2017년 사무국 노트 2, para. 5. UNCITRAL은 컨실리에이션 용어를 조정 용어로 대체하는 작업그룹의 결정을 확인하였다. 2018년 UNCITRAL 보고서, para. 19. 조정 용어는 조정모델법 제1조 3항에 규정된 정의에 해당하는 '넓은 범위의 활동'(a broad

range of activities)을 포함하도록 의도된다. 2017년 10월 작업그룹 보고서, para. 103.

23) Alexander & Chong, para. 2.22.

24) Timothy Schnabel, p. 16. 작업그룹의 논의에서 조정은 '구조화된'(structured) 과정이 요구되는 점에서 조직화 되지 않고 예컨대 펍(pub)에서 진행된 비공식적 과정은 배제되어야 한다는 주장이 있었다. Intervention of the European Union, in UNCITRAL Audio Recordings: Working Group Ⅱ (Arbitration and Conciliation), 64th Session, Feb. 2, 2016, 15:00-18:00; Intervention of the European Union, in UNCITRAL Audio Recordings: Working Group Ⅱ (Dispute Settlement), 65th Session, Sept. 14, 2016, 9:30-12:30. 그러나 구조화된 과정의 의미가 명확하게 합의되지 않아서, 싱가포르조정협약의 조정의 정의에 반영되지 않았다. Intervention of the Chair, in UNCITRAL Audio Recordings: Working Group Ⅱ (Dispute Settlement), 65th Session, Sept. 20, 2016, 9:30-12:30.

25) *Gao Haiyan and Xie Heping v. Keeneye Holdings Limited and New Purple Golden Resources Development Limited*, [2012] 1 HKLRD 627 참조. 동 사건에서 청구인은 중국 시안중재위원회(Xi'an Arbitration Commission)의 조정에 의한 합의의 집행을 요구하였지만, 홍콩법원의 Reyes 판사는 동 절차의 '비상한'(unusual) 측면을 이유로 조정의 명칭에도 불구하고 실제 조정이 아니라고 판단하여 집행을 거부하였다.

26) 당사자들이 참여하고 있는 절차가 조정인지 여부에 관하여 당사자들의 '합리적 기대'(reasonable expectations)가 중요하다. 미국 통일조정법 제3조 '일반 주석'(Comment In general) 참조.

27) EU 조정지침 제5조 1항 참조. 법원의 조정, 즉 '재판상 조정'(judicial mediation)은 조정을 진행한 판사가, 해당 분쟁의 해결에 조정이 성공하지 않은 이후에, 동 분쟁의 재판을 맡지 않으면 싱가포르조정협약의 적용을 받는 조정에 해당할 것이다. Alexander & Chong, para. 2.33.

28) 조정모델법 제1조 3항 참조.

29) Alexander & Chong, para. 2.37.

30) Alexander & Chong, para. 2.38.

31) International Mediation Institute(IMI)의 모델조정규칙(Model Mediation Rules 2016)은 조정 대상을 분쟁(dispute) 대신 쟁점(issue)이라고 규정하여 조정의 범위에 합작투자계약 등의 체결에 대한 조정인의 지원을 포함하도록 확대한다. 동 조정모델규칙에 대한 '서두 노트'(Introductory Note) para. 2.

32) Intervention of the Chair, in UNCITRAL Audio Recordings: Working Group Ⅱ (Dispute Settlement), 68th Session, Feb. 5, 2018, 10:00-13:00.

33) 2018년 2월 작업그룹 보고서, para. 32.

34) Timothy Schnabel, p. 17. 이 경우 판사는 당사자들에게 분쟁 해결에 있어서 상당한 영향력을 행사할 수 있기 때문이다. 재판 중에 판사가 아닌 자가 조정을 수행하여 화해합의가 도출되는 경우, 이러한 조정에는 싱가포르조정협약이 적용될 것이다.

35) 조정인은 실무에서 제3자, 중립자(neutral), 개입인(intervener) 등으로 불린다. 작업그룹은 조정인이 독립적이어야 하는지 요건을 논의하였다. 그러나 중재에서와 달리 조정에서는 당사자들이 합의를 도출하는 점에서 독립성의 요건을 규정하지 않았다. Intervention of the United States, in UNCITRAL Audio Recordings: Working Group Ⅱ (Dispute Settlement), 65th Session, Sept. 14, 2016, 9:30-12:30.

36) 협약 제5조 1(f)항 참조.

37) 협약 제4조 1(b)항.

38) Alexander & Chong, para. 2.40.

39) 조정인은 당사자들이 해결책을 찾도록 그들의 의사소통(communication)을 지원하지만, 당사자들에게 해결책을 부과할 권한을 갖지 않는다. 조정 노트 제13항.

40) EU 조정지침 제3조 (a)호 2단 참조.

41) Alexander & Chong, para. 2.42.

V. 싱가포르조정협약의 일반 원칙

제3조 일반 원칙

1. 각 협약 당사국은 자신의 절차규칙에 따라 및 본 협약에 규정된 조건으로 화해합의를 집행하여야 한다.
2. 당사자가 화해합의에 의해 이미 해결되었다고 주장하는 사안에 관하여 분쟁이 발생하는 경우, 협약 당사국은 동 사안이 이미 해결되었음을 증명하기 위하여 자신의 절차규칙에 따라 및 본 협약에 규정된 조건으로 동 당사자가 동 화해합의를 원용하는 것을 허용하여야 한다.

협약 제3조는 싱가포르조정협약의 적용을 받는 화해합의의 국제적 집행과 승인의 원칙을 규정한다. 즉, 화해합의를 집행해야 하고 화해합의의 원용을 허용해야 하는 협약 당사국의 의무를 규정한다.[1] 중재와 비교하여 시간과 비용에서 보다 경제적이고 또한 유연한 분쟁 해결절차인 조정에 의한 화해합의가 보다 신속하게 직접 집행되거나 승인될 수 있는 점에서, 국제상사분쟁의 조정에 의한 해결이 보다 활성화될 것이다.

1. 화해합의의 집행과 승인

싱가포르조정협약은 조정에 의한 화해합의의 직접 집행과 승인을 규정함으로써 확정적 판결이나 중재판정에 대한 승인과 집행에 기반한 전통적인 국제분쟁해결제도에 대한 새로운 역사를 만들게 되었다. 협약 제3조 1항은 화해합의의 집행을 규정하고, 제3조 2항은 당사자의 집행 청구에 대한 방어로서 화해합의를 원용하는 권리, 즉 승인을 규정한다.[2] 화해합의의 집행과 승인은 '구제'(relief)라고 언급된다.[3] 즉, 싱가포르조정협약은 화해합의에 관한 '검과 방패'(sword and shield)의 균형을 이루고자 한다.

(1) 화해합의의 집행

각 협약 당사국은 자신의 절차규칙에 따라 및 싱가포르조정협약에 규정된 조건으로 화해합의를 집행하여야 한다.[4] 싱가포르조정협약의 규정에 부합하는 화해합의의 당사자가 집행을 청구하는 국가에서 동 화해합의가 직접적으로 집행될 수 있는 점에서 '직접 집행'(direct enforcement)이 된다.[5] 화해합의 당사자는 '선언적 구제'(declaratory relief)를 요청할 수 있겠지만, 협약 당사국은 다른

유형의 법적 행위에는 싱가포르조정협약을 적용하도록 요구되지 않는다.[6]

싱가포르조정협약은 조정에 의한 화해합의에 대하여 어느 협약 당사국에서도 소관 당국에 구제, 예컨대 집행을 청구할 수 있게 한다. 작업그룹의 논의에서 이렇게 구제를 청구하는 경우 법원의 승인을 얻어야 한다는 주장이 제기되었다. 그러나 이는 일종의 '복수 인가장'(double exequatur)이 되어서 조정에 의한 화해합의가 억제될 것이라는 우려로 수용되지 못하였다.[7] 이렇게 싱가포르조정협약은 당사자들에게 부담을 덜 주도록 보다 용이하고 신속한 화해합의의 집행 절차를 제공한다.[8]

(2) 화해합의의 승인

당사자가 화해합의에 의해 이미 해결되었다고 주장하는 사안에 관하여 분쟁이 발생하면, 동 사안이 이미 해결되었음을 증명하기 위하여 협약 당사국은 자신의 절차규칙에 따라 및 싱가포르조정협약에 규정된 조건으로 동 당사자가 동 화해합의를 원용하게 허용하여야 한다.[9] 조정에 의한 화해합의로 해결된 사안에 관련하여 당사자 일방이 법원에서 계속 소송을 진행하는 경우이다. 화해합의를 원용하는 당사자는 싱가포르조정협약의 적용 범위 등의 요건을 충족함으로써 해당 분쟁이 해결되었음을 증명할 수 있다.[10] 이 경우 협약 당사국은 동 사안이 이미 해결되었음을 증명하기 위한 목적으로 화해합의를 승인하여야 한다. 싱가포르조정협약의 적용 범위, 조정에 의한 화해합의의 증거 요건이 충족되거나 구제 부여의 거부 사유의 존재가 입증되지 않으면, 법원 등 소관 당국은 해당 화해합의를 승인하게 될 것이다. 따라서, 싱가포르조정협약에 규정된 조건이 충족되면, 협약 당사국의 절차규칙에 따라, 조정에 의한 화해합의로 해결된 사안은 이미 해결된 것이 된다.[11] 이렇게 화해합의의 승인은 동 화해합의로 해당 사안이 해결되었다고 주장하는 당사자에게 소송으로 야기되는 분쟁에서 완전한 방어로서 방패의 역할을 한다.[12]

협약 당사국은 자신의 절차규칙에서 이러한 원용이 소송의 특정 단계에서 제기될 것을 요구할 수 있지만, 싱가포르조정협약에 따른 화해합의 당사자의 실질적 보호를 거부할 수는 없다.[13] 또한, 서면으로 서명된 화해합의에 기재되지 않은 사안에 관하여는 동 화해합의가 승인되지 않는다. 즉, 조정에 의하여 부분적인 화해가 이루어져서, 해결되지 않은 결과 화해합의에 기재되지 않은 쟁점에 관하여 재판 등 다른 분쟁 해결절차에 따라 해결이 추구될 수 있다. 따라서, 싱가포르조정협약을 최적으로 활용하기 위하여, 동 협약의 적용을 받는 화해합의는 조정에서 협상되고 합의된 모든 사안을 서면으로 포함하여야 할 것이다.

협약 제3조 2항은 화해합의의 승인을 규율하지만, 화해합의의 '승인'(recognition) 용어를 언급하지 않는다. 싱가포르조정협약의 협상 과정에서 특히 다수의 대륙법계 국가들이 회원국인 유럽연합은 조정에 의한 화해합의에 대한 승인 용어의 사용에 부정적이었다.[14] 그러나 다른 국가들은 싱가포르조정협약에서 승인의 개념은 중요한 요소라고 주장하였다.[15] 화해합의의 승인은 집행을 위한 전제조건이기 때문이다.[16] 특히 화해합의 당사자가 그 집행을 위하여만 동 화해합의를 원용할 수 있고 방어로서 원용할 수 없다면, 화해합의의 이행을 거부하는 당사자는 '선언적 구제'(declaratory relief)를 구하는 등 소송을 제기할 수 있어서, 싱가포르조정협약의 적용을 배제할 수 있게 된다는 것이다.[17] 또한, 화해합의의 집행이 필요하지 않아도 그 승인이 필요한 경우가 있다.[18] 승인 용어의 사용에 대한 찬성과 반대의 주장은 국가마다 다른 법적 규제와 효력에 기인한다. 이에 작업그룹은 승인 용어를 사용하지 않고, 기능적 접근을 통하여[19] 관련된 승인의 측면을 기술하기로 하였다.[20] 이 문제는 2017년 2월 합의된 다섯 가지 쟁점의 '타협안'(compromise proposal)의 하나로 해결되었다.[21] 사실상 싱가포르조정협약은 영미법계에서 이해되는 승인의 개념을 수용한 것이다.[22]

2. 협약 당사국의 의무

싱가포르조정협약의 적용을 받는 화해합의의 직접 집행 또는 승인은 동 화해합의 당사자들의 국적과 관계 없이 어느 협약 당사국에서도 가능하다. 해당 분쟁이나 조정과 관련이 없는 협약 당사국도 자신의 절차규칙에 따라 및 싱가포르조정협약에 규정된 조건으로 화해합의를 집행하고 승인해야 한다. 화해합의의 집행이 청구되는 협약 당사국에 동 화해합의의 불이행을 보상할 수 있는 타방 당사자가 소유한 자산이 소재할 것이다.

3. 협약 당사국의 절차규칙

싱가포르조정협약의 협상에서 동 협약의 적용을 받는 화해합의의 직접 집행을 촉진하면서 협약 당사국의 국내 민사법절차에 대한 불간섭을 보장하려는 균형은 어려운 과제였다. 이에 절차규칙(rules of procedure)에 관련하여 법정지법(*lex fori*, law of the forum), 즉 분쟁의 해결이 이루어지는 국가의 법이 적용된다는 국제사법의 확립된 원칙이 반영되었다.[23] 즉, 뉴욕중재협약에서와 같이, 협약 당사국은 화해합의의 직접 집행을 실행하기 위하여 '자신의 절차규칙'(its rules of procedure)을 적용한다.[24]

싱가포르조정협약은 화해합의의 집행 전 단계로서 화해합의 집행 가능성의 결정과 당사자의 법적 구제의 권리에 관하여 규정하지만, 동 화해합의의 집행에 관하여는 규정하지 않는다. 따라서, 구제를 청구받는 협약 당사국은 이러한 집행을 위한 절차를 마련해야 한다.[25] 즉, 협약 당사국은 화해합의의 직접 집행에 요구되는 자신의 민사 또는 법원 절차를 마련해야 한다. 싱가포르조정협약이 국제상사분쟁의 해결을 위한 새로운 국제제도인 점에서 협약 당사국은 동 협약의 준수를 위하여 자신의 국내 법제도를 제정 또는 개정해야 할 것이다.[26]

협약 당사국에서 화해합의의 직접 집행을 원하는 당사자 일방은 해당 협약 당사국의 절차규칙의 내용을 확인할 필요가 있다. 이 점에서 화해합의의 집행 단계에서 집행 당사국의 국내법에 대한 전문적 지식이 요구될 수 있다.

4. 싱가포르조정협약의 조건

협약 당사국은 자신의 절차규칙에 따라 화해합의를 집행하거나 승인하는데, 동시에 '본 협약에 규정된 조건으로'(under the conditions laid down in this Convention) 집행하거나 승인하여야 한다.[27] 즉, 협약 당사국은 화해합의의 집행과 승인에서 싱가포르조정협약의 규정된 조건을 준수해야 한다. 이러한 조건은 화해합의의 직접 집행을 위한 협약 제1조(적용 범위), 제2조(정의), 제4조(화해합의의 원용 요건), 제5조(구제 부여의 거부 사유), 제8조(유보)의 해석과 적용에 관한 것이다.

한편, 화해합의의 집행이 청구된 협약 당사국의 소관 당국은 싱가포르조정협약의 요건이 준수되었음을 증명하기 위해 모든 필요한 문서를 요구할 수 있다.[28] 여기서 '협약의 요건'(requirements of the Convention)은 위의 '본 협약에 규정된 조건'(conditions laid down in this Convention)에 상응하는 것으로 볼 수 있다.

---

1) 조정모델법 가이드, para. 123.
2) 협약 제3조 1항이 화해합의의 집행을 규정함으로써 싱가포르조정협약이 적용되는 국제상

사분쟁의 조정에 의한 화해합의의 승인이 내재되는 것으로 볼 수 있다.

3) 2018년 UNCITRAL 보고서, para. 24.

4) 협약 제3조 1항. 여기서 집행은 '집행 권리증'(an enforceable title)의 발급 절차와 이 권리의 집행을 가리킨다. 2018년 UNCITRAL 보고서, para. 26; 조정모델법 가이드, para. 128.

5) 2015년 9월 작업그룹 보고서, para. 80; 2016년 사무국 노트, para. 44.

6) 예컨대, 협약 당사국은 국내법에 따라 화해합의 당사자에게 법원에 의한 계약의 해석을 요청할 수 있게 할 수 있지만, 싱가포르조정협약에 따른 의무는 아니다. Interventions of Sweden and the Chair, in UNCITRAL Audio Recordings: Working Group Ⅱ(Dispute Resolution), 67th Session, Oct. 4, 2017, 14:00−17:00.

7) Intervention of Belarus, in UNCITRAL Audio Recordings: Working Group Ⅱ(Arbitration and Conciliation), 62nd Session, Feb. 2, 2015, 15:00−18:00; Intervention of the Chair, in UNCITRAL Audio Recordings: Working Group Ⅱ(Arbitration and Conciliation), 62nd Session, Feb. 3, 2015, 10:00−13:00; Intervention of the United States, in UNCITRAL Audio Recordings: Working Group II(Arbitration and Conciliation), 62nd Session, Feb. 3, 2015, 10:00−13:00; 2015년 9월 작업그룹 보고서, para. 81.

8) Intervention of the Arbitration Institute of the Stockholm Chamber of Commerce(SCC), in UNCITRAL Audio Recordings: Working Group Ⅱ(Arbitration and Conciliation), 62nd Session, Feb. 3, 2015, 10:00−13:00.

9) 협약 제3조 2항.

10) Intervention of the United States, in UNCITRAL Audio Recordings: Working Group Ⅱ(Dispute Settlement), 66th Session, Feb. 7, 2017, 15:00−18:00; Intervention of the United States, in UNCITRAL Audio Recordings: Working Group Ⅱ, 67th Session, Oct. 3, 2017, 9:30−12:30. 달리, 조정모델법의 국제화해합의에 관한 제3절 요건을 충족하면 해당 분쟁이 해결되었음의 증명이 된다고 한다. 조정모델법 가이드, para. 126.

11) 2017년 10월 작업그룹 보고서, para. 44.

12) 이 경우의 원용은 'set−off claims'를 포함한다고 한다. 2017년 10월 작업그룹 보고서, para. 47.

13) Timothy Schnabel, p. 40.

14) 승인은 판결과 같은 국가 행위에 적합한 것인데, 화해합의는 단순히 사적 성격의 계약이라는 이유였다. Intervention of the European Union, in UNCITRAL Audio Recordings: Working Group Ⅱ(Dispute Settlement), 65th Session, Sept. 14, 2016, 9:30−12:30; Interventions of Germany and Sweden, in UNCITRAL Audio Recordings: Working Group Ⅱ(Arbitration and Conciliation), 63rd Session, Sept. 9, 2015, 9:30−12:30. 뉴욕중재협약 제Ⅲ조는 각 체약국이 절차규칙에 따라 '중재판정을 구속력 있다고 승인하고 집행하여야 한다'(shall recognize arbitral awards as binding and enforce them)고 규정하여, 승인 용어를 사용한다. 뉴욕중재협약에서 승인 용어가 사용된 것은 중재판정이 계약보다는 판결에 가깝기 때문이라고 주장된다. Intervention of France, in UNCITRAL Audio Recordings: Working Group Ⅱ(Arbitration and Conciliation), 63rd Session, Sept. 9, 2015, 9:30−12:30. 또한, 유럽연합은 확정된 판결의 기판력(*res judicata*)은 조정에 의한 화해합의에 적용될 수 없다고 주장하였다. Intervention of the European Union, in UNCITRAL Audio Recordings: Working Group Ⅱ(Arbitration and Conciliation), 64th Session, Feb. 4, 2016, 10:00−13:00.

15) Intervention of the United States, in UNCITRAL Audio Recordings: Working Group Ⅱ

(Dispute Settlement), 65th Session, Sept. 15, 2016, 9:30－12:30.

16) Intervention of Vietnam, in UNCITRAL Audio Recordings: Working Group Ⅱ(Dispute Settlement), 65th Session, Sept. 22, 2016, 9:30－12:30.

17) Timothy Schnabel, pp. 35－36. 화해합의의 집행과 승인은 검과 방패의 균형적 역할을 제공하는 것이다. Intervention of Australia, in UNCITRAL Audio Recordings: Working Group Ⅱ(Arbitration and Conciliation), 63rd Session, Sept. 9, 2015, 14:00－17:00.

18) Intervention of Argentina, in UNCITRAL Audio Recordings: Working Group Ⅱ(Dispute Settlement), 65th Session, Sept. 15, 2016, 9:30－12:30. 비금전적 의무를 포함하는 화해 합의의 당사자는 동 화해합의의 집행을 의당 구하지 않으면서 승인을 요구할 수 있다. 2015년 9월 작업그룹 보고서, para. 73.

19) Intervention of Norway, in UNCITRAL Audio Recordings: Working Group Ⅱ(Arbitration and Conciliation), 63rd Session, Sept. 9, 2015, 14:00－17:00.

20) Intervention of Israel, in UNCITRAL Audio Recordings: Working Group Ⅱ(Dispute Settlement), 66th Session, Feb. 8, 2017, 10:00－13:00; Intervention of the United States, in UNCITRAL Audio Recordings: UNCITRAL, 50th Session, July 7, 2017, 14:00－17:00.

21) 2017년 2월 작업그룹 보고서, para. 52.

22) Intervention of Finland, in UNCITRAL Audio Recordings: Working Group Ⅱ(Dispute Settlement), 67th Session, Oct. 2, 2017, 10:00－12:30. 즉, 협약 제3조는 화해합의의 집 행(제1항)과 승인(제2항)을 다룬다.

23) Alexander & Chong, para. 3.09.

24) 협약 제3조 1항. 뉴욕중재협약 제Ⅲ조 참조.

25) Timothy Schnabel, p. 39.

26) 예컨대, 법원 판사가 화해합의에 관련된 문서들을 면밀히 검토하게 하거나, 보다 단순하 게 집행관이 처리하게 할 수 있다. Intervention of Switzerland, in UNCITRAL Audio Recordings: Working Group Ⅱ(Dispute Settlement), 65th Session, Sept. 21, 2016, 9:30－12:30. 법원조직법 제55조에 따라, 집행관은 '법령에서 정하는 바에 따라 재판의 집행, 서류의 송달, 그 밖의 사무'에 종사한다. 화해합의의 승인 용어는 행정적 성격이 아 닌 사법적 성격의 절차로 인식될 수 있다고 한다. Timothy Schnabel, p. 39.

27) 협약 제3조 1항과 2항.

28) 협약 제4조 4항.

VI. 화해합의의 원용 요건

제4조 화해합의의 원용 요건

1. 본 협약에 따라 화해합의를 원용하는 당사자는 구제가 청구되는 협약 당사국의 소관 당국에게 다음을 제공하여야 한다:

    (a) 당사자들이 서명한 화해합의;

    (b) 화해합의가 조정에 의하였다는 증거, 예컨대:

      (i) 화해합의에 대한 조정인의 서명;

      (ii) 조정이 수행되었음을 나타내는 조정인이 서명한 문서;

      (iii) 조정을 관리한 기관의 증명; 또는

      (iv) (i), (ii), 또는 (iii)이 없는 경우, 소관 당국이 수용할 수 있는 모든 다른 증거.

2. 당사자들이 또는, 적용 가능한 경우, 조정인이 화해합의를 서명하여야 한다는 요건은 전자적 교신과 관련하여 다음의 경우 충족된다:

    (a) 당사자들 또는 조정인을 확인하기 위하여 및 전자적 교신에 포함된 정보에 관하여 당사자들 또는 조정인의 의사를 나타내기 위하여 수단이 사용되는 경우; 및

    (b) 사용된 수단이 다음의 하나인 경우:

      (i) 모든 관련 합의를 포함하여, 모든 상황을 고려하여, 전자적 교신이 생성되었거나 전송된 목적으로 적절하게 신뢰할 수 있는 경우; 또는

      (ii) 그 자체로서 또는 추가 증거와 함께 위 (a)호에서 기술된 기능을 충족하였다고 사실상 증명된 경우.

3. 구제가 청구되는 협약 당사국의 공식 언어로 화해합의가 작성되지 않은 경우, 소관 당국은 그러한 언어로 번역을 요청할 수 있다.

4. 소관 당국은 협약의 요건이 준수되었음을 증명하기 위해 모든 필요한 문서를 요구할 수 있다.

5. 구제 요청을 고려할 때, 소관 당국은 신속하게 행위하여야 한다.

싱가포르조정협약의 적용을 받는 화해합의의 당사자가 법원에서 동 화해합의의 구제[1]를 청구하려면 동 당사자는 협약 제4조에 규정된 최소한의 형식적 요건을 준수하여야 한다. 뉴욕중재협약에 따라 집행 가능한 중재판정과 달리, 싱가포르조정협약의 적용을 받는 화해합의는 협상, 조정 등 비공식적 절차에 따른 결과이기 때문에, 화해합의에 대한 원용에는 일정한 최소한의 형식이 요구된

다.[2] 싱가포르조정협약에 따라 화해합의를 원용하려는 당사자가 법원 등 소관 당국에게 당사자들이 서명한 서면의 화해합의 및 화해합의가 조정에 의하여 체결되었다는 증거를 제출하면, 소관 당국은 동 화해합의를 승인하거나 집행해야 한다.[3]

협약 제4조가 규정한 형식적 요건은 열거적(exhaustive)이다. 따라서, 법원 등 소관 당국은 조정이 해당 국가에서 인증된 조정인이 수행하거나 화해합의가 공증되는 등의 추가적 요건을 부과할 수 없다.[4] 이렇게 화해합의의 집행에 대한 원용에 필요한 최소한의 형식적 요건의 요구로 화해합의의 체결이 촉진되고 관련 소송의 제기가 감소될 것으로 예상된다.[5] 특히 중요한 점은 협약 제4조에 부합하는 화해합의는 일응(*prima facie*) 집행이 가능하다는 것이다.[6]

1. 조정의 증거

(1) 당사자들이 서명한 화해합의

싱가포르조정협약에 따라 화해합의를 원용하는 당사자는 구제가 청구되는 협약 당사국의 소관 당국에게 당사자들이 서명한 화해합의를 제공해야 한다.[7] 당사자 대신 그가 '지정한 대리인'(authorized representative)의 서명이 허용되는지 작업그룹이 검토하였는데, 협약 제4조에 명시되지는 않았지만, 작업그룹은 이러한 대리인의 서명도 묵시적으로 허용된다고 합의하였다.[8]

싱가포르조정협약의 적용을 받는 화해합의는 서면으로 체결되어야 하고, 서면의 방식은 전자적 교신을 포함한다.[9] 당사자들은 이러한 화해합의에 서명해야 한다.[10] 화해합의에 대한 당사자의 서명 요구는 당사자 자치의 원칙에 따른 당사자의 합의 무결성(integrity)을 반영한다.[11] 즉, 당사자의 서명을 통하여 조정절차가 마무리되고, 당사자들이 서명한 화해합의는 해당 당사자들에 대하여 '종국적이고 구속적'(final and binding)이다.[12]

(2) 화해합의가 조정에 의하였다는 증거

싱가포르조정협약은 국제상사분쟁에 대하여 조정에 의하여 당사자들이 체결한 화해합의에 적용된다. 따라서, 싱가포르조정협약은 조정절차에 의하지 않은 화해합의에 적용되지 않는다. 싱가포르조정협약에 따라 화해합의의 집행을 원하는 당사자는 전자적 교신을 포함한 서면으로 당사자들이 서명한 화해합의의 원본을 제공하도록 요구된다. 또한, 이러한 당사자는 화해합의가 조정절차의 결과라는 증거를 제출하도록 요구된다.[13] 이러한 증거 제공의 요구로 기망의 위험이 감소하고, 소관 당국이 해당 화해합의가 실제로 조정에 의한 것임을 용이하게 확인할 수 있게 된다.[14] 싱가포르조정협약은 단일의 강제적인 증거 요건 대신 증거의 세 가지 예시를 규정하여 화해합의의 원용에 유연성을 부여한다.[15] 이렇게 화해합의가 조정에 의하였다는 증명의 확실성과 당사자들의 증명에 대한 유연성의 균형이 이루어진다.[16] 그러나 조정인의 서명은 조정인의 화해합의를 지지하였음을 나타내는 것이 아니다.[17]

1) 화해합의에 대한 조정인의 서명

싱가포르조정협약에 따라 화해합의를 원용하는 당사자는 구제가 청구되는 협약 당사국의 소관 당국에게 화해합의가 조정에 의하였다는 증거로서 화해합의에 대한 조정인의 서명을 제공해야 한다.[18]

그런데, 당사자들의 협상을 통한 합의를 촉진하는 일반적인 조정의 성격을 고려할 때, 조정인의 화해합의에 대한 서명은 조정인이 당사자들이 합의한 내용을 승인한다는 적절하지 않은 인상을 주어서 조정의 당사자 자치와 조정인의 공평성을 침해한다고 볼 수 있다. 화해합의는 당사자들이 조정을 거쳐 합의하여 체결한 문서인 점에서, 즉 조정인의 화해합의가 아닌 점에서, 조정인의 서명은 굳이 필요하지 않을 것이다.[19] 조정의 당사자 자치 성격으로 조정인이 화해합의를 작성하거나 이를 읽지도 않게 하는 국가도 있고 또한 변호사가 아닌 조정인의 화해합의 작성을 허용하지 않는 국가도 있다. 이 경우에 조정인의 화해합의의 서명은 바람직하지 않다고 볼 수 있다.[20] 또한, 화해합의를 서명한 조정인은 해당 화해합의의 내용에 대한 소명을 위해 증인으로 불려 다니는 것을 피하려 할 것이다.[21]

2) 조정이 수행되었음을 나타내는 조정인이 서명한 문서

싱가포르조정협약에 따라 화해합의를 원용하는 당사자는 구제가 청구되는 협약 당사국의 소관 당국에게 화해합의가 조정에 의하였다는 증거로서 조정이 수행되었음을 나타내는 조정인이 서명한 문서를 제공해야 한다.[22] 위에서 설명한 대로, 조정인의 화해합의에 대한 서명은 조정의 관행이나 조정인의 입장에서 바람직하지 않은 점에서, 조정이 수행되었음을 나타내는 문서에 대한 조정인의 서명은 현실적인 대안이 될 수 있다. 조정인은 조정이 수행되었다는 사실을 적

시한 문서에 서명하면 된다.[23)]

실제로 특히 기관이 관리하는 조정에서 조정인은 조정이 수행되었음을 보고하도록 요구될 수 있다. 예컨대, 조정인은 조정의 성공이나 실패 이유 또는 당사자들의 태도 등에 대한 설명은 하지 않고, 조정의 성공이나 실패로 절차가 완료되었다는 내용의 문서를 작성하는 것이다.[24)] 당사자들의 협상을 촉진하는 조정인의 역할에서 조정인은 화해합의의 근거나 이유를 밝힐 필요는 없을 것이다.[25)] 조정인의 조정 수행에 관한 문서의 서명이나 발급에 관하여 시제적 제한은 없다. 따라서, 조정인의 이러한 문서의 작성과 서명은 화해합의가 체결되는 시점이나 화해합의 당사자가 싱가포르조정협약에 따른 구제를 청구하는 시점에서도 가능하다.[26)]

3) 조정을 관리한 기관의 증명

싱가포르조정협약에 따라 화해합의를 원용하는 당사자는 구제가 청구되는 협약 당사국의 소관 당국에게 화해합의가 조정에 의하였다는 증거로서 조정을 관리한 기관의 증명을 제공해야 한다.[27)] 조정을 관리한 기관의 증명은 조정이 수행되었음을 나타내는 문서를 조정인의 사망 등 이유로 서명할 수 없는 경우에 유용할 것이다.[28)] 조정을 관리하는 기관은 싱가포르조정협약에 따른 이러한 증명을 위한 표준적 문서를 준비해야 할 것이다.

4) 다른 증거

화해합의에 대한 구제를 청구하는 당사자가 위의 화해합의에 대한 조정인의 서명, 조정이 수행되었음을 나타내는 조정인이 서명한 문서, 또는 조정을 관리한 기관의 증명을 제공할 수 없는 경우, 소관 당국이 수용할 수 있는 모든 다른 증거를 제공하여야 한다.[29)] 즉, 이들 세 가지 증거가 제출될 수 없으면, 구제를 청구하는 당사자는 다른 증거를 제출하도록 허용된다.[30)]

따라서 협약 당사국의 소관 당국은 집행이 청구되는 화해합의가 조정의 결과임을 증명하는 다른 증거를 결정할 수 있다.[31)] 이러한 다른 증거에는 당사자들을 위하여 화해합의에 서명한 대리인들의 권한 증명이나 화해합의의 국제적 성격의 증명이 포함될 수 있다.[32)] 또한, 분쟁을 조정으로 해결하자는 당사자들의 조정합의(mediation agreement)도 이러한 증거가 된다고 결정될 수 있다.[33)] 조정합의와 함께 조정인에게 지급된 비용의 영수증도 제공되도록 요구될 수 있다.[34)]

(3) 전자적 교신

전자적 형식으로 기록된 화해합의는 화해합의의 '서면으로'(in writing) 요건을 충족한다.[35] 협약 제4조 2항은 화해합의가 당사자들에 의하여 또는 조정인에 의하여 서명되어야 한다는 요건의 전자적 교신에 관한 규정이다. 동 규정은 전자서명과 자필서명의 '기능적 동등성'(functional equivalence)을 규정한 전자계약협약 제9조의 규정을 차용한 것이다.[36]

싱가포르조정협약과 전자계약협약은 전자서명(electronic signature) 용어를 언급하지 않고 이의 정의를 규정하지도 않는다. 한국에서 전자문서는 정보처리시스템에 의하여 전자적 형태로 작성되어 송신 또는 수신되거나 저장된 정보라고 정의되고, 전자서명은 서명자의 신원과 서명자가 해당 전자문서에 서명하였다는 사실을 나타내는 데 이용하기 위하여 전자문서에 첨부되거나 논리적으로 결합된 전자적 형태의 정보라고 정의된다.[37] 현실적으로 전자문서에 대한 전자적 서명의 방법은 다양할 것이다.

1) 당사자들의 전자서명

화해합의가 당사자들에 의하여 서명되어야 한다는 요건은 전자적 교신과 관련하여 다음의 두 경우를 모두 충족하여야 한다. 첫째, 당사자들을 확인하기 위하여 및 전자적 교신에 포함된 정보에 관하여 당사자들의 의사를 나타내기 위하여 수단이 사용되는 경우이다.[38] 이러한 수단은 전자서명을 가리킨다. 전자서명은 당사자들을 확인하고 동시에 그의 의사를 나타내야 한다. 그런데, 이들 두 가지 속성은 단일의 전자서명에 포함될 필요는 없고, 동시에 완성될 필요도 없다. 예컨대, 조정합의의 당사자들은 자신을 분명히 확인하는 고유의 안전한 과정을 통하여 온라인 분쟁 해결서비스를 제공하는 시스템에 '접속'(log-on)할 수 있다. 그리고 조정절차를 종료하면서 당사자들은 '동의함'(I Agree) 버튼을 클릭하여 화해합의에 구속된다는 의사를 나타내는 별개의 절차를 거칠 수 있다.[39] 둘째, 사용된 수단이 다음의 하나인 경우이다: (i) 모든 관련 합의를 포함하여, 모든 상황을 고려하여, 전자적 교신이 생성되었거나 전송된 목적으로 적절하게 신뢰할 수 있는 경우;[40] 또는 (ii) 그 자체로서 또는 추가 증거와 함께 당사자들을 확인하기 위하여 및 전자적 교신에 포함된 정보에 관하여 당사자들의 의사를 나타내는 기능을 충족하였다고 사실상 증명된 경우.[41] 즉, 전자적 교신의 이용된 수단인 전자서명의 신뢰성이 확보되어야 한다. 이러한 신뢰성은 객관적으로 또는 사실상 확보되어야 한다.[42]

예컨대, 화해합의를 포함한 당사자들과 조정인 사이의 이메일 교신은 협약 제2조 2항의 '서면으로' 요건을 충족할 것이고, 당사자들의 이메일에서 이름 앞에 '서명'(Sgd)의 삽입은 협약 제4조 2항의 전자적 교신에 관한 서명의 요건을 충족할 것이다. 해당 분쟁의 조정을 수행했다고 확인하는 조정인이 서명한 문서는 협약 제4조 1(b)(ii)항의 요건을 충족할 것이다. 이러한 상황에서, 화해합의의 집행을 청구받은 법원 등은 조정이 수행되었음을 나타내는 조정인이 서명한 문서는 필요하지 않다고 판단할 것이다. 당사자들과 조정인 사이의 이메일 교신에서 조정인의 조정 수행이 확인될 수 있기 때문이다.[43]

전자서명의 객관적 신뢰성을 결정하는데 고려될 수 있는 법적, 기술적, 상업적 요인은 다음을 포함할 것이다:[44] (a) 각 당사자가 사용하는 장치의 정교함, (b) 그들의 거래 활동의 성격, (c) 당사자들 사이에서 발생하는 상업적 거래의 빈도, (d) 거래의 종류와 규모, (e) 해당 법적 및 규제 환경에서 서명 요건의 기능, (f) 통신 시스템의 능력, (g) 중개자(intermediaries)가 제시한 인증 절차의 준수, (h) 중개자가 이용하게 한 인증 절차의 범위, (i) 거래 관행의 준수, (j) 승인되지 않은 통신에 대한 보험 적용 메커니즘의 존재, (k) 전자적 교신에 포함된 정보의 중요성과 가치, (l) 확인의 대체적 방법의 가용성 및 이행 비용, (m) 확인 방법이 합의된 시간 및 전자적 교신이 통신된 시간에서 관련 산업이나 부문에서 확인 방법의 수용 또는 불수용 정도, 및 (n) 기타 관련 요소. 또는, 당사자들은, 서명 방법의 객관적 신뢰성을 증명할 수 있느냐와 관계없이, 해당 서명 방법이 전자적 교신에 포함된 정보에 관하여 서명 당사자를 확인하고 그의 의사를 나타낼 수 있다면 해당 방법은 '사실상'(in fact) 신뢰할 수 있다고 간주된다.[45]

2) 조정인의 전자서명

화해합의가 조정인에 의하여 서명되어야 한다는 요건은 전자적 교신과 관련하여 다음의 경우 충족된다. 첫째, 조정인을 확인하기 위하여 및 전자적 교신에 포함된 정보에 관하여 조정인의 의사를 나타내기 위하여 수단이 사용되는 경우이다.[46] 둘째, 사용된 수단이 다음의 하나인 경우이다: (i) 모든 관련 합의를 포함하여, 모든 상황을 고려하여, 전자적 교신이 생성되었거나 전송된 목적으로 적절하게 신뢰할 수 있는 경우;[47] 또는 (ii) 그 자체로서 또는 추가 증거와 함께 조정인을 확인하기 위하여 및 전자적 교신에 포함된 정보에 관하여 조정인의 의사를 나타내는 기능을 충족하였다고 사실상 증명된 경우.[48]

2. 구제

싱가포르조정협약에 따라 화해합의를 원용하는 당사자는 구제가 청구되는 협약 당사국의 소관 당국에게 당사자들이 서명한 화해합의 등을 제공하여야 한다.[49] 여기서 구제(relief)는 화해합의 당사자의 동 화해합의의 집행과 승인에 대한 권리를 가리킨다. 화해합의의 집행과 승인의 개념을 기판력에 연결하는 대륙법계 국가들은 조정에 의한 화해합의의 승인과 집행의 명시적인 언급에 소극적이었다. 따라서, 협약 제3조는 화해합의의 집행과 승인을 사실상 함께 규정하지만, 협약 제4조는 집행과 승인의 개념을 포함하는 구제 용어를 사용한다.

이렇게 구제가 화해합의의 집행과 승인을 포함하는 점에서, 싱가포르조정협약의 초안에서 소관 당국에 '신청하는 당사자'(the party making the application)는 집행을 청구하는 절차만을 가리키는 것으로 이해될 수 있다고 지적되었다.[50] 이 점에서, '신청' 용어 대신 '구제가 청구되는'(where relief is sought) 또는 '구제 요청'(the request for relief)이 규정되었다.[51]

3. 소관 당국

싱가포르조정협약에 따라 화해합의를 원용하는 당사자는 구제가 청구되는 협약 당사국의 소관 당국에게 당사자들이 서명한 화해합의 등을 제공하여야 한다.[52] 싱가포르조정협약은 '소관 당국'(competent authority)의 정의를 규정하지 않지만, 화해합의의 원용에 따른 구제의 권한을 가진 법원 또는 해당 권한을 가진 다른 당국을 가리킬 것이다.[53] 뉴욕중재협약에서 소관 당국은 해당 중재판정을 '정지하거나 취소할'(suspend and/or set aside) 권한을 가진 법원 또는 행정기관을 가리키는 것으로 이해된다.[54]

화해합의의 집행이 청구된 협약 당사국의 소관 당국은 싱가포르조정협약의 요건이 준수되었음을 증명하기 위해 모든 필요한 문서를 요구할 수 있다.[55] '협약의 요건'(requirements of the Convention)은 일반적으로 싱가포르조정협약의 적용 범위에 관련된 협약 제3조의 '본 협약에 규정된 조건'(the conditions laid down in this Convention), 즉 협약 제1조의 적용 범위, 협약 제2조의 정의, 협약

제4조의 화해합의의 원용 요건, 협약 제5조의 구제 부여의 거부 사유 및 협약 제8조의 협약 당사국의 유보 등의 선언을 가리킨다.[56] 소관 당국이 요구하는 '모든 필요한 문서'(any necessary document)는 화해합의가 조정에 의하였다는 증거를 포함할 것이다. 그러나 화해합의의 공증과 같은 요건은, 조정과 관련이 없으면서 싱가포르조정협약의 적용을 제한하는 점에서, 화해합의가 조정의 결과라는 증거로 추가될 수 없다.[57] 즉, 이러한 모든 필요한 문서의 요건은 법원 등 소관 당국이 싱가포르조정협약이 달리 규정하는 요건이 충족되었는지의 확인에 필요한 것으로 이해해야 한다.[58] 따라서, 소관 당국은 화해합의를 원용하려는 당사자에게 부당한 부담을 주도록 추가적인 요건을 부과할 수 없다.[59]

화해합의 당사자의 구제 요청을 고려할 때, 소관 당국은 신속하게 행위하여야 한다.[60] 싱가포르조정협약은 '신속하게'(expeditiously)의 시간 개념을 규정하지 않는다. 다만, 소관 당국은 화해합의의 집행에서 당사자들에 대한 싱가포르조정협약의 혜택을 무시하지 않을 정도의 합리적인 시간으로 구제를 부여해야 할 것이다.[61] 예컨대, 소관 당국의 신속한 행위의 요구는 특히 소관 당국의 싱가포르조정협약의 준수를 증명하는 모든 필요한 문서의 요구와 관련하여 이해될 필요가 있다. 소관 당국은 이러한 자료의 제출을 요구함으로써 당사자의 화해합의 원용 절차를 부당하게 지연할 수 없기 때문이다.[62]

4. 언어

화해합의가 그 구제가 청구되는 협약 당사국의 공식 언어로 작성되지 않으면, 소관 당국은 그러한 언어로 번역을 요청할 수 있다.[63]

---

1) 협약 제3조 1항은 화해합의의 집행을, 제3조 2항은 당사자의 집행 청구에 대한 방어로서 화해합의를 원용하는 권리, 즉 승인을 규정하는데, 화해합의의 집행과 승인을 '구제'(relief) 라고 부른다. 2018년 UNCITRAL 보고서, para. 24.

2) 협약 제4조는 화해합의가 조정에 의하였음을 확인하는데 요구되는 형식상 절차와 조정 과정의 유연한 성격의 보존 필요성 사이의 균형을 반영한 것이다. 2018년 UNCITRAL 보고서, paras. 28, 60.

3) 법원 등 소관 당국은 조정에 의한 화해합의를 확인하는 과정에서 조정 과정의 비밀을 보호해야 한다. 싱가포르조정협약은 조정인이 아닌 조정의 비밀에 관한 규정을 두지 않는다. 법원 등은 당사자들이 조정을 이용하였고 이에 따른 화해합의가 도출되었음을 확인하는 것이지 동 화해합의의 구체적인 조건의 개발에 대하여 조정이 어느 정도 기여하였는지 따

질 필요는 없다. Timothy Schnabel, p. 18. 협약 당사국의 국내법에 조정의 비밀유지가 보장되도록 증거에 관한 규정이 마련될 필요가 있다.

4) Alexander & Chong, para. 4.02.

5) Intervention of the Chair, in Audio Recording: Working Group Ⅱ, Sixty－Fourth Session(United Nations 2016), Feb. 3, 2016, 10:00－13:00.

6) Alexander & Chong, para. 5.113.

7) 협약 제4조 1(a)항. 또는 서명된 화해합의의 인증본(a certified copy)의 제출도 가능할 것이다. 싱가포르 싱가포르조정협정법 제6조 1(a)항 참조.

8) 2017년 10월 작업그룹 보고서, para. 50. 해당 대리인은 당사자를 대신하여 서명할 권한을 가져야 할 것이다.

9) 각각 협약 제1조 1항과 제2조 2항.

10) 협약 제4조 1(a)항.

11) Alexander & Chong, para. 4.05.

12) *Haresh Dayaram Thakur v State of Mahrashtra* AIR 2000 SC 2281 참조.

13) 협약 제4조 1(b)항. 화해합의의 집행을 반대하는 당사자는 이러한 증거가 신뢰할 수 없음을 증명해야 한다. Timothy Schnabel, p. 18.

14) Timothy Schnabel, p. 30.

15) 상이한 관할권과 법문화에서 상이한 조정의 실행을 고려하여, 이들 증거는 '예시적이고 비계층적'(illustrative and non－hierarchical)이다. 2017년 10월 작업그룹 보고서, para. 58; 2018년 2월 작업그룹 보고서, para. 38. 협약 제4조 1(b)항의 '예컨대'(such as) 용어는 당사자들이 협약 제4조 1(b)(i)－(iii)항에 언급된 증거를 제출할 수 없는 경우에 다른 증거를 제출할 수 있게 하는 개방적 성격을 나타낸다. 2018년 UNCITRAL 보고서, para. 29.

16) 2016년 9월 작업그룹 보고서, para. 75.

17) 2016년 9월 작업그룹 보고서, para. 75.

18) 협약 제4조 1(b)(i)항.

19) Intervention of Canada, in UNCITRAL Audio Recordings: Working Group Ⅱ(Arbitration and Conciliation), 63rd Session, Sept. 8, 2015, 9:30－12:30; Interventions of Canada and CIETAC, in UNCITRAL Audio Recordings: Working Group Ⅱ(Arbitration and Conciliation), 64th Session, Feb. 3, 2016, 15:00－18:00; Intervention of Canada, in UNCITRAL Audio Recordings: Working Group Ⅱ(Dispute Settlement), 65th Session, Sept. 15, 2016, 9:30－12:30.

20) Intervention of Canada, in UNCITRAL Audio Recordings: Working Group Ⅱ(Arbitration and Conciliation), 63rd Session, Sept. 9, 2015, 9:30－12:30; Intervention of Canada, in UNCITRAL Audio Recordings: Working Group Ⅱ(Dispute Resolution), 65th Session, Sept. 15, 2016, 9:30－12:30.

21) Intervention of Canada, in UNCITRAL Audio Recordings: Working Group Ⅱ(Arbitration and Conciliation), 63rd Session, Sept. 9, 2015, 9:30－12:30.

22) 협약 제4조 1(b)(ii)항.

23) Timothy Schnabel, p. 31. 작업그룹의 논의에서 이러한 목적으로 표준 서식의 마련이 주장되었으나, 싱가포르조정협약에 반영되지 못하였다. Intervention of the Russian Federation, in UNCITRAL Audio Recordings: Working Group Ⅱ(Dispute Settlement), 65th Session, Sept. 15, 2016, 9:30－12:30.

24) 예컨대, 조정인은 법원 등에 조정에 관한 보고나 평가 등을 할 수 없지만, '조정이 수행 되었거나 종료되었거나, 화해가 이루어졌거나, 및 참석'(whether the mediation occurred or has terminated, whether a settlement was reached, and attendance)을 공개할 수 있다. 미국 통일조정법, 제7조 (b)(1)항. 한편, 한국의 법원 조정에서, 조정이 성립되지 아니한 경우 등에서 법원사무관 등은 그 사유를 조서에 기재하여야 한다. 민사조정법 제 33조 1항.

25) 2015년 9월 작업그룹 보고서, para. 65.

26) Alexander & Chong, para. 4.13.

27) 협약 제4조 1(b)(iii)항.

28) Timothy Schnabel, p. 32.

29) 협약 제4조 1(b)(iv)항.

30) 2018년 2월 작업그룹 보고서, para. 38.

31) 2016년 9월 작업그룹 보고서, para. 190.

32) 2017년 10월 작업그룹 보고서, para. 64.

33) 2015년 9월 작업그룹 보고서, para. 68.

34) Intervention of Australia, in UNCITRAL Audio Recordings: Working Group II (Arbitration and Conciliation), 63rd Session, Sept. 8, 2015, 14:00−17:00.

35) 협약 제2조 2항.

36) 2016년 2월 작업그룹 보고서, para. 133; 2016년 9월 작업그룹 보고서, para. 66; 조정모 델법 가이드, paras. 119, 130, 137. 전자계약협약 제9조 2항, 3항 참조. 전자계약협약은 법적으로 집행력을 가지기 위하여 법으로 서명되어야 하는 문서에 전자적 서명이 장애가 되지 않도록 UNCITRAL에서 초안이 마련되었고, 2005년 11월 23일 제60차 UN 총회에서 채택되고 2013년 3월 1일 발효하였다. 한국은 동 협약을 2008년 1월 15일 서명하였으나, 2021년 9월 1일 현재 가입하지 않았다.

37) 각각 전자서명법, 제2조 1호와 2호.

38) 협약 제4조 2(a)항.

39) Alexander & Chong, para. 4.23.

40) 협약 제4조 2(b)(i)항.

41) 협약 제4조 2(b)(ii)항.

42) Alexander & Chong, para. 4.24.

43) Alexander & Chong, p. 84.

44) 전자계약협약 주석 para. 162.

45) Alexander & Chong, para. 4.26.

46) 협약 제4조 2(a)항.

47) 협약 제4조 2(b)(i)항.

48) 협약 제4조 2(b)(ii)항.

49) 협약 제4조 1항.

50) 2018년 2월 작업그룹 보고서, para. 36.

51) 2018년 2월 작업그룹 보고서, para. 37.

52) 협약 제4조 1항.

53) 해당 국가의 중재판정부도 포함될 수 있다고 한다. Timothy Schnabel, p. 34.

54) 뉴욕중재협약 가이드, pp. 217－18.

55) 협약 제4조 4항.

56) Intervention of the United States and the International Law Association(ILA), in UNCITRAL Audio Recordings: Working Group Ⅱ(Dispute Settlement), 67th Session, Oct. 3, 2017, 14:00－17:00.

57) Intervention of the United States and the International Law Association(ILA), in UNCITRAL Audio Recordings: Working Group Ⅱ(Dispute Settlement), 67th Session, Oct. 3, 2017, 14:00－17:00.

58) Intervention of the United States and the International Law Association(ILA), in UNCITRAL Audio Recordings: Working Group Ⅱ(Dispute Settlement), 67th Session, Oct. 3, 2017, 14:00－17:00.

59) 2017년 10월 작업그룹 보고서, paras. 64－65.

60) 협약 제4조 5항.

61) Timothy Schnabel, p. 34.

62) 조정모델법 가이드, para. 140.

63) 협약 제4조 3항.

VII. 구제 부여의 거부 사유

제5조 구제 부여의 거부 사유

1. 제4조에 따라 구제가 청구되는 협약 당사국의 소관 당국은 구제를 청구하는 당사자의 타방 당사자가 소관 당국에게 다음의 증명을 제공해야만 동 당사자의 요청으로 구제 부여를 거부할 수 있다:

    (a) 화해합의 당사자가 제한능력자였던 경우;

    (b) 원용하려는 화해합의가 다음과 같은 경우:

    (i) 당사자들이 유효하게 화해합의에 적용한 법에 따라 또는, 그러한 표시가 없는 경우 제4조에 따라 구제가 청구되는 협약 당사국의 소관 당국이 적용 가능하다고 간주한 법에 따라 무효이거나, 실효이거나 이행불능인 경우;

    (ii) 화해합의의 내용에 따라 구속력이 없거나, 종국적이지 않은 경우; 또는

    (iii) 추후 수정된 경우;

    (c) 화해합의에서 의무가 다음과 같은 경우:

    (i) 이행된 경우; 또는

    (ii) 명확하지 않거나 이해할 수 없는 경우;

    (d) 구제 부여가 화해합의의 내용에 반할 경우;

    (e) 조정인이 자신 또는 조정에 적용 가능한 기준을 심각하게 위반하였고 만약 그 심각한 위반이 아니었다면 동 당사자가 화해합의를 하지 않았을 경우; 또는

    (f) 조정인이 자신의 공평성이나 독립성에 관하여 정당한 의심이 제기되는 상황을 당사자들에게 공개하지 않았고 그러한 비공개가 당사자에게 중대한 효과나 부당한 영향을 주었고 만약 공개하였다면 동 당사자가 화해합의를 하지 않았을 경우.

2. 제4조에 따라 구제가 청구되는 협약 당사국의 소관 당국은 다음의 경우 구제 부여를 거부할 수 있다:

    (a) 구제 부여가 동 당사국의 공공정책에 반할 경우; 또는

    (b) 분쟁의 대상이 동 당사국의 법에 따라 조정에 의한 해결이 가능하지 않은 경우.

화해합의 당사자는 동 화해합의의 집행과 승인을 협약 당사국 소관 당국에게 청구하기 위하여 화해합의의 원용 요건에 관한 협약 제4조의 규정을 충족하

여야 한다. 이렇게 협약 제4조의 요건을 충족하더라도, 협약 제5조에

당사국의 소관 당국은 구제 부여를 거부할 수 있다. 협약 제5조의

거부 사유는 집행을 청구하는 경우와 당사자가 청구에 대한 방어로서

를 원용하는 경우 모두에 적용된다.[1] 구제 부여의 거부 사유는 i)

화해합의에 관련된 사유, ii) 조정인의 행위에 관련된 사유, 및 iii) 협

의 공공정책과 분쟁의 대상에 관련된 사유이다.[2] 이들 거부 사유가

류되어 이해될 수 있지만, 특히 협약 제5조 1항에 규정된 계약으로서

에 관련된 사유와 조정인의 행위에 관련된 사유가 서로 중복될 수 있다

에서 협약 당사국의 소관 당국은 이들 구제 부여의 거부 사유를 해석할

한 중복 가능성을 고려해야 한다.[3] 물론, 소관 당국은 동일한 상황에 대

이상의 구제 부여의 거부 사유를 원용할 수 있다.[4]

화해합의의 집행 또는 원용을 원하지 않는 당사자가 소관 당국에게

거부 사유의 증명을 제공'해야만'(only if) 계약으로서 화해합의에 관련된

조정인의 행위에 관련된 사유에 따라 화해합의의 집행 또는 원용이 거부

있다. 그러나 공공정책이나 분쟁의 대상에 관련하여 집행 또는 원용의

그 집행 또는 원용을 원하지 않는 당사자의 개입이 없어도 소관 당국이 스

해당 사유를 확인하여야 한다.[5] 또한, 화해합의의 집행을 거부하는 당사자는

당 분쟁이 상업적이 아닌 경우와 같이 싱가포르조정협약의 다른 규정의 위

제기할 수 있다.[6]

협약 제5조에 따른 증명이 제공되어도 해당 소관 당국은 재량권을 행사

여 화해합의의 구제를 부여할 수 있다.[7] 이와 관련하여, 협약 당사국은 싱가

르조정협약의 이행을 위한 국내법에서 동 협약의 구제 부여의 거부 사유 모

를 허용하도록 요구되지 않는다.[8] 또한, 협약 제5조의 구제 부여의 거부 사유

열거적이어서 협약 당사국은 이들 사유 이외의 추가적인 거부 사유에 따라

구된 구제를 거부할 수 없다.[9] 또한, 이들 구제 부여의 거부 사유는 일반적으로

규정되어서, 이러한 사유의 해석과 적용에 있어서 협약 당사국의 소관 당국은

유연성을 가진다.[10]

1. 계약으로서 화해합의에 관련된 거부 사유

싱가포르조정협약은 화해합의의 집행 또는 원용에 대한 일곱 가지 계약적

거부 사유를 규정한다. 즉, 화해합의의 구제를 청구하는 당사자의 타방 당사자가 소관 당국에게 다음의 일곱 가지 증명을 제공하는 경우에만 동 소관 당국은 동 당사자의 요청으로 구제 부여를 거부할 수 있다. 첫째, 당사자가 화해합의의 체결에 있어서 제한능력자였던 경우이다. 둘째, 원용하려는 화해합의가 준거법 또는 관련 법에 따라 무효, 실효, 이행불능인 경우이다. 셋째, 원용하려는 화해합의가 동 합의의 내용에 따라 구속력이 없거나, 종국적이지 않은 경우이다. 넷째, 원용하려는 화해합의가 추후 수정된 경우이다. 다섯째, 화해합의에서 의무가 이행된 경우이다. 여섯째, 화해합의에서 의무가 명확하지 않거나 이해할 수 없는 경우이다. 일곱째, 구제 부여가 화해합의의 내용에 반할 경우이다.

(1) 당사자가 제한능력자였던 경우

협약 당사국의 법원 등 소관 당국은 화해합의 당사자가 동 화해합의의 체결에 관하여 '제한능력이면'(under some incapacity) 동 화해합의의 구제 부여를 거부할 수 있다.[11] 여기서 당사자는 자연인과 법인을 포함한다. 화해합의 당사자가 해당 화해합의의 체결에 관하여 능력이 없으면, 즉 제한능력자라는 것은 화해합의의 구제가 청구된 협약 당사국의 법을 포함한 관련 법에 따라 결정될 것이다. 문제는 계약 체결의 제한능력에 관한 대륙법계와 영미법계의 입장이 다른 점이다.[12] 일반적으로 화해합의의 당사자 일방이 제한능력자가 되는 경우는 미성년자이거나, 지적 능력이 낮거나, 법인의 대표성이 적법하지 않은 경우이다.[13]

싱가포르조정협약이 조정에 의한 화해합의의 직접 집행을 허용하는 점에서 다음과 같이 보다 확장적인 국제사법의 개념이 도입된 것으로 볼 수 있다고 한다. 예컨대, A국 갑기업과 B국 을기업이 온라인 조정을 통하여 화해합의를 체결한 경우 동 화해합의의 체결에 관한 두 당사자들의 능력은 A국 또는 B국의 법에 따라 유효하면 된다는 것이다.[14] 이러한 해석은 싱가포르조정협약에 따른 화해합의의 집행에 대하여 친화적이다.[15] 또는, 법원 등 소관 당국은 반정(renvoi)을 적용할 수 있다.[16] 예컨대, A국의 20세인 갑이 화해합의를 체결하고, 자신이 통상적으로 거주하는 B국에서 싱가포르조정협약에 따른 직접 집행을 청구하려는데, A국의 성년은 21세이고 B국의 성년은 18세인 경우, A국의 국제사법이 해당 자연인의 능력을 그의 거주지국의 법에 따라 결정하는 경우 B국의 소관 당국은 갑이 동 화해합의를 체결할 능력이 있다고 반정을 적용할 수 있다.

이러한 해석은 싱가포르조정협약에 따른 화해합의의 집행에 대하여 친화적이다.[17] 다만, 이러한 보다 확장적인 국제사법의 접근은 아직 일반적으로 수용되고 있지 않다.

(2) 화해합의가 무효이거나, 실효이거나 이행불능인 경우

원용하려는 화해합의가 당사자들이 유효하게 화해합의에 적용한 법에 따라 또는, 그러한 표시가 없는 경우 제4조에 따라 구제가 청구되는 협약 당사국의 소관 당국이 적용 가능하다고 간주한 법에 따라 '무효이거나, 실효이거나 이행불능이면'(null and void, inoperative or incapable of being performed), 동 소관 당국은 동 화해합의의 집행을 거부할 수 있다.[18] 이들 무효 등 거부 사유는 '기망 등'(fraud, mistake, misrepresentation, duress and deceit)을 포함하기에 충분한 것으로 이해된다.[19]

그러나 화해합의가 국내법 요건(예컨대, 공증 요건의 미충족, 특정 기관에 의한 특정 규칙에 따라 수행되지 않은 조정)을 준수하지 않아 무효가 될 수 있는 경우는 포함하지 않는다.[20] 즉, 소관 당국은 이러한 국내법 요건을 부과하도록 허용되지 않으며, 소관 당국의 화해합의의 유효성 검토는 '형식적 요건'(form requirements)으로 확대될 수 없다.[21]

화해합의의 무효 등 구제 부여의 거부 사유의 적용은 '당사자들이 유효하게 화해합의에 적용한 법에 따라 또는, 그러한 표시가 없는 경우 제4조에 따라 구제가 청구되는 협약 당사국의 소관 당국이 적용 가능하다고 간주한 법에 따라'(under the law to which the parties have validly subjected it or, failing any indication thereon, under the law deemed applicable by the competent authority of the Party to the Convention) 분석되어야 한다.[22] 화해합의의 집행이 청구되는 협약 당사국의 법원 등 소관 당국은 동 화해합의의 무효 등을 결정하기 전에 일반적으로 집행국의 국제사법을 적용하고, 적절한 경우 화해합의 당사자들의 준거법을 고려할 것이다.[23] 즉, 소관 당국은 화해합의에서 당사자들이 정한 준거법의 유효성을 적용 가능한 강행법과 공공정책에 따라 검토할 수 있다.[24] 싱가포르조정협약의 취지를 고려할 때, 법원 등 소관 당국은 화해합의의 무효 등의 사유를 신중하게 해석하도록 요구된다. 실제로 복수의 관할권에서 법원이 이들 거부 사유를 조화로운 방식으로 해석하고 있다.[25]

1) 무효인 화해합의

화해합의가 '무효인'(null and void) 것은 동 화해합의의 체결 시 흠결(defects)이 존재함을 의미한다.[26] 화해합의의 무효는 다양한 계약법 개념을 포함하여, 화해합의의 구제에 반대하는 당사자의 뜻에 따라 조정에 의한 화해합의가 무효라고 간주될 수 있도록 포괄적이다.[27]

화해합의의 내용이 민사와 상사 등에 관한 법을 위반하면, 즉 불법적이면 무효가 된다. 또한 당사자가 강박이나 기망에 의하여 화해합의를 체결하였으면 동 화해합의는 무효가 된다.[28] 또한, 계약으로서 화해합의가 선량한 풍속 기타 사회질서에 위반한 사항을 내용으로 하면 무효이다.[29] 또는 화해합의가 당사자의 궁박, 경솔 또는 무경험으로 인하여 현저하게 공정성을 잃으면 무효이다.[30] 또한, 법률행위로서 화해합의에서 의사표시는 표의자가 진의 아님을 알고 한 것이라도 그 효력이 있지만, 상대방이 표의자의 진의 아님을 알았거나 이를 알 수 있었을 경우에는 무효로 한다.[31] 상대방과 통정한 허위의 의사표시는 무효로 한다.[32]

계약이 무효이면 그 전체가 무효가 되지만, 계약의 내용이 가분적이면 무효인 부분을 제외하고 나머지 계약이 유효하다고 인정될 수 있다. 이렇게 그 무효 부분이 없더라도 계약을 했을 것이라고 인정할 때에는 나머지 부분은 무효가 되지 않는다.[33]

2) 실효인 화해합의

화해합의가 '실효인'(inoperative) 것은 문자 그대로 화해합의의 '효력이 없는'(ineffective) 것이다.[34] 예컨대, 추후 합의에서 화해합의의 모든 의무에 대한 면제를 합의함으로써 동 화해합의는 전체로서 효력이 없게 된다.[35] 또는 화해합의가 내부적으로 상충하는 내용을 규정하여 관련 의무를 상쇄하는 경우도 화해합의가 실효이다.[36] 예컨대, 영국과 싱가포르처럼 법정지법(lex fori)의 확립된 법적 입장이 '유동적 준거법'(floating choice of law) 조항이 처음부터 의미가 없어서 법적 효력이 없다는 것이면, 싱가포르조정협약은 이러한 유동적 준거법 조항을 집행하도록 운용될 수 없다.[37]

3) 이행불능인 화해합의

화해합의가 '이행불능인'(incapable of being performed) 것은 화해합의가 이행이 불가능한 내용을 포함하거나 그 체결 후 이행불능이 되는 것이다.[38] 예컨 대, 국제중재에 관하여, 이탈리아와 시리아 당사자들 사이의 중재합의가 분쟁의 해결을 위하여 단일 중재인을 선정하는 조건으로 스위스 법의 전문성과 아랍식 빵의 제조 전문성을 요구하였는데, 실제 이러한 요건을 충족하는 중재인을 찾지 못하여 동 중재합의는 이행불능이었다.[39] 또는, 화해합의의 의무 이행에 개인적 으로 중요한 역할을 하는 당사자가 사망하거나, 무력충돌의 발생으로 해당 의무 이행이 가능하지 않게 될 수 있다.

(3) 화해합의가 구속력이 없거나, 종국적이지 않은 경우

원용하려는 화해합의가 동 화해합의의 내용에 따라 구속력이 없거나, 종국적 이지 않으면, 소관 당국은 동 화해합의의 구제 부여를 거부할 수 있다.[40] 즉, 화 해합의의 의무가 구속력이 없거나 화해합의가 분쟁의 종국적 결정이 아닌 경우이 다.[41] 화해합의가 '조건부 내지 상호적 의무'(conditional or reciprocal obligations) 를 포함하고, 그 특정 의무가 위반된 경우도 포함한다.[42] 집행이 청구되는 화해 합의가 '구속력이 없거나, 종국적이지 않음'(not binding, or is not final)을 증명하 는 '명시적이거나 묵시적인 내용'(express(or implied) terms)을 포함하면, 소관 당 국은 동 화해합의의 집행을 거부할 수 있다.[43]

화해합의의 집행에 반대하는 당사자가 동 화해합의가 종국적이지 않거나 구속력이 없음을 증명해야 한다. 예컨대, 당사자들은 화해합의에 서명함으로써 동 화해합의가 구속력이 있고 종국적임을 나타낼 것이다.[44] 이 점에서 싱가포 르조정협약은 동 협약, 특히 제4조에 부합하는 화해합의가 집행되어야 한다는 묵시적 '일응 추정'(rebuttable presumption)을 한 것으로 볼 수 있다.[45] 화해합의 는 싱가포르조정협약의 적용 범위와 개념의 정의 요건이 충족되고 다른 거부 사유가 적용되지 않으면 구속력이 인정된다. 또한, 싱가포르조정협약의 다른 규 정은 화해합의가 종국적인지 결정한다.[46] 즉, 협약 제5조 1(b)(iii)항에 따라 화 해합의가 추후 수정되면 종국적이지 않은 것이고, 제4조 1(a)항에 따라 당사자 의 서명이 없으면 화해합의는 체결된 것이 아니어서 종국적이지 않다.[47] 그러 나 화해합의가 분쟁의 일부만을 해결하였다는 사실은 동 화해합의가 종국적이 지 않다는 것을 의미하지 않는다.[48]

화해합의가 구속력이 없거나 종국적이지 않음의 판단은 동 화해합의의 내 용에 따르는 점에서 법원 등 소관 당국은 해당 화해합의에 '명시적으로 규정된 내용'(what is explicitly stated)을 검토해야 한다고 한다.[49] 화해합의가 종국적이지 않거나 구속력이 없다는 것을 나타내는 화해합의의 명시적이거나 묵시적 내용은 실체적 의무에 관한 것이어서 조정합의와 같은 분쟁 해결에 관한 조항과 같은 방식으로 고려될 수는 없다.[50] 분쟁 해결의무는 다른 모든 실체적 의무와 평행의 관계에 있기 때문이다.[51] 따라서, 소관 당국은 해당 계약의 준거법을 참고하여 화해합의의 내용에 따라 화해합의가 종국적이 아닌지 또는 구속력이 없는지 평가하여야 할 것이다.[52] 소관 당국은 화해합의의 최종본(the latest version)을 검토해야 할 것이다.[53]

예컨대, 조정의 결과 당사자 일방이 타방 당사자에게 50만 달러를 네 번에 나누어 지불하기로 합의하면서 네 번의 지불 시점이 화해합의에 명기되지 않은 경우, 이러한 지불 조건은 협상을 통하여 합의되어야 하는 점에서, 법원이 구제할 수 없을 것이다.[54] 그러나 합의 내용이 불가항력, 공급개시 일자 등에 관하여 합의를 하지 않았거나 추후 합의하도록 한 경우, 이는 동 합의가 구속력을 가지는데 필수적이거나 필요한 것이 아니어서 합의는 불완전하지 않을 것이다.[55]

(4) 화해합의가 추후 수정된 경우

원용하려는 화해합의가 추후 수정된 경우 소관 당국은 동 화해합의의 구제 부여를 거부할 수 있다.[56] 화해합의가 '추후 수정된'(subsequently modified) 경우이므로 원래 화해합의의 집행이 거부될 수 있는 것이다.[57] 즉, 당사자들이 화해합의를 추후 수정하였기 때문에 구제가 거부되는 것이 아니다. 원래 화해합의의 내용을 수정하는 추후 합의를 통하여 당사자들은 원래 화해합의에 규정된 모든 특정 의무를 추구할 권리를 효과적으로 포기한 것이 된다.[58] 이 경우, 법원 등 소관 당국에 모든 수정된 내용을 포함한 종국적인 화해합의를 제출하면 될 것이다.[59] 여기서 수정은 지불 의무기간의 연장, 추가 협상이 필요할 당사자들 사이의 의무에서 추가적 상쇄의 수반이 예가 된다.

화해합의의 추후 수정에 따른 구제 부여의 거부는 원래 화해합의가 실효인 이유의 구제 부여의 거부를 보완한다.[60] 즉, 당사자들의 추후 수정의 합의는 원래 화해합의를 완전하게 우회하여 이를 실효되게 하는 것이다.[61]

(5) 화해합의에서 의무가 이행된 경우

원용하려는 화해합의에서 의무가 이행된 경우 소관 당국은 동 화해합의의 집행을 거부할 수 있다.[62] 화해합의의 이미 '이행된'(performed) 의무의 집행을 위하여 소관 당국이 도움을 줄 필요가 없기 때문이다. 의무가 이행되었음은 당사자들이 화해합의에 규정된 의무를 정확하게 이행하였음을 의미한다.[63] 의무가 이행된 여부의 결정에서 소관 당국은 해당 화해합의의 준거법을 참조하여야 한다.[64] 예컨대, 영미법에서는 계약에서 의무의 완전무결한 이행은 현실적이지 않기 때문에 '미소 편차'(de minimis deviation)가 용인될 수 있다.[65]

(6) 화해합의에서 의무가 명확하지 않거나 이해할 수 없는 경우

원용하려는 화해합의에서 의무가 명확하지 않거나 이해할 수 없는 경우 소관 당국은 동 화해합의의 구제 부여를 거부할 수 있다.[66] 소관 당국이 집행해야 할 화해합의의 의무가 '명확하지 않거나 이해할 수 없는'(not clear or comprehensible) 경우에는 어떤 구제를 부여할지 결정할 수 없기 때문이다.

화해합의의 의무가 명확하지 않거나 이해할 수 없는 경우는 화해합의가 서툴게 작성되었거나 모호한 조건을 포함하는 경우는 아니다. 이보다는 화해합의의 내용이 혼란스럽거나 명확하지 않아서 소관 당국이 청구된 구제를 확실하게 제공할 수 없는 경우이다.[67] 예컨대, 화해합의에 당사자 일방이 타방 당사자에게 '사과하여야 한다'(shall apologise)의 문구는 명확하지 않아서 소관 당국은 어떠한 구제를 통하여 이러한 사과 의무를 집행하라고 결정하기 어려울 것이다.[68] 또한, 부동산 구매에 관한 조정을 통한 화해합의에서 동 '부동산의 매매 완료일'(the date of completion of the sale of the property)까지 매월 임차료의 지불을 약속한 경우, 동 부동산의 인도 후에도 매월 임차료를 지불해야 하는 의무가 있는지 명확하지 않을 것이다. 이 경우 '계약서 작성자 불이익 해석 원칙'(contra proferentum rule)에 따라 계약의 불명확함은 동 문서의 작성자에게 불리하게 해석되어야 하는 점에서, 당사자는 화해합의의 명확하지 않은 의무의 집행으로 혜택을 볼 수 없어야 한다.[69] 또한, 기계의 수리에 관한 화해합의에서 수리 작업의 불이행에 대한 배상이 명시되지 않은 경우, 소관 당국은 이러한 불이행에 대한 적합한 집행 명령을 결정할 수 없을 것이다.[70]

화해합의의 의무가 명확하지 않거나 이해할 수 없음의 결정은 그 자체로

모호할 수 있다. 이 점에서 소관 당국은 화해합의의 준거법은 물론 어느 국가의 적용 가능한 법에서도 집행 가능할 것인지 판단하여야 할 것이다.[71]

(7) 구제 부여가 화해합의의 내용에 반할 경우

원용하려는 화해합의에 대한 구제 부여가 동 화해합의의 내용에 반할 경우 소관 당국은 동 화해합의의 구제 부여를 거부할 수 있다.[72] 조정에 의한 화해합의는 당사자들의 자율적인 해결을 반영하는 것이어서, 소관 당국은 '화해합의의 내용에 반하여'(contrary to the terms of the settlement agreement), 즉 당사자들의 의사에 직접적으로 일치하지 않게 동 화해합의를 집행하지 않아야 한다.[73] 이러한 거부 사유는 조정에서 당사자들의 분쟁해결에 대한 '당사자 자치'(party autonomy) 원칙을 반영한 것이다.[74]

화해합의의 구제 부여에서 당사자들의 의사가 존중되어야 하는 경우는 다음과 같다. 첫째, 당사자들이 화해합의에 대한 싱가포르조정협약의 적용을 명백하게 원하지 않는 경우이다.[75] 예컨대, 당사자들은 화해합의의 구제를 청구할 권리에 대한 제한을 합의할 수 있다.[76] 당사자들은 특정 관할권에서 구제를 청구할 수 있다고 합의할 수 있고, 또한 추가적인 분쟁은 중재를 통하여 해결한다고 합의할 수 있다.[77] 조정은 '완전하게 합의적'(fully consensual)이어서, 당사자들은 싱가포르조정협약의 적용을 배제하는 합의도 할 수 있다.[78] 협약 당사국은 화해합의 당사자들이 임의로 싱가포르조정협약에 따른 집행의 배제를 금지하는 법을 채택할 수 있을 것이다.[79] 물론 이 경우, 당사자들은 화해합의가 달리 집행될 수 있는 방안을 합의하였을 것이다. 둘째, 화해합의에 규정된 당사자들의 의무가 '조건부 또는 상호적'(conditional or reciprocal)이거나, 또는 당사자들의 의무 불이행이 다양한 이유로 정당화될 수 있는 경우이다.[80] 당사자들은 구제를 청구하기 전에 조정인과 협의를 하거나 특정 의무에 대한 다른 조건이 충족되어야 한다고 합의할 수 있다.[81]

화해합의 당사자들은 동 화해합의가 집행될 수 있는 관할권을 제한하는 '관할권 조항'(a jurisdiction clause)을 포함할 수 있다. 싱가포르조정협약은 '화해합의의 내용'이 관할권 조항을 삼갈 것이라고 규정하지 않는다.[82] 그럼에도 이러한 관할권 조항으로 싱가포르조정협약에 내재한 국제적 집행기능이 경시될 위험도 있다.[83] 따라서, 구제 부여가 화해합의의 내용에 반할 경우에 허용되는 집행 거부는 싱가포르조정협약의 적용을 배제하도록 '우연히 예견되지 않은 항

변'(inadvertently … defences not contemplated)이 되지 않아야 할 것이다.[84]

2. 조정인의 행위에 관련된 거부 사유

싱가포르조정협약은 화해합의에 관련된 구제 부여의 거부 사유와 구별하여 조정인에 관련된 거부 사유를 별도로 규정한다. 아래의 두 가지 거부 사유는 2017년 2월 합의된 다섯 가지 쟁점의 '타협안'(compromise proposal)의 하나로서 싱가포르조정협약에 규정되었다.[85] 분쟁당사자들의 화해합의 도출 과정에서 조정인의 특별한 역할과 지위에서 조정인의 특정된 부당행위(misconduct)가 구제 부여의 거부 사유로 인정되었다.[86]

싱가포르조정협약은 화해합의의 구제 부여를 거부하는 사유에 조정인의 행위에 관련된 두 가지 경우를 규정한다.[87] 그러나 실제로 조정인의 행위를 문제로 조정에 의한 화해합의가 무효가 되거나 조정인에 대한 소가 제기되는 것은 흔하지 않다. 따라서, 아래 조정인의 행위에 관련된 거부 사유가 원용되는 것은 현실적이지 않을 것이다. 즉, 실제로는 조정인의 부당행위에 관련된 거부 사유는 예외적으로 수용될 것이다.[88] 그럼에도 조정인의 문제된 행위가 흔하지 않다는 것은 그런 행위가 없다는 것을 의미하지는 않는다.[89] 또한, 소관 당국은 이러한 거부 사유의 고려를 위하여 조정 과정을 상세하게 조사하도록 일반적으로 기대되지 않는다.[90]

(1) 조정인 등에 적용 가능한 기준의 심각한 위반

조정인이 자신 또는 조정에 적용 가능한 기준을 심각하게 위반하였고 만약 그 심각한 위반이 아니었다면 동 당사자가 화해합의를 하지 않았을 경우 소관 당국은 동 화해합의의 집행을 거부할 수 있다.[91] 이 경우 화해합의의 집행이 거부되려면, i) 조정인 또는 조정에 적용 가능한 기준의 심각한 위반 및 ii) 이러한 심각한 위반과 적어도 당사자 일방의 화해합의를 체결하는 결정 사이에 인과관계의 두 요소가 충족되어야 한다. 조정인의 관련 기준의 심각한 위반이 화해합의에 직접적인 영향을 주었어야 한다.[92]

이러한 거부 사유가 인정되려면, 조정인이나 조정에 '적용 가능한 기준'(applicable standards)이 존재하여야 한다.[93] 이러한 기준은 조정이 수행되는 기관의 조정규칙에 마련되고 또는 당사자들이 그러한 기준을 정할 수 있다.[94] 또는 협약 당사국은 조정모델법에 따른 입법이나 행위규범을 통하여 이러한 기준을 정할 수 있다.[95] 이렇게 조정인이나 조정에 적용 가능한 기준은 독립성, 공평성, 비밀유지 및 당사자들의 공정한 대우를 포함할 것이다.[96] 조정인의 관련 기준의 심각한 위반에 따른 구제 부여의 거부는 조정에서 '적법 절차'(due process)의 준수 중요성을 확인한다.[97] 조정의 수행 당시 조정인이나 조정에 적용될 기준이 없었다면, 소관 당국은 사후적으로 일정한 기준이 적용되었을 것이라는 주장으로 구제를 거부할 수 없다.[98]

조정인의 관련 기준의 심각한 위반에 대하여 합리적인 사람이면 화해합의를 하지 않았을 것이 객관적으로 증명되어야 한다.[99] 이러한 사유로 화해합의의 집행 거부를 요청하는 당사자는 이러한 인과관계를 증명해야 할 것이다.[100]

소관 당국이 화해합의의 집행을 거부하려면, 조정인의 자신 또는 조정에 적용 가능한 기준의 심각한 위반이 요구되는 점에서, 심각하지 않은 사소한 위반으로 집행이 거부되지 않을 것이다.[101] 조정인의 관련 기준의 심각한 위반이 요구되는 것은 그러한 위반이 엄격하게 예외적일 것을 의미한다.[102] 조정이 비공개로 진행되는 등의 특성에서 조정인의 행위에 관련된 사유로 화해합의의 집행이 거부되는 것은 쉽지 않을 것이다.[103]

(2) 조정인의 공평성 등의 상황의 비공개

조정인이 자신의 공평성이나 독립성에 관하여 정당한 의심이 제기되는 상황을 당사자들에게 공개하지 않았고 그러한 비공개가 당사자에게 중대한 효과나 부당한 영향을 주었고 만약 공개하였다면 동 당사자가 화해합의를 하지 않았을 경우 소관 당국은 동 화해합의의 구제 부여를 거부할 수 있다.[104] 즉, 조정인은 조정인으로 지정되기 전에 자신의 공평성 또는 독립성에 대한 정당한 의심이 제기될 것 같은 모든 상황을 당사자들에게 공개하여야 한다.[105] 이러한 공개 의무는 조정인에게 적용될 기준에 포함된 여부와 관계 없다.[106]

이 경우 화해합의의 집행이 거부되려면, i) 조정인의 일정한 상황의 당사자들에게 비공개, ii) 이러한 비공개로 조정인의 공평성이나 독립성에 관하여 정당한 의심의 제기 및 iii) 이러한 위반과 적어도 당사자 일방의 화해합의를 체결하는 결정 사이에 인과관계의 세 요소가 충족되어야 한다. 즉, 조정인의 해당 상황의 비공개에 대하여 합리적인 사람이면 화해합의를 하지 않았을 것이 객관적으로 증명되어야 한다.[107]

조정인의 공평성이나 독립성에 관하여 '정당한 의심'(justifiable doubts)을 제기하는 상황이 당사자들에게 공개되어야 한다. 이렇게 조정인에 대한 의심은 '객관적인 관찰자에게 합리적인 편견의 우려'(an apprehension of bias that is, to the objective observer, reasonable)를 야기하면 정당하다고 판단된다.[108] 따라서, 해당 당사자가 주관적으로 조정인의 독립성과 공평성을 의심하는 것은 정당한 의심으로 인정되지 않는다.[109] 조정인의 독립성에 영향을 줄 수 있는 상황은 조정인의 당사자들과의 개인적 또는 사업 관계, 조정의 결과에 대한 직접적 또는 간접적 금전 또는 다른 이해관계, 및 조정인 또는 그의 회사가 당사자들에 대하여 조정인이 아닌 자격으로 활동한 것을 포함한다.[110]

이러한 사유로 화해합의의 집행 거부를 요청하는 당사자는 이러한 인과관계를 증명해야 할 것이다. 이러한 인과관계의 증명에서, 조정인의 행위는 당사자 일방이 화해합의를 하는 결정에 '중대한 효과나 부당한 영향'(a material impact or undue influence)을 주었어야 한다.[111] 여기서 '중대한' 효과의 의미는 사안에 따라 '상당한'(substantial) 또는 '커다란'(significant) 효과로 이해할 수 있다.[112] 또한, '부당한 영향'은 당사자 일방이 자유로운 의사에 따른 결정을 할 수 없음을 의미한다.[113] 한편, 조정인이 당사자 일방에게 조정이 실패하면 소송으로 해결되어야 한다는 언급은 부당한 영향으로 볼 수 없을 것이다.[114] 이러한 비공개로 합리적인 사람이 해당 화해합의를 하지 않았을 객관성이 존재해야 한다.[115]

집행 거부를 요청하는 당사자가 조정인이 공개하였어야 할 정보를 이미 알고 있으면, 이러한 거부 사유는 적용되지 않는다.[116] 특히 조정인이 공개해야 할 상황은 조정인의 공평성이나 독립성에 관한 것이다. 조정이 비공개로 진행되는 등의 특성을 고려하면, 조정인의 행위에 관련된 사유로 화해합의의 집행이 거부되기는 쉽지 않을 것이다.[117]

3. 공공정책과 분쟁 대상에 관련된 거부 사유

소관 당국은 공공정책과 분쟁 대상에 관련되는 두 가지 경우에 구제 부여를 거부할 수 있다.[118] 아래 두 가지 거부 사유는 소관 당국이 스스로, 즉 직권으로 제기하는 것이다.[119] 그러나, 궁극적으로는 구제 부여의 거부를 요청하는 당사자가 그 증명을 하게 될 것이다.[120] 화해합의의 집행이 거부되는 아래 두 가지 경우의 사유는 구제가 청구되는 국가에 따라 다를 수 있기 때문에 법정지법(lex fori)의 문제를 야기할 수 있다.[121]

(1) 공공정책에 반할 경우

협약 제4조에 따라 구제가 청구되는 협약 당사국의 소관 당국은 구제 부여가 동 당사국의 공공정책(public policy)에 반할 경우 구제 부여를 거부할 수 있다.[122] 공공정책은 실체적 또는 절차적 측면을 포함한다.[123] 공공정책은 일정한 경우 '국가안보 또는 국가이익'(national security or national interest)에 관련된 문제를 포함할 수 있다.[124]

구제 부여의 거부 사유로서 공공정책의 위반이 되는 여부는 협약 당사국의 소관 당국이 결정한다.[125] 공공정책의 판단이 국가마다 다를 수 있는 점에서 구제 부여가 요청되는 협약 당사국의 소관 당국에 따라서 해당 화해합의의 구제 부여의 거부가 다를 수 있다.[126] 따라서, 해당 국가의 공공정책에 반한다는 이유만으로 화해합의의 구제 부여를 거부하는 것은 신중하지 않을 것이다.[127] 화해합의의 구제 부여의 거부 사유로서 공공정책은 국제적으로 타당하여야 하기 때문이다.[128] 공공정책의 요건은 국제사법에서 예외적으로 인정되는 점에서 소관 당국은 '상당히 예외적인 상황'(highly exceptional circumstances)에서 화해합의의 구제 부여를 거부할 것이다.[129] 또한, 소관 당국은 조정의 유연한 성격 등 특성을 고려하는 것이 바람직하다.[130]

(2) 분쟁 대상이 조정에 의한 해결이 가능하지 않은 경우

협약 제4조에 따라 구제가 청구되는 협약 당사국의 소관 당국은 분쟁의 대상이 동 당사국의 법에 따라 조정에 의한 해결이 가능하지 않은 경우 구제 부여를 거부할 수 있다.[131] 화해합의의 구제 부여의 거부를 요청하는 당사자는 소관 당국에게 화해합의로 해결된 분쟁의 대상이 관련 법에 따라 조정이 허용되지 않음을 증명해야 한다.[132]

분쟁 대상이 조정에 의한 해결이 가능하지 않은 경우는 조정에 의하여 일정한 의무의 이행을 법적으로 합의하지 못하거나 일정한 권리를 포기하지 못하는 경우일 것이다.[133] 그러나 실제에 있어서 분쟁 대상이 조정에 의한 해결이 가능하지 않다는 사유로 화해합의의 구제 부여의 거부를 요청하는 것은 드물 것이다.[134] 분쟁 대상이 조정에 맞지 않는 사유로 화해합의의 구제 부여의 거부는 예외적으로 인정되어야 할 것이다. 예컨대, 화해합의의 집행이 청구되는 국가가 해당 분쟁의 조정에 의한 해결을 허용하지 않더라도, 동 국가가 동 분쟁과

아무런 관련이 없다면, 동 화해합의의 집행을 거부하지 않아야 할 것이다.[135)

---

1) 2017년 10월 작업그룹 보고서, para. 74; 2018년 2월 작업그룹 보고서, para. 41. 즉, '구제
부여'는 화해합의 '당사자의 집행을 구하고 화해합의를 원용할 권리'(the right of a party
to seek enforcement and to invoke a settlement agreement)를 포함하는 것이다. 2017년
2월 작업그룹 보고서, para. 57. 싱가포르의 싱가포르조정협약의 국내이행법인 싱가포르조
정협약법 제7조 1항은 협약 제5조 1항에 규정된 '구제를 청구하는 당사자의 타방 당사자'
(the party against whom the relief is sought)를 '국제화해합의의 집행 또는 원용이 청구
되는 상대인 당사자(A)'(the party(called "A") against whom the international settlement
agreement is sought to be enforced or invoked)라고 구제를 화해합의의 집행과 원용이
라고 구체적으로 규정한다.

2) 작업그룹은 이러한 거부 사유를 가능한 한 최소화하려고 하였다. Interventions of Israel
and India, in UNCITRAL Audio Recordings: Working Group Ⅱ(Arbitration and Conciliation),
63rd Session, Sept. 9, 2015, 14:00 – 17:00; Interventions of Canada, France, Australia,
Thailand, and the Chair, in UNCITRAL Audio Recordings: Working Group Ⅱ
(Arbitration and Conciliation), 63rd Session, Sept. 10, 2015, 9:30 – 12:30. 보다 다양한
거부 사유의 규정으로 싱가포르조정협약이 허용하는 화해합의의 신속하고 효율적인 집행
이 제한될 수 있기 때문이다. Intervention of the Florence International Mediation
Chamber(FIMC), in UNCITRAL Audio Recordings: Working Group Ⅱ(Arbitration and
Conciliation), 63rd Session, Sept. 10, 2015, 9:30 – 12:30; Intervention of Iran, in
UNCITRAL Audio Recordings: Working Group Ⅱ(Arbitration and Conciliation), 63rd
Session, Sept. 10, 2015, 14:00 – 17:00. 작업그룹은 구제 부여의 거부를 뉴욕중재협약 제Ⅴ
조의 예에 맞추려고 하였다. Interventions of the Chair and Thailand, in UNCITRAL
Audio Recordings: Working Group Ⅱ(Arbitration and Conciliation), 64th Session, Feb.
4, 2016, 15:00 – 18:00.

3) 2018년 2월 작업그룹 보고서, paras. 60 – 65. 계약으로서 화해합의에 관련된 사유 중에서
1(b)(i)항의 무효, 실효, 이행불능은 '일반적 성격'(generic nature)이지만, 1(b)(ii)항과 1(c)
항과 1(d)항은 '예시적 성격'(illustrative nature)인 것으로 보인다. 2018년 2월 작업그룹 보
고서, para. 62. 작업그룹은 이러한 거부 사유의 중복 가능성을 피하기 위하여 이들 거부
사유의 분류를 시도하였으나, 국가들의 상이한 법체제에 따른 우려로 총의가 형성되지 못
하였다. 2018년 UNCITRAL 보고서, para. 31.

4) 2018년 2월 작업그룹 보고서, para 65.

5) 물론 화해합의의 집행을 원하지 않는 당사자는 이들 두 가지 사유의 존재를 소관 당국에
게 진정할 수 있을 것이다.

6) Interventions of the United States and Israel, in UNCITRAL Audio Recordings: Working
Group Ⅱ(Dispute Settlement), 65th Session, Sept. 16, 2016, 9:30 – 12:30.

7) 협약 제5조 1항은 소관 당국이 '구제 부여를 거부할 수 있다'(may refuse to grant relief)
라고 규정한 점에서, 해당 거부 사유가 존재하여도 동 소관 당국은 구제를 부여할 수 있다
고 보아야 한다. 조정모델법 가이드, para. 146. 그러나 집행의 거부 사유가 확정적이면, 동
집행은 허용되지 않아야 할 것이다. Jonathan Hill, "The Exercise of Judicial Discretion in
Relation to Applications to Enforce Arbitral Awards under the New York Convention
1958", 36 Oxford Journal of Legal Studies 304, 333 (2016).

8) Timothy Schnabel, p. 42.

9) Interventions of Canada, Norway, and the Chair, in UNCITRAL Audio Recordings: Working Group Ⅱ(Arbitration and Conciliation), 63rd Session, Sept. 10, 2015, 9:30 – 12:30. 예컨대, 작업그룹은 조정절차 중의 '적법 절차'(due process)의 결여가 거부 사유가 되는지 논의하였으나, 결국 채택하지 않았다. Interventions of Bulgaria, Finland, Sweden, and Thailand, in UNCITRAL Audio Recordings: Working Group Ⅱ(Arbitration and Conciliation), 63rd Session, Sept. 10, 2015, 9:30 – 12:30.

10) 2015년 9월 작업그룹 보고서, para. 93.

11) 협약 제5조 1(a)항. 협약 제5조 1(a)항의 당사자의 제한능력자인 요건은 뉴욕중재협약 제V조 1(a)항에 기초한 것이다. 다만, 뉴욕중재협약 동 조항의 '당사자들에게 적용 가능한 법에 따라'(under the law applicable to them)는 반영하지 않았다. Interventions of Finland, Singapore, and Mexico, in UNCITRAL Audio Recordings: Working Group Ⅱ(Dispute Settlement), 65th Session, Sept. 15, 2016, 14:00 – 17:00. 싱가포르조정협약의 적용을 받는 국제상사분쟁의 조정에서 당사자가 종종 변호사의 도움을 받는 점에서 이러한 경우는 현실적으로 드물 것이다. Intervention of Sweden, in UNCITRAL Audio Recordings: Working Group Ⅱ(Arbitration and Conciliation), 62th Session, Feb. 3, 2015, 15:00 – 18:00.

12) 대륙법계에서 법인의 능력은 그의 소재지법(the law of the seat of the entity)에 따르고, 영미법계에서는 그의 설립지법(the law of the place of incorporation)에 따른다. Gary Born, pp. 3489 – 90.

13) Alexander & Chong, para. 5.05. 파산에 따른 제한능력도 일반적으로 인정된다고 한다. 2016년 2월 작업그룹 보고서, para. 152. 능력 또는 행위능력은 확정적으로 유효한 법률행위를 단독으로 할 수 있는 능력이다. 행위능력을 갖추지 못한 제한능력자인 미성년자, 피성년후견인, 피한정후견인이 단독으로 행한 법률행위는 취소할 수 있다. 각각 민법 제5조, 제10조, 제13조 참조.

14) 참고로, A국과 B국에 영향을 미치는 거래에서 C국이 중재지인 경우, A국, B국, C국의 어느 법에 따라서도 유효하면 당사자들의 중재합의(an arbitration agreement) 체결 능력은 인정된다. Gary Born, 3490.

15) Alexander & Chong, para. 5.07. Gary Born, p. 3490 참조.

16) 반정(反定)은 소송지의 국제사법에 의하면 문제된 섭외적 사법관계에 관하여 외국법을 적용할 경우에, 그 외국법소속국의 국제사법에 의하면 동일한 법률관계에 관하여 오히려 소송지의 법률 또는 제3국의 법률을 적용하도록 되어 있는 때에 소송지의 법률 또는 제3국의 법률을 적용하는 국제사법상 원칙이다. 현암사, 법률용어사전(2020년) 및 국제사법 제9조 참조.

17) Alexander & Chong, para. 5.08.

18) 협약 제5조 1(b)(i)항. 화해합의의 무효 등의 요건은 뉴욕중재협약 제Ⅱ조 3항에 기초한 것인데, 국제사법의 규정이 추가된 것이다.

19) Intervention of the Chair, in UNCITRAL Audio Recordings: Working Group Ⅱ(Dispute Settlement), 65th Session, Sept. 16, 2016, 9:30 – 12:30; 2016년 9월 작업그룹 보고서, para. 100.

20) Interventions of the United States, Singapore, and the Chair, in UNCITRAL Audio Recordings: Working Group Ⅱ(Arbitration and Conciliation), 64th Session, Feb. 4, 2016, 15:00 – 18:00; Comments by the Government of the United States, A/CN.9/ WG.

Ⅱ/WP.203, para. 4(2017). 그러나 협약 당사국은 조정에 관련되지 않는 예컨대 부동산의 이전에 관한 공증 요건 등은 부과할 수 있다. Interventions of Germany and the United States, in UNCITRAL Audio Recordings: Working Group Ⅱ (Dispute Settlement), 65th Session, Sept. 15, 2016, 14:00−17:00.

21) 2016년 9월 작업그룹 보고서, para. 99; 2017년 사무국 노트 1, para. 43.

22) 협약 제5조 1(b)(i)항. '유효하게 적용한'(have validly subjected)의 어구는 뉴욕중재협약 제Ⅴ조 1(a)항에 기초한다.

23) 조정모델법 가이드, para. 145. 당사자들은 구제가 청구되는 협약 당사국의 법에서 유효한 준거법을 정할 수 있고, 또는 그 준거법의 결정에 국제사법 원칙이 적용될 수 있다. Timothy Schnabel, p. 45.

24) 2017년 10월 작업그룹 보고서, para. 94.

25) 2015년 9월 작업그룹 보고서, para. 92.

26) Shouyu Chong and Felix Steffek, "Enforcement of international settlement agreements resulting from mediation under the Singapore convention – Private international law issues in perspective", 31 SAcLJ 448, para. 47(2019).

27) Timothy Schnabel, p. 44. 싱가포르조정협약의 초안에서 'void' 용어 다음에 'voidable' 용어의 삽입이 주장되었는데, 작업그룹은 'voidable' 용어 없이도 충분히 포괄적이라고 확인하였다. 2018년 2월 작업그룹 보고서, para. 43. 따라서, 화해합의가 '무효인'(void) 경우는 물론 '무효로 할 수 있는'(voidable) 경우도 포함한다. 조정모델법 가이드, para. 150.

28) Timothy Schnabel, p. 44. 민법 제110조 제1항에 따라 사기나 강박에 의한 의사표시는 취소할 수 있다.

29) 민법 제103조. 도박 채무, 성매매 대가 지급 등은 선량한 풍속 기타 사회질서에 위반한다.

30) 민법 제104조.

31) 민법 제107조.

32) 민법 제108조.

33) 민법 제137조.

34) Shouyu Chong and Felix Steffek, "Enforcement of international settlement agreements resulting from mediation under the Singapore convention – Private international law issues in perspective", 31 SAcLJ 448, para. 71(2019).

35) George A. Bermann, "Recognition and Enforcement of Foreign Arbitral Awards − The Interpretation and Application of the New York Convention by National Courts" in George A. Bermann(ed.), *Recognition and Enforcement of Foreign Arbitral Awards* 23, footnote 68(2017).

36) George A. Bermann, "Recognition and Enforcement of Foreign Arbitral Awards − The Interpretation and Application of the New York Convention by National Courts" in George A. Bermann(ed.), *Recognition and Enforcement of Foreign Arbitral Awards* 24(2017).

37) 유동적 준거법 조항이 집행 가능한지 결정에 법정지법이 항상 적용되어야 한다. Alexander & Chong, para. 5.15, 각주 32.

38) Shouyu Chong and Felix Steffek, "Enforcement of International Settlement Agreements Resulting from Mediation under the Singapore Convention − Private International Law Issues in Perspective", 31 SAcLJ 448, para. 47(2019).

39) Aldo Frignani, "Interpretation and Application of the New York Convention in Italy", in George A. Bermann(ed.), *Recognition and Enforcement of Foreign Arbitral Awards* 568(2017).

40) 협약 제5조 1(b)(ii)항.

41) 조정모델법 가이드, para. 153. 실제로 조정이 종료한 후에 당사자들은 화해합의의 의무를 집행할 의도를 가지지 않고 화해합의를 그들의 미래 관계를 설정하고 상호 의무를 명확히 하는 골격으로 만들기도 한다. 2018년 2월 작업그룹 보고서, para. 46.

42) 2016년 2월 작업그룹 보고서, para. 162.

43) Alexander & Chong, para. 5.19. *Ward v Keen(No 2)* [2009] WASC 369, para. 86 참조. 이러한 화해합의가 구속력이 없거나 종국적이지 않은 거부 사유는 협약 제5조 1(d)항의 '화해합의의 내용에 반함' 거부 사유에 해당한다. 따라서, 이러한 거부 사유는 필요하지 않다고 볼 수 있다. Timothy Schnabel, p. 45.

44) Interventions of Canada and Finland, in UNCITRAL Audio Recordings: Working Group Ⅱ(Dispute Settlement), 65th Session, Sept. 14, 2016, 14:00−17:00.

45) Timothy Schnabel, p. 42. 일반적으로 집행을 청구하는 당사자가 해당 화해합의가 종국적이거나 구속력이 있음을 증명해야 하는데, 싱가포르조정협약은 이러한 입증책임의 전환을 규정한 것이다.

46) Interventions of the United States, Japan, Mexico, and China, In UNCITRAL Audio Recordings: Working Group Ⅱ(Dispute Settlement), 67th Session, Oct. 4, 2017, 14:00−17:00.

47) Working Group Ⅱ(Dispute Settlement) Sixty−seventh session, Comments by the Government of the United States, A/CN.9/WG.II/WP.203, para. 4(Vienna, 2−6 October 2017); Interventions of the United States, Japan, Mexico, and China, In UNCITRAL Audio Recordings: Working Group Ⅱ(Dispute Settlement), 67th Session, Oct. 4, 2017, 14:00−17:00.

48) Interventions of the Czech Republic and Colombia, in UNCITRAL Audio Recordings: Working Group Ⅱ(Dispute Settlement), 65th Session, Sept. 15, 2016, 14:00−17:00; Interventions of Canada and Germany, in UNCITRAL Audio Recordings: Working Group Ⅱ(Dispute Settlement), 67th Session, Oct. 5, 2017, 9:30−12:30.

49) Intervention of Australia, in UNCITRAL Audio Recordings: Working Group Ⅱ(Dispute Settlement), 68th Session, Feb. 5, 2018, 15:00−18:00.

50) Alexander & Chong, para. 5.20.

51) Nadja Alexander, *International and Comparative Mediation − Legal Perspectives*, 188 *et seq*(2009).

52) Alexander & Chong, para. 5.22.

53) 2017년 10월 작업그룹 보고서, para. 86.

54) *Ward v Keen(No 2)* [2009] WASC 369, para. 85.

55) *Electricity Corporation Of New Zealand Limited v/s Fletcher Challenge Energy Limited*, CA No. 132 of 2000, Court of Appeal of New Zealand, para. 88.

56) 협약 제5조 1(b)(iii)항.

57) 화해합의의 추후 수정이라는 거부 사유는 협약 제5조 1(d)항의 '화해합의의 내용에 반함' 거부 사유에 해당한다. 따라서, 이러한 거부 사유는 필요하지 않을 것이다. Timothy

Schnabel, p. 47.

58) Alexander & Chong, para. 5.24.

59) 조정 후의 시간 경과나 수정의 정도와 관계없이 수정된 화해합의가 소관 당국에 제출되면 된다. Timothy Schnabel, p. 47.

60) 협약 제5조 1(b)(i)항 참조.

61) Alexander & Chong, para. 5.24.

62) 협약 제5조 1(c)(i)항.

63) Alexander & Chong, para. 5.26.

64) Alexander & Chong, para. 5.26.

65) THAM, Chee Ho, "Discharge by Performance or Operation of Law" in Andrew Phang(ed.), *The Law of Contract in Singapore*, paras. 16.009–16.011(2012), Alexander & Chong, para. 5.27에서 재인용.

66) 협약 제5조 1(c)(ii)항.

67) Timothy Schnabel, p. 48.

68) Alexander & Chong, 제5.28항. 이 경우 사과의 구체적인 문구와 이러한 사과가 게재될 매체가 특정되고, 이러한 사과를 통하여 관련 분쟁 해결절차가 해소된다는 것이 명시될 필요가 있다.

69) *Jumaiah bte Amir and Another v Salim bin Abdul Rashid* [2019] SGHC 63 및 Nadja Alexander & Shouyu Chong, "Singapore Case Note: Interpretation of MSAs and Inadmissibility of Evidence", Kluwer Mediation Blog(March 17, 2019) 참조.

70) *Mysore Cements Ltd. v Svedala Barmac Ltd.* 2003 AIR SCW 2007.

71) Alexander & Chong, para. 5.30.

72) 협약 제5조 1(d)항.

73) Timothy Schnabel, p. 48.

74) Intervention of the United States, in UNCITRAL Audio Recordings: Working Group Ⅱ (Dispute Settlement), 65th Session, Sept. 15, 2016, 14:00–17:00; 조정모델법 가이드, para. 156.

75) 2018년 2월 작업그룹 보고서, para. 78. 협약 당사국은 화해합의 당사자들이 싱가포르조정협약의 적용에 합의한 범위 내에서만 동 협약을 적용하도록 유보를 선언할 수 있다. 협약 제8조 1(b)항 참조.

76) Intervention of the United States, in UNCITRAL Audio Recordings: Working Group Ⅱ (Arbitration and Conciliation), 64th Session, Feb. 4, 2016, 15:00–18:00.

77) Intervention of France, in UNCITRAL Audio Recordings: Working Group Ⅱ (Dispute Settlement), 65th Session, Sept. 15, 2016, 14:00–17:00.

78) 2015년 9월 작업그룹 보고서, para. 61; Interventions of the United States, Israel, and the Netherlands, in UNCITRAL Audio Recordings: Working Group Ⅱ (Dispute Settlement), 68th Session, Feb. 5, 2018, 15:00–18:00.

79) Alexander & Chong, para. 5.34.

80) 2018년 2월 작업그룹 보고서, para. 57.

81) Timothy Schnabel, p. 49.

82) Alexander & Chong, para. 5.37.

83) Alexander & Chong, para. 5.38.

84) 2018년 2월 작업그룹 보고서, para 98.

85) Intervention of Israel, in UNCITRAL Audio Recordings: Working Group Ⅱ(Dispute Settlement), 66th Session, Feb. 7, 2017, 15:00－18:00. 아래의 두 가지 거부 사유에 추가하여 조정인이 당사자들을 '공정하게'(fairly) 대하지 않은 경우를 포함하자는 주장도 있었다. Intervention of the European Union, in UNCITRAL Audio Recordings: Working Group Ⅱ(Dispute Settlement), 65th Session, Sept. 16, 2016, 9:30－12:30. 또한, 중재인과 달리, 조정인이 공평할 것을 기대하기 어렵다는 주장도 제기되었다. Intervention of International Mediation Institute(IMI), in UNCITRAL Audio Recordings: Working Group Ⅱ(Arbitration and Conciliation), 64th Session, Feb. 4, 2016, 15:00－18:00. 당사자들 모두 또는 일부를 아는 조정인은 이들의 설득이 가능할 것이기 때문이다. Intervention of Switzerland, in UNCITRAL Audio Recordings: Working Group Ⅱ(Dispute Settlement), 65th Session, Sept. 21, 2016, 14:00－17:00. 예컨대, 조정인은 당사자 일방에 대하여 한 시간의 개별회의를 하면서 타방 당사자에 대하여 보다 짧은 시간의 개별회의를 하는 것은 일견 불공평하게 보여도 조정의 효과적인 수행에서 수용할 수 있을 것이다. Intervention of Mexico, in UNCITRAL Audio Recordings: Working Group Ⅱ(Dispute Settlement), 65th Session, Sept. 21, 2016, 14:00－17:00. 조정인이 자신을 공정하지 않게 대하는 것을 확인하면 그 당사자는 조정 과정에서 물러나면 될 것이다. Interventions of China and Thailand, in UNCITRAL Audio Recordings: Working Group Ⅱ(Dispute Settlement), 65th Session, Sept. 16, 2016, 9:30－12:30.

86) 2016년 9월 작업그룹 보고서, para. 193.

87) 협약 제5조 1(e)항과 1(f)항은 조정모델법 제6조 4항과 5항 및 제7조 3항과 관련된다.

88) 2016년 9월 작업그룹 보고서, para. 194. James R. Coben, "Evaluating the Singapore Convention through a U.S.－Centric Litigation Lens: Lessons Learned from Nearly Two Decades of Mediation Disputes in American Federal and State Courts", Cardozo J. Conflict Resol. 1063, 1066, 1099(2019) 참조.

89) Alexander & Chong, para. 5.85.

90) 2017년 2월 작업그룹 보고서, para. 82.

91) 협약 제5조 1(e)항.

92) 조정모델법 가이드, para. 159. 협약 제5조 1(f)항과 마찬가지로, 그러한 심각한 위반이 당사자에게 중대한 효과나 부당한 영향을 주어서 동 당사자가 화해합의를 한 경우에 구제가 거부될 수 있는 것이다. 2016년 9월 작업그룹 보고서, para. 194; 2017년 2월 작업그룹 보고서, para. 84 참조.

93) 이러한 기준은 시간에 따라 변경될 수 있어서 동 기준의 예를 제시하는 것은 적절하지 않을 수 있다고 한다. 2017년 2월 작업그룹 보고서, para. 80.

94) Timothy Schnabel, p. 51.

95) Intervention of Israel, in UNCITRAL Audio Recordings: Working Group Ⅱ(Dispute Settlement), 66th Session, Feb. 7, 2017, 15:00－18:00.

96) 2017년 사무국 노트 1, para. 47.

97) 조정모델법 가이드, para. 159.

98) Timothy Schnabel, p. 51.

99) Interventions of the United States and Bulgaria, in UNCITRAL Audio Recordings: Working Group Ⅱ(Dispute Settlement), 66th Session, Feb. 10, 2017, 10:00－13:00;

Interventions of the United States, the China Society of Private International Law(CSPIL), and International Academy of Mediators(IAM), in UNCITRAL Audio Recordings: Working Group Ⅱ(Dispute Settlement), 66th Session, Feb. 7, 2017, 10:00－13:00; Intervention of International Academy of Mediators(IAM), in UNCITRAL Audio Recordings: Working Group Ⅱ(Dispute Settlement), 66th Session, Feb. 10, 2017, 10:00－13:00.

100) 이러한 인과관계의 증명은 계약법에서 허위진술(misrepresentation)의 증명과 유사하다고 한다. Alexander & Chong, para. 5.88.

101) Timothy Schnabel, p. 40.

102) Eunice Chua, "The Singapore Convention on Mediation: A Brighter Future for Asian Dispute Resolution", Asian Journal of International Law 1, 6－7(2019). 이러한 경우의 거부 사유는 조정인의 당사자들에 대한 강압의 행사와 같이 화해합의를 무효로 할 것이다.

103) Alexander & Chong, para. 5.93.

104) 협약 제5조 1(f)항. 중재규칙 제10조 1항도 중재인의 공평성 또는 독립성에 관한 정당한 의심이 제기되는 상황이 존재하면 중재인에 대한 이의가 제기될 수 있다고 규정한다. 조정인은 중재인과 달리 당사자들을 구속하는 판정을 내리지 않는 점에서 중재인에게 요구되는 이러한 공개 의무는 조정인에게 필요하지 않다고 주장되었다. Intervention of Canada, in UNCITRAL Audio Recordings: Working Group Ⅱ(Dispute Settlement), 65th Session, Sept. 16, 2016, 9:30－12:30.

105) 여기서 문제는 조정인의 공평성과 독립성의 유무가 아니라, 조정인이 공평성이나 독립성에 관하여 정당한 의심을 제기하는 상황을 당사자들에게 공개하였느냐 유무이다. 조정모델법 제6조 5항.

106) 2017년 2월 작업그룹 보고서, para. 85.

107) Alexander & Chong, para. 5.93.

108) *Vito G. Gallo v The Government of Canada*, UNCITRAL PCA Case No. 55798, Decision on the Challenge to Mr. J. Christopher Thomas, QC, para. 19(2009).

109) Interventions of the International Academy of Mediators(IAM) and the Forum for International Conciliation and Arbitration(FICA), in UNCITRAL Audio Recordings: Working Group Ⅱ(Dispute Settlement), 66th Session, Feb. 10, 2017, 10:00－13:00.

110) EU 행동강령 제2조 1항.

111) 2017년 2월 작업그룹 보고서, para. 84.

112) Alexander & Chong, para. 5.96.

113) Alexander & Chong, para. 5.97. 예컨대, 15시간 지속된 조정으로 새벽 1시에 화해합의를 체결한 사건에서 당사자 일방이 65세로서 병약하고 해당 조정에서 머리가 어지러웠던 사정 등은 부당한 영향으로 인정되지 않을 것이다. *Olam v Congress Mortgage Co 68 F Supp 2d* 1110(ND Ca11999), pp. 1139－51 참조.

114) *Chan Gek Yong v Violet Netto* [2018] SGHC 208, paras. 57－58 참조. 이러한 언급은 협상 이론에서 현재 수행하는 협상이 실패하거나 이를 그만 두는 경우 당사자에게 '가장 최선의 대안'(Best Alternative to a Negotiated Agreement, BATNA)을 가리킨다.

115) Timothy Schnabel, p. 54.

116) Interventions of Canada, Israel, and Germany, in UNCITRAL Audio Recordings: Working Group Ⅱ(Dispute Settlement), 66th Session, Feb. 8, 2017, 15:00－18:00;

Intervention of International Academy of Mediators(IAM), In UNCITRAL Audio Recordings: Working Group Ⅱ(Dispute Settlement), 66th Session, Feb. 10, 2017, 10:00－13:00. 실제로 조정에서 당사자들 모두 또는 일부와 관계를 가지는 조정인은, 당사자들 모두가 이러한 상황을 알고 있으면, 보다 효율적으로 화해합의의 도출에 도움이 될 수 있다. 중재인과 달리 조정인은 당사자들을 구속하는 결정을 내리지 않는 점에서 가능하다고 한다. Timothy Schnabel, p. 53.

117) Alexander & Chong, para. 5.93.

118) 싱가포르조정협약의 이 두 가지 거부 사유는 뉴욕중재협약 제V조 2항과 유사하다.

119) 2016년 9월 작업그룹 보고서, para. 110; 조정모델법 가이드, para. 147.

120) Timothy Schnabel, p. 54.

121) Alexander & Chong, para. 5.110. 싱가포르조정협약이 국제상사분쟁의 조정에 의한 화해합의의 집행을 목적으로 하는 점에서, 아래 두 가지 경우의 사유는 국제사법에 따라 통일적으로 고려되어야 할 것이다.

122) 협약 제5조 2(a)항. 동 규정은 뉴욕중재협약 제V조 2(b)항에 기초한다.

123) 조정모델법 가이드, para. 164.

124) 2018년 2월 작업그룹 보고서, para. 67.

125) 2018년 2월 작업그룹 보고서, para. 67.

126) P. Mayer and A. Sheppard, "Final ILA Report on Public Policy as a Bar to Enforcement of International Arbitral Awards", 19 Arb. Int'1 249, 254(2003).

127) Alexander & Chong, para. 5.105.

128) Alexander & Chong, para. 5.107. 아동에게 지나치게 과도한 배상금의 부과는 국내는 물론 국제 공공정책에 반할 것이다. *Daiichi Sankyo Company Limited vs Malvinder Mohan Singh And Ors*, O.M.P.(EFA)(Comm.)(6/2016), para. 136.

129) Timothy Schnabel, p. 54. 분쟁의 계약이 중국의 국내 공공정책에 반하는 헤비메탈 록음악에 관한 것이라는 이유로 뉴욕중재협약에 따른 중재판정의 승인이 거부된 사례가 있다. *USA Productions and Tom Hulett & Associates v. China Women Travel Services* [1997] SPC 35 및 Haoqian Chen, Hailin Bao & Tianyi Zhang, "Piercing the Veil of Public Policy in the Recognition and Enforcement of Foreign－Related Awards in China", 7 Beijing Law Review 23, 28, 31(2016) 참조.

130) 조정모델법 가이드, para. 164.

131) 협약 제5조 2(b)항. 동 규정은 뉴욕중재협약 제V조 2(a)항과 제Ⅱ조 1항에 기초한다.

132) 발명진흥법 제44조는 분쟁 중에서 산업재산권의 무효 및 취소 여부, 권리 범위의 확인 등에 관한 판단만을 요청하는 사항은 조정신청의 대상이 될 수 없다고 규정한다. 산업재산권분쟁조정위원회 위원장은 이러한 조정 신청을 각하해야 한다. 산업재산권분쟁조정위원회운영세칙 제18조 1항.

133) Timothy Schnabel, p. 54. 법에 따라 별도의 강제적 분쟁 해결절차에 회부되어야 하는 분쟁이 그 예가 된다.

134) Alexander & Chong, para. 5.109.

135) Alexander & Chong, p. 145.

VIII. 병행 신청 또는 청구

제6조 병행 신청 또는 청구

화해합의에 관련된 신청이나 청구가 제4조에 따라 청구되고 있는 구제에 영향을 줄 수 있는 법원, 중재판정부 또는 다른 소관 당국에 제기되었으면, 그러한 구제가 청구되는 협약 당사국의 소관 당국은, 적절하다고 고려하는 경우, 결정을 연기할 수 있고, 당사자 일방의 요청으로 타방 당사자에게 적합한 담보를 제공하도록 명할 수도 있다.

화해합의 당사자가 협약 제4조에 따라 둘 이상의 협약 당사국들 소관 당국에게 동 화해합의의 구제, 즉 승인 또는 집행을 병행 요청할 수 있다.[1] 이 경우 한 협약 당사국의 소관 당국에게 화해합의의 집행 거부가 요청되면, 동 화해합의의 집행이 청구된 다른 협약 당사국의 소관 당국은 적절하다고 고려하는 경우, 그 결정을 연기할 수 있고, 추가적으로 타방 당사자에게 적합한 담보 제공을 명할 수도 있다.[2] 협약 제6조는 협약 당사국의 소관 당국이 자신의 외국 판정의 승인에 관한 국내법에 따라 다른 협약 당사국 소관 당국의 결정에 자율적으로 대응할 수 있게 규정한 것이다.[3] 협약 제5조의 구제 부여 거부 사유에서 다른 관할권에서의 판결과의 불일치가 포함되지 않는 대신, 제6조의 병행 신청 또는 청구가 규정된 것이다.[4]

예컨대, 화해합의 당사자 일방이 동 화해합의를 이행하지 못하는 경우, 타방 당사자는 당사자 일방의 자산이 소재한 협약 당사국 A와 B의 소관 당국에 동 화해합의의 집행을 청구할 수 있다. 협약 제5조에 따라 화해합의가 무효임을 주장하는 당사자가 먼저 협약 당사국 A의 소관 당국, 다음에 협약 당사국 B의 소관 당국에게 그 집행의 거부를 요청하는 경우, 협약 당사국 B의 소관 당국은 협약 당사국 A의 소관 당국에서 병행 절차가 진행 중임을 고려하여 자신의 집행 절차를 연기할 수 있고 추가적으로 적합한 담보를 제공하도록 명할 수도 있다.[5] 그러나 계약의 성격을 가지는 화해합의가 한 관할권에서 그 집행이 거부되었어도 다른 관할권에서 집행될 수 있는 점에서, 집행 절차를 연기한 협약 당사국 B의 소관 당국은 협약 당사국 A의 소관 당국의 결정을 따르기만 할 필요는 없다.[6]

협약 제6조의 병행 신청 또는 청구의 규정은 뉴욕중재협약 제Ⅵ조와 유사하다. 즉, '판정이 아직 당사자들에게 구속적이지 않거나 판정이 내려진 국가의 소관 당국에 의하여 또는 그 국가의 법에 따라 취소 또는 정지되었음'을 이유로 중재판정의 취소 또는 정지를 요구하는 신청이 소관 당국에 제기되면, 중재판정의 원용이 신청된 소관 당국은, 판정의 집행에 관한 결정을 연기할 수 있고, 또한 판정의 집행을 청구한 당사자의 신청에 의하여 타방 당사자에게 적합한 담보의 제공을 명할 수도 있다.[7] 싱가포르조정협약은 화해합의의 승인 또는 집행에 대한 거부의 요청이 병행 절차에서 수용되는 경우 다른 소관 당국이 할 수 있는 조치에 관하여는 규정을 하지 않는다.

협약 제5조의 구제 부여 거부 사유에 다른 관할권에서의 판결과의 불일치가 포함되지 않는 대신, 제6조의 병행 신청 또는 청구가 규정되었다.[8] 병행 신청 또는 청구에 관한 협약 제6조가 화해합의의 집행 또는 승인의 거부에 관한 제5조의 적용 범위 밖에서 화해합의의 승인 또는 집행을 거부하는 묵시적 근거가 될 수 있을지 문제이다.[9] 다른 협약 당사국의 소관 당국이 이미 화해합의의 집행을 거부하였기 때문이다. 따라서, 집행 절차를 연기한 소관 당국은 국제사법에서 외국 판결의 '승인 원칙'(principles of recognition)을 적용하여 협약 제5조에 따라 해당 화해합의의 집행이 거부될 수 있는 점에 관한 '특정 쟁점'(specific issue)에 관하여 이미 화해합의의 집행을 거부한 다른 소관 당국의 판결을 종국적으로 실시해야 할 것이다.[10] 즉, 집행 절차를 연기한 소관 당국은 화해합의의 집행 거부의 사유를 규정한 협약 제5조에 따라 이미 화해합의의 집행을 거부한 다른 소관 당국의 판결을 승인해야 할 것이다.[11] 위의 예에서 협약 당사국 A의 소관 당국이 당사자 일방이 신청한 대로 화해합의의 집행을 거부하는 결정을 내리면, 그 당사자는 협약 당사국 B의 소관 당국에게 협약 제6조에 따른 집행 절차의 연기를 해제하고 협약 당사국 A의 소관 당국의 판결을 승인하라고 청구할 수 있다. 이렇게 동 화해합의는 협약 당사국 A와 B에서 그 집행이 거부될 수 있다. 한편, 협약 당사국의 소관 당국이 화해합의의 집행 거부 여부를 결정한 다른 협약 당사국 소관 당국의 '특정 판결'(a *particular* judgment)을 인정하는 싱가포르조정협약의 의무에 구속된다고 주장할 수 있다고 한다.[12]

---

1) 2018년 2월 작업그룹 보고서, para. 69; 2018년 UNCITRAL 보고서, para. 33.
2) 협약 제6조. 동 규정은 뉴욕중재협약 제VI조에 기초한다. 협약 제5조에 따라 화해합의의

집행 거부가 요청되거나, 협약 제4조의 조정에 관한 증거의 요건이 충족되지 않는 경우이다.

3) Alexander & Chong, para. 6.07.

4) Intervention of the Chair, in UNCITRAL Audio Recordings: Working Group Ⅱ (Arbitration and Conciliation), 64th Session, Feb. 4, 2016, 15:00－18:00.

5) ‘may also’ 용어가 사용되어, 법원 등이 항상 적합한 담보를 제공하도록 명해야 하는 것은 아니다. 뉴욕중재협약 가이드, p. 281.

6) Alexander & Chong, para. 6.02. Shouyu Chong and Nadja Alexander, “An Implied Ground for Refusal to Enforce iMSAs Under the Singapore Convention on Medialion: The Effect of Article 6”, Kluwer Mediation Blog(17 February 2019) 참조.

7) 위의 예에서 당사자 일방이 중재지에서 중재판정의 취소를 요구하고, 타방 당사자가 판정의 집행을 신청한 관할권에서 집행 절차의 연기를 신청하게 된다. 중재지에서 중재판정의 취소가 수용되면, 다른 관할권의 소관 당국은 뉴욕중재협약 제V조 1(e)항에 근거하여 외국 중재판정의 승인 또는 집행을 거부할 수 있다.

8) Intervention of the Chair, in UNCITRAL Audio Recordings: Working Group Ⅱ (Arbitration and Conciliation), 64th Session, Feb. 4, 2016, 15:00－18:00.

9) Shouyu Chong and Felix Steffek, “Enforcement of International Settlement Agreements Resulting from Mediation under the Singapore Convention － Private International Law Issues in Perspective”, 31 SAcLJ 448, para. 61(2019).

10) Alexander & Chong, para. 6.04.

11) 이 경우 조정인의 부적절한 행위나 사법적 요인을 근거로 집행이 거부된 조정에 의한 화해합의로 제한될 필요가 있다. 이러한 사법적 요인은 당사자들의 제한능력, 무효, 실효, 이행불능을 포함한다. Alexander & Chong, para. 6.05. 화해합의의 집행 거부가 공공정책에 반하거나 분쟁의 대상이 조정에 의한 해결이 가능하지 않은 경우에는 적용되지 않는다. 집행 거부의 이들 두 가지 사유는 협약 당사국의 국내법에 따라야 하기 때문이다. 한 협약 당사국에서 집행 가능한 화해합의는 다른 협약 당사국에서 공공정책과 분쟁 대상에 관련하여 집행이 거부될 수 있다. Alexander & Chong, para. 6.05.

12) Alexander & Chong, para. 6.06.

IX. 다른 법 또는 조약

제7조 다른 법 또는 조약

화해합의가 원용되려는 협약 당사국의 법이나 조약이 허용하는 방식과 범위 내에서 본 협약은 이해당사자가 동 화해합의를 활용할 어떤 권리도 박탈해서는 아니 된다.

화해합의 당사자들은 국내법이나 다른 조약에 따른 다른 집행체제에서 동 화해합의를 집행할 권리를 보존한다.[1] 즉, 싱가포르조정협약이 아닌 다른 경우의 화해합의 집행으로 결과하는 당사자들의 '보다 유리한 권리'(a more - favourable - right)를 보호하려는 것이다.[2] 화해합의의 집행에 관한 다른 양자 또는 다자조약의 적용을 받는 협약 당사국은 관련 법이나 조약의 허용 방식과 범위 내에서 해당 화해합의가 당사자들에게 보다 유리하게 이행되게 할 수 있다.[3] 협약 제7조에 따라, 협약 당사국은 협약 제1조 2항과 3항에 따라 배제된 화해합의에 싱가포르조정협약을 적용하지 못하지만, 이러한 화해합의를 적용 범위에 포함하는 관련 국내법을 채택할 유연성을 가진다.[4]

예컨대, 민사 및 상사사건의 재판 승인과 집행에 관하여 2007년 '개정된 루가노협약'(Convention on Jurisdiction and the Recognition and Enforcement of Judgments in Civil and Commercial Matters)이 있다.[5] 동 협약 제58조는 다음과 같이 규정한다: "소송 중에 법원이 승인하고 본 협약의 구속을 받는 국가에서 체결되어 집행 가능한 화해는 정본과 같은 동일한 조건에 따라 국가에서 집행 가능하여야 한다. 재판상 화해가 승인된 본 협약의 구속을 받는 국가의 법원 또는 소관 당국은 이해당사자의 요청으로 본 협약 부속서 V의 표준양식을 이용한 인증서를 발급하여야 한다." 따라서, 화해합의가 체결된 협약 당사국 A와 동 화해합의의 집행이 청구된 협약 당사국 B가 개정된 루가노협약의 당사국이면, 동 화해합의는 개정된 루가노협약 제58조에 따라 집행될 수 있다. 협약 제5조에 따라 동 화해합의의 집행이 거부되는 경우에도, 개정된 루가노협약에 따른 집행은 영향을 받지 않는다.[6]

---

1) 협약 제7조. 동 규정은 뉴욕중재협약 제VII조 1항과 유사하다.

2) 2018년 UNCITRAL 보고서, para. 35. 싱가포르조정협약은 화해합의의 이행에 있어서 당사자들에게 '권리에 관한 최고점이 아닌 최저점의 성격'(the nature of a floor not a ceiling on rights)을 제공하는 것이다. Prof. Dr. Kennedy Gastorn, "Speech of the Secretary General of AALCO on "Mediation in Disputes pertaining to Multinational Corporations: Convention on International Settlement Agreements Resulting from Mediation(the Singpore Convention)" at the International Conference on Mediation - 2019", p. 16(6-7 April 2019).

3) Shouyu Chong and Felix Steffek, "Enforcement of International Settlement Agreements Resulting from Mediation under the Singapore Convention - Private International Law Issues in Perspective", 31 SAcLJ 448, para. 23(2019). 2019년 7월 2일 헤이그국제사법회의(HCCH)에서 성안된 재판의 승인·집행에 관한 일반 협약인 헤이그외국판결협약이 발효될 경우 세계적인 재판의 승인·집행을 규율하는 조약이 될 것이다. 2015년 10월 1일 헤이그관할합의협약이 발효되었지만, 동 협약은 전속적 관할합의가 존재하는 경우에만 적용된다는 한계가 있다. 전세계 상사법원들의 네트워크인 SIFoCC(Standing International Forum of Commercial Courts)는 금전 지급을 명한 상사 판결의 승인·집행에 관한 다자간 양해각서를 체결하였다. 동 양해각서는 각 상사법원 별로 외국 금전판결이 집행되기 위한 요건을 상세히 소개하고 있다. 한국은 동 양해각서의 가입을 검토 중이다. 한국은 2020년 2월 현재 외국 재판의 승인·집행에 관한 내용을 포함하는 양자조약을 체결하지 않고 있다. 한편, 법적 구속력은 없지만 2015년 11월 4일 법원행정처와 두바이 국제금융센터법원은 금전 지급을 명한 판결이 타방의 법원에서 집행되기 위한 절차를 소개하기 위하여 양해각서를 체결하였다. 동 양해각서는 두바이 국제금융센터법원의 판결이 우리나라에서 집행되기 위한 요건과 우리나라 법원의 판결이 두바이 국제금융센터법원에서 집행되기 위한 요건을 상세히 규정하고 있다. 두바이 국제금융센터법원은 2005년 개원한 세계 최초의 국제상사법원이다. 또한 2016년 6월 14일 체결된 대법원과 중화인민공화국 최고인민법원 간 사법 교류 및 협력에 관한 양해각서 제2조는 "양국 대법원이 민사 또는 상사 사건에 관한 상대국 법원 판결의 승인 및 집행이 각국의 법률에 따라 원만하게 이루어질 수 있도록 협력한다"고 규정한다. 사법정책연구원, 외국재판의 승인과 집행에 관한 연구, 158-59면(2020년) 참조.

4) 2018년 UNCITRAL 보고서, para. 35.

5) 유럽경제공동체(European Economic Community, EEC) 회원국들과 유럽자유무역연합(European Free Trade Association, EFTA) 국가들 사이에서 1988년 9월 16일 스위스 루가노에서 체결된 '민사 및 상사 사건의 재판관할과 재판의 집행에 관한 협약'(Convention on Jurisdiction and the Recognition and Enforcement of Judgments in Civil and Commercial Matters, '루가노협약')은 브뤼셀협약의 병행협약으로 체결되었다. '개정 루가노협약'은 EC, 덴마크와 EFTA국가들에 의하여 2007년 10월 30일 서명되어 2007년 12월 21일 공포 후 2010년 1월 1일 발효하였다.

6) Alexander & Chong, p. 156.

X. 유보

제8조 유보

1. 협약 당사국은 다음을 선언할 수 있다:

   (a) 당사국은 선언에 명시된 범위 내에서 자신이 당사자이거나, 또는 어떤 정부 기관이나 또는 정부 기관을 대신하여 행위하는 자가 당사자인 화해합의에 본 협약을 적용하지 않는다;

   (b) 당사국은 화해합의 당사자들이 본 협약의 적용에 합의한 범위 내에서만 동 협약을 적용한다.

2. 본 조항에서 명시적으로 허가된 것을 제외하고 유보는 허용되지 않는다.

3. 협약 당사국은 언제라도 유보를 할 수 있다. 서명 당시 이루어진 유보는 비준, 수락 또는 승인 시 확인을 조건으로 한다. 그러한 유보는 해당 협약 당사국에 대하여 본 협약의 발효와 동시에 효력을 발생한다. 본 협약의 비준, 수락 또는 승인 또는 본 협약의 가입 당시 또는 제13조에 따라 선언을 하는 당시 이루어진 유보는 해당 협약 당사국에 대하여 본 협약의 발효와 동시에 효력을 발생한다. 협약 발효 후 기탁된 유보는 동 협약 당사국에 대하여 기탁일로부터 6개월 후 효력을 발생한다.

4. 유보 및 이의 확인은 수탁기관에게 기탁되어야 한다.

5. 본 협약에 따라 유보를 하는 협약 당사국은 언제라도 이를 철회할 수 있다. 그러한 철회는 수탁기관에게 기탁되어야 하고, 기탁일로부터 6개월 후 효력을 발생한다.

유보는 국가가 조약의 특정 규정의 적용에서 법적 효력을 배제하거나 변경하도록 허용한다.[1] 유보를 통하여 국가는 특히 싱가포르조정협약과 같은 다자조약의 가입에 있어서 의무의 변경 등 유연성을 가진다.[2] 그러나 유보는 특정 국가의 특정 조항에 대한 미적용 등으로 해당 조약의 일체성을 해칠 수 있다. 이 점에서 유보는 까다로운 절차와 조건으로 허용된다. 국가는 조약의 서명과 비준 등에 있어서 특정 조항에 대한 해석 등의 입장을 선언하는데, 이러한 선언은 유보의 선언과 구별된다.[3] 싱가포르조정협약은 두 가지 경우에 협약 당사국의 유보를 허용한다.

1. 유보의 의의

유보(reservation)는 다음과 같이 정의된다:[4] "자구 또는 명칭에 관계 없이 조약의 서명·비준·가입·수락 또는 승인 시에 국가가 그 조약의 일부 규정을 자국에 적용함에 있어서 그 규정의 법적 효력을 배제하거나 변경시키려고 의도하는 경우에 그 국가가 행하는 일방적 성명". 유보의 법적 효력은 다음과 같다:[5] (a) 다른 당사국과의 관계에서 유보국에 대하여 유보에 관련되는 조약 규정을 그 유보의 범위 내에서 변경하고; (b) 유보국과의 관계에서 다른 당사국에 대하여 그러한 규정을 동일한 범위 내에서 변경한다. 이렇게 유보에 의하여 유보국은 물론 다른 당사국도 유보국과의 관계에서 유보가 되는 조약 규정을 유보의 범위 내에서 변경하는 것은 조약이 당사국들의 계약적 관계에 바탕을 두기 때문이다. 즉, 유보는 상호적이다.[6] 물론 조약 당사국의 유보로 다른 당사국들에 대하여 유보가 되는 조약 규정이 변경되는 것은 아니다.[7]

2. 싱가포르조정협약의 유보

싱가포르조정협약은 다음 두 가지 유형의 유보를 허용한다. 협약 제8조에서 명시적으로 허가된 경우를 제외하고 유보는 허용되지 않는다.[8]

(1) 협약 당사국 등에 대한 적용 배제

협약 당사국은 유보의 선언에 명시된 범위 내에서 자신이 당사자이거나, 또는 어떤 정부 기관이나 또는 정부 기관을 대신하여 행위하는 자가 당사자인 화해합의에 본 협약을 적용하지 않는다고 선언할 수 있다.[9] 첫째 유형의 유보 선언에 명시된 범위 내에서 유보를 선언한 협약 당사국 자신이 당사자이거나, 정부 기관 또는 정부 기관을 대신하여 행위하는 자가 당사자인 화해합의에 싱가포르조정협약이 적용되지 않을 수 있다. 국가는 국내법으로 특정 정부 기관이나 공무원이 화해합의를 체결하게 하거나 싱가포르조정협약의 적용을 특정 유형의 화해합의에 제한할 수 있어서, 법원에서 싱가포르조정협약이 적용되는 범위를 결정할 수 있게 된다.[10]

유보의 상호적 적용에 따라, 협약 당사국이 특정 정부 기관을 자국 법원에서 싱가포르조정협약의 적용을 받지 않게 하는 경우, 다른 협약 당사국들은 자국 법원에서 그 당사국 정부 기관이 동 협약에 따라 구제를 청구하도록 허용할 의무를 가지지 않는다.[11] 그럼에도 첫째 유형의 유보는 많은 수의 국가들이 싱가포르조정협약의 당사국이 될 수 있도록 유연성을 부여한다.[12]

첫째 유형의 유보는 국가안보나 근본적인 공공정책의 이유로 협약 당사국의 정부 또는 정부 기관의 면제를 확보하기 위하여 선언될 수 있다.[13] 첫째 유형의 유보에 따라 국영기업(State-owned enterprise)은 싱가포르조정협약의 적용 범위에서 배제될 수는 없다.[14] 첫째 유형의 유보 선언이 없는 경우, 협약 당사국 등이 당사자인 화해합의에 싱가포르조정협약은 적용된다.[15]

정부나 정부 기관이 민간 부문과 마찬가지로 사법상 계약 당사자가 되는 현대사회에서 이들이 당사자가 되는 화해합의에 대한 싱가포르조정협약의 적용 배제는 바람직하지 않을 것이다. 정부 등이 당사자인 국제상사분쟁에 대하여 조정을 통한 합리적이고 효율적인 해결이 바람직하기 때문이다.[16] 이 점에서 협약 당사국, 정부 기관 또는 정부 기관을 대신한 자의 세 주체의 일부가 당사자인 화해합의 또는 국방 등 특정 분야의 화해합의에 대하여 제한적인 첫째 유형의 유보가 현실적일 것이다.[17]

(2) 당사자들의 합의에 따른 싱가포르조정협약의 적용

협약 당사국은 화해합의 당사자들이 싱가포르조정협약의 적용에 합의한 범위 내에서만 동 협약을 적용한다고 선언할 수 있다.[18] 이 규정은 2017년 2월 합의된 다섯 가지 쟁점의 '타협안'(compromise proposal)의 하나로 해결되었다.[19] 둘째 유형의 유보는 싱가포르조정협약의 적용 '선택'(opt-in) 가능성을 규정한 것이고, 구제 부여가 화해합의의 내용에 반할 경우의 구제 거부 사유를 규정한 협약 제5조 1(d)항은 당사자들의 동 협약의 적용 '선택 배제'(opt-out) 가능성을 규정한 것이다.[20] 화해합의 당사자들이 명시적으로 싱가포르조정협약의 적용 여부를 다루지 않은 경우, 동 화해합의의 의무는 집행되기 바란다고 추정될 것이다.[21] 이러한 당사자들은 화해합의에 대한 싱가포르조정협약의 적용 범위를 적극적으로 선택할 수 있게 된다.[22] 둘째 유형의 유보는 상호적 효과를 가지지 않고, 다른 관할권에서의 화해합의의 처리에 영향을 주지 않을 것이다.[23]

둘째 유형의 유보를 선언한 국가에서 구제를 청구하는 화해합의 당사자는 싱가포르조정협약의 적용을 받기 위한 특정 어구가 사용되었음을 증명해야 하지는 않을 것이다.[24] 싱가포르조정협약은 이러한 당사자들의 동 협약의 적용 선택 방법에 관한 규정을 두지 않는다.[25] 화해합의 당사자들의 싱가포르조정협약의 적용에 대한 명시적 합의는 화해합의 또는 조정에 의하여 분쟁을 해결한다는 조정합의(agreement to mediate)를 통하여 확인할 수 있다.[26]

둘째 유형의 유보는 조정에 의한 화해합의의 당사자들이 동 화해합의에 대한 싱가포르조정협약의 적용 여부를 결정할 수 있는 점에서 '당사자 자치'(party autonomy)를 제고할 것이라고 한다.[27] 그러나 둘째 유형의 유보가 선언되면, 실제의 경우 당사자들은 싱가포르조정협약의 적용을 선택해야 할 필요를 모를 수 있어서, 아무 생각 없이 그들의 화해합의에 대한 싱가포르조정협약의 적용을 합의하지 않을 것이라고 한다.[28] 화해합의가 싱가포르조정협약에 따라 집행되지 못할 가능성이 있고, 결과적으로 싱가포르조정협약의 적용 가능성이 제한되고, 중재와의 비교 우위도 감소될 수 있다.[29]

3. 싱가포르조정협약의 유보 절차

유보는 언제라도 허용된다.[30] 싱가포르조정협약의 서명 당시 이루어진 유보는 해당 협약 당사국에 대하여 동 협약의 비준, 수락 또는 승인에 따른 발효와 동시에 효력을 발생한다.[31] 싱가포르조정협약의 비준, 수락 또는 승인 또는 동 협약의 가입 당시 또는 제13조에 따라 통일되지 않은 법체제의 영토 단위에 관하여 선언을 하는 당시 이루어진 유보는 해당 협약 당사국에 대하여 동 협약의 발효와 동시에 효력을 발생한다.[32] 싱가포르조정협약 발효 후 기탁된 유보는 해당 협약 당사국에 대하여 기탁일로부터 6개월 후 효력을 발생한다.[33] 따라서 협약 당사국의 유보는 다른 당사국의 수락을 요구하지 않는다.[34] 특히 협약 제8조 1항이 허용한 두 가지 유형의 유보가 동 협약의 목적에 반하지 않는 점에서 유보에 대한 반대 내지 이의 제기는 예상되지 않는다.[35]

유보 및 이의 확인은 수탁기관에게 기탁되어야 한다.[36] 싱가포르조정협약에 따라 유보를 하는 협약 당사국은 언제라도 이를 철회할 수 있다.[37] 그러한 철회는 수탁기관에게 기탁되어야 하고, 기탁일로부터 6개월 후 효력을 발생한다.[38]

---

1) 2018년 2월 작업그룹 보고서, para. 73.

2) Intervention of Israel, in UNCITRAL Audio Recordings: Working Group II (Arbitration and Conciliation), 64th Session, Feb. 2, 2016, 15:00‒18:00; Intervention of Israel, in

UNCITRAL Audio Recordings: Working Group II(Dispute Settlement), 65th Session, Sept. 14, 2016, 14:00－17:00.

3) 예컨대, 2019년 8월 7일 이란은 싱가포르조정협약에 서명하면서 첫째 유형과 둘째 유형의 유보를 선언하였다. 이러한 선언 중에서 동 협약의 관련 규정에 따라 '국가들과 협력하기 위한 법규정을 채택할 권리를 보유한다'(reserves the right to adopt laws and regulations to co－operate with the States)는 내용은 동 협약에서 규정된 유보에 해당하지 않을 것이다. United Nations Treaty Collection, https://treaties.un.org/Pages/ViewDetails.aspx?src ＝TREATY&mtdsg_no＝XXII－4&chapter＝22&clang＝_en 참조.

4) 조약법에 관한 비엔나협약 제2조 (d)호.

5) 조약법에 관한 비엔나협약 제21조 1항.

6) Commentary of the International Law Commission(ILC) to the VCLT, draft Art. 19(1), Yearbook of the International Law Commission, Vol. Ⅱ, para. 1(1966).

7) 조약법에 관한 비엔나협약 제21조 2항.

8) 협약 제8조 2항. 작업그룹의 논의에서, 동 규정이 없으면, 싱가포르조정협약의 적용 범위에 관한 다양한 유보가 선언되어 동 협약의 체제에 관하여 당사자들에게 혼란을 주고 법적 안정성이 침해될 것이라고 지적되었다. 2018년 2월 작업그룹 보고서, para. 83. 그런데, 협약 제12조에 규정된 지역경제통합기구에 관련하여 유보가 언제라도 선언될 수 있다고 한다. 2018년 2월 작업그룹 보고서, para. 87. 또한 협약 제13조에 규정된 통일되지 않은 법체제의 국가에 관련하여 상이한 영토 단위에 대한 상이한 유보의 선언 또는 철회는 일반적이라고 한다. 2018년 2월 작업그룹 보고서, para. 102.

9) 협약 제8조 1(a)항. 예컨대, 벨라루스는 2019년 8월 7일 동 협약의 서명에서 첫째 유형의 유보를 선언하고 2020년 7월 15일 동 협약의 승인에서 확정하였고, 사우디아라비아는 2020년 5월 5일 동 협약의 비준에서 첫째 유형의 유보를 선언하였다. 2019년 8월 7일 동 협약을 서명한 이란은 첫째 유형과 둘째 유형의 유보를 선언하였다. United Nations Treaty Collection, https://treaties.un.org/Pages/ViewDetails.aspx?src＝TREATY&mtdsg_no ＝XXII－4&chapter＝22&clang＝_en 참조.

10) Timothy Schnabel, p. 55.

11) Intervention of Singapore, in UNCITRAL Audio Recordings: Working Group Ⅱ(Arbitration and Conciliation), 63rd Session, Sept. 8, 2015, 9:30－12:30.

12) 2018년 2월 작업그룹 보고서, para. 74.

13) Alexander & Chong, para. 8.15.

14) Intervention of Singapore, in UNCITRAL Audio Recordings: Working Group Ⅱ(Arbitration and Conciliation), 63rd Session, Sept. 8, 2015, 9:30－12:30.

15) Intervention of the Chair, in UNCITRAL Audio Recordings: Working Group Ⅱ(Arbitration and Conciliation), 64th Session, Feb. 2, 2016, 15:00－18:00. 물론, 해당 화해합의는 협약 제1조와 제2조에 부합하여야 한다.

16) Eunice Chua, "The Singapore Convention on Mediation: A Brighter Future for Asian Dispute Resolution", Asian Journal of International Law 1, 9(2019).

17) Alexander & Chong, para. 8.16.

18) 협약 제8조 1(b)항. 2019년 8월 7일 동 협약을 서명한 이란은 첫째 유형과 둘째 유형의 유보를 선언하였다. United Nations Treaty Collection, https://treaties.un.org/Pages/View Details.aspx?src＝TREATY&mtdsg_no＝XXII－4&chapter＝22&clang＝_en 참조.

19) Intervention of Israel, in UNCITRAL Audio Recordings: Working Group II (Dispute Settlement), 66th Session, Feb. 7, 2017, 15:00-18:00.

20) 2018년 UNCITRAL 보고서, para. 39. 즉, 화해합의 당사자들이 싱가포르조정협약의 적용을 배제하기로 합의한 경우 해당 화해합의에 대한 구제를 청구하면, 해당 협약 당사국의 소관 당국은 동 화해합의의 내용에 반한다는 이유로 동 구제 부여를 거부할 수 있다. 2018년 2월 작업그룹 보고서, para. 78.

21) Intervention of Canada, in UNCITRAL Audio Recordings: Working Group II (Dispute Settlement), 65th Session, Sept. 16, 2016, 14:00-17:00. 둘째 유형의 유보에 따르면, 화해합의 당사자들이 싱가포르조정협약의 적용을 선택하는 경우에만 해당 협약 당사국에서 동 협약이 적용될 수 있다.

22) 둘째 유형의 유보에 관한 명시적 규정이 없어도, 화해합의 당사자들은 싱가포르조정협약의 적용을 배제할 수 있을 것이다. 2018년 2월 작업그룹 보고서, para. 78; 2018년 UNCITRAL 보고서, para. 38.

23) 둘째 유형의 유보는 구제가 청구되는 협약 당사국의 법원 등 소관 당국에 영향을 줄 뿐이다. Timothy Schnabel, p. 58. 화해합의는 특정 국가에 결속되지 않아서, 구제를 청구하는 당사자의 상거소와 같은 요소는 화해합의의 국제적 요건의 충족에 관련된다. Intervention of Israel, in UNCITRAL Audio Recordings: Working Group II (Dispute Settlement), 65th Session, Sept. 16, 2016, 14:00-17:00.

24) 그러한 협약 당사국의 법원은 특정 '주문'(magic words)의 사용을 요구할 수 없다. 화해합의 당사자들이 명시적으로 싱가포르조정협약을 인용할 수 있어도, 그들은 동 협약이 기본으로 적용되는 관할권의 법을 가리키는 준거법 조항을 단순히 포함할 수 있다. Timothy Schnabel, pp. 57-58. 유사하게, 당사자들은 화해합의 그 자체로 싱가포르조정협약의 적용을 선택하지 않을 것이다. 이 경우 조정합의(agreement to mediate)와 같은 조정절차의 초기 단계에서 동 협약의 적용을 선택할 수 있다. Interventions of France, Finland, and the Chair, in UNCITRAL Audio Recordings: Working Group II (Dispute Settlement), 65th Session, Sept. 22, 2016, 9:30-12:30.

25) 작업그룹의 논의에서 당사자들의 선택 또는 선택 배제의 기록 수단은 서면이어야 하고, 선택 또는 선택 배제의 의사표시는 화해합의의 체결을 포함하여 언제라도 가능하다는 등의 제안이 있었다. 2016년 9월 작업그룹 보고서, para. 198.

26) Timothy Schnabel, p. 58. 이와 관련하여 조정인이 분쟁당사자들에게 싱가포르조정협약에 따른 화해합의의 집행 가능성을 설명할 수 있을 것이나, 협약 제5조 1(e)항과 1(f)항이 요구하는 조정인의 행위 기준을 위반하지 말아야 한다.

27) 2017년 2월 작업그룹 보고서, para. 37.

28) Intervention of the American Bar Association(ABA), in UNCITRAL Audio Recordings: Working Group II (Arbitration and Conciliation), 64th Session, Feb. 3, 2016, 15:00-18:00. 따라서, 화해합의의 당사자 일방은 타방 당사자의 재산이 어느 국가에 소재하는지 또한 이러한 국가가 싱가포르조정협약의 적용에 관한 둘째 유형의 유보를 선언했는지 알도록 유의해야 한다. 이 경우 당사자들은 동 협약이 제공하는 화해합의의 집행을 선택하는 것이 합리적일 것이다. Natalie Morris-Sharma, para. 56.

29) 협약 1조 2(b)항에 따라 가족법, 상속법 또는 노동법과 관련된 화해합의에 동 협약이 적용되지 않는 점에서, 협약 당사국은 동 협약에 대한 접근을 제한할 필요는 없을 것이다. Timothy Schnabel, p. 58.

30) 협약 제8조 3항. 유보의 시기적 유연성으로 국가가 싱가포르조정협약 당사국이 되려는

가능성이 커진다고 한다. 2018년 2월 작업그룹 보고서, para. 87.

31) 협약 제8조 3항 2문과 3문.

32) 협약 제8조 3항 4문.

33) 협약 제8조 3항 5문.

34) 조약법에 관한 비엔나협약 제20조 1항 참조.

35) 조약법에 관한 비엔나협약 제19조 (c)호 참조. 협약 제8조 1항에 규정된 두 가지 유형의 유보가 아닌 경우는 수탁기관이 거부할 것이다. Alexander & Chong, para. 8.14.

36) 협약 제8조 4항.

37) 협약 제8조 5항 1문.

38) 협약 제8조 5항 2문.

XI. 화해합의에 대한 효력

제9조 화해합의에 대한 효력

　협약 및 유보 또는 이의 철회는 해당 협약 당사국에 대하여 협약, 유보 또는 이의 철회의 발효일 후 체결된 화해합의에만 적용되어야 한다.

　협약 및 이에 대한 유보 또는 이의 철회는 해당 협약 당사국에 대하여 협약, 이에 대한 유보 또는 이의 철회의 발효일 후 체결된 화해합의에만 적용되어야 한다.[1] 화해합의에 대한 효력을 규정한 협약 제9조와 싱가포르조정협약의 폐기에 관한 협약 제16조 2항은 화해합의 당사자들에게 법적 안정성을 제고하기 위한 것이다.[2]

　예컨대, 싱가포르조정협약이 A국에 대하여 2021년 7월 1일, B국에 대하여 2021년 4월 1일 발효한 경우, 동 협약에 따라 집행이 청구된 화해합의가 2021년 6월 1일 체결되면 동 화해합의에 대하여 B국 소관 당국에게 집행의 청구가 가능하지만 A국 소관 당국에 대하여는 가능하지 않다. 또는, A국과 B국이 싱가포르조정협약을 탈퇴하기로 결정하는데, 2022년 5월 31일 그 탈퇴가 발효하면, 2022년 6월 1일 체결된 화해합의는 A국과 B국의 소관 당국에게 집행의 청구가 가능하지 않게 된다. 물론 동 화해합의의 집행은 협약 제9조에 부합하는 다른 협약 당사국의 소관 당국에게 청구될 수 있을 것이다.

---

1) 협약 제9조.
2) 2018년 UNCITRAL 보고서, para. 41.

XII. 싱가포르조정협약의 수탁기관

제10조 수탁기관

이로써 국제연합 사무총장은 본 협약의 수탁기관으로 지정된다.

UN 사무총장(Secretary – General)은 싱가포르조정협약의 수탁기관이 된다.[1] 싱가포르조정협약이 UN 산하기관인 UNCITRAL에서 협상되어 UN 총회에서 채택된 점에서 UN 사무총장이 동 협약의 수탁기관이 되는 것이다.

조약의 수탁기관(depository) 기능은 성질상 국제적이고, 수탁기관은 그 기능을 수행함에 있어서 공평하게 행위할 의무를 가진다.[2] 달리 조약에 규정되어 있지 않거나 체약국이 합의하지 않으면, 수탁기관은 다음의 기능을 포함한다:[3] (a) 수탁기관에 전달된 조약 및 전권 위임장 원본 보관, (b) 원본의 인증등본 작성, 조약에 의하여 요구될 수 있는 추가적 언어에 의한 추가적 조약문 작성 및 이들 문서의 조약 당사국과 당사국이 될 수 있는 권리를 가진 국가에의 전달, (c) 조약에 대한 서명의 접수 및 조약에 관련된 '문서, 통고 및 통첩'(instruments, notifications and communications)의 접수 및 보관, (d) 서명 또는 조약에 관련된 문서, 통고 또는 통첩이 정당하고 적절한 형식으로 된 것인가의 검토 및 필요한 경우 사안에 대하여 당해 국가의 주의 환기, (e) 조약 당사국 및 당사국이 될 수 있는 권리를 가진 국가에 대한 조약에 관련된 행위, 통고 및 통첩의 통지, (f) 조약의 발효에 필요한 서명 또는 비준서, 수락서, 승인서 또는 가입서의 수가 접수되거나 기탁되는 경우에 조약의 당사국이 될 수 있는 권리를 가진 국가에의 통지.

---

1) 협약 제10조.
2) 조약법에 관한 비엔나협약 제76조 2항.
3) 조약법에 관한 비엔나협약 제77조 1항.

XIII. 싱가포르조정협약의 서명, 비준, 수락, 승인, 가입

제11조 서명, 비준, 수락, 승인, 가입

1. 본 협약은 2019년 8월 7일 싱가포르에서 및 이후 뉴욕의 국제연합 본부에서 모든 국가들에게 서명을 위하여 개방된다.
2. 본 협약은 서명국들의 비준, 수락 또는 승인을 조건으로 한다.
3. 본 협약은 서명을 위하여 개방되는 날부터 서명국이 아닌 모든 국가들의 가입을 위하여 개방된다.
4. 비준, 수락, 승인 또는 가입의 문서는 수탁기관에게 기탁되어야 한다.

협약 제11조는 싱가포르조정협약의 당사국이 될 수 있는 방식을 규정한다. 즉, 싱가포르조정협약은 서명국에 의한 비준, 수락 또는 승인을 조건으로 한다. 본 협약은 2019년 8월 7일 싱가포르에서 서명되었는데,[1] 당일 미국, 인도, 중국, 한국을 포함한 46개 국가가 서명하였다.[2] 이후 뉴욕의 UN 본부에서 모든 국가들에게 서명을 위하여 개방되고 있다.[3]

싱가포르조정협약의 서명으로 동 협약에 대한 '기속적 동의'(consent to be bound)가 표시되는 것이 아니고, 비준, 수락 또는 승인이 요구된다. 이 점에서 싱가포르조정협약의 서명은 추후 비준 등에 의하여 동 협약에 대한 기속적 동의를 표시할 절차를 채택하는 의사를 나타낼 뿐이다.[4] 그럼에도 싱가포르조정협약의 서명국은 서명 이후 비준, 수락 또는 승인을 할 때까지 동 협약의 목적(object and purpose)을 저해하는 행위를 삼가야 한다.[5]

싱가포르조정협약에 대한 기속적 동의의 표시로서 비준, 수락, 승인 또는 가입의 법적 효력은 동일하다.[6] 즉, 비준, 수락, 승인 및 가입은 각각의 경우에 국가가 국제적 측면에서 조약에 대한 자신의 기속적 동의를 확정하는 경우에 일컫는 국제적 행위이다.[7] 비준(ratification)은 '기속적 의향의 최종적 확정'(definitive confirmation of a willingness to be bound)이다.[8] 수락(acceptance)과 승인(approval)은 비준에 갈음하여 조약에 대한 기속적 동의를 표시하는데, 혼용된다. 가입(accession)은 조약의 협상과 서명에 참여하지 않은 국가가 추후 당사자가 되는 절차를 가리킨다.[9] 싱가포르조정협약은 서명을 위하여 개방되는 날부터 서명국이 아닌 모든 국가들의 가입을 위하여 개방된다.[10] 싱가포르조정협약의 당사국이 되려는 국가는 국내 절차를 거쳐서 비준, 수락, 승인 또는 가입 문서를 수탁기관인 UN 사무총장에게 기탁하면 된다. 유효한 조약은 그 당사국을 구속하고 당사국은 이를 성실하게 이행하여야 한다.[11]

비준, 수락, 승인 또는 가입을 통하여 해당 국가는 싱가포르조정협약의 당사국이 되는데, 별도의 국내법적 조치가 필요한지는 국가마다 다르다.[12] 한국에서는 헌법에 의하여 체결·공포된 조약과 일반적으로 승인된 국제법규는 국내법과 같은 효력을 가진다.[13] 또한, 대통령은 조약을 체결·비준한다.[14] 조약안, 법률안 및 대통령령안은 국무회의의 심의를 거쳐야 한다.[15] 특히 서명 후 기속적 동의 의사표시로서 당사국이 되는 다자조약의 경우, 1) 가입 필요성 검토, 2) 관계부처 협의(서명 여부 판단), 3) 조약문의 국문 번역문 확정, 4) 서명을 위한 대통령 재가, 5) 서명, 6) 관계부처 협의(비준/승인/수락/가입 등 여부 판단), 7) 법제처 심사, 8) 국무회의 심의, 9) 대통령 재가, 10) 국회 비준 동의(필요시), 11) 비준서, 승인서, 수락서, 가입서 등 기탁, 및 12) 공포의 절차를 거친다.[16] 조약은 통상 외국어본과 한글본이 관보에 게재되는 방식으로 공포된다.[17]

국회는 입법사항에 관한 조약의 체결·비준에 대한 동의권을 가진다.[18] '조약의 내용과 동일한 내용이 법률에 규정되어 있지 않거나 그 근거가 법률에 마련되어 있지 않은 조약의 경우' 또는 '국내 법률이 마련되지 않고는 조약을 시행할 수 없는 경우'이면 입법사항에 관한 조약에 해당할 것이다.[19] 싱가포르조정협약은 국내의 법원 조정, 행정형 조정 및 형사 조정과는 다른 소위 민간형 조정의 성격을 가지는 조정에 의한 국제상사분쟁의 해결을 규정하고, 조정에 의한 화해합의의 구제를 위하여 법원 등 소관 당국을 지정하여 권한을 부여해야 하는 점에서, 별도의 국내법 제정이 필요할 것이다.[20] 이 점에서 싱가포르조정협약은 입법사항에 관한 조약으로서 그 비준에 국회의 동의가 요구될 것이다.[21]

---

1) 싱가포르의 제안에 따라 싱가포르조정협약의 공식 서명식이 싱가포르에서 개최되었고, 이에 따라 동 협약의 통칭인 '싱가포르조정협약'(Singapore Convention on Mediation)으로 불리게 되었다. 2018년 UNCITRAL 보고서, paras. 43-45.

2) 1958년 6월 10일 뉴욕중재협약에 10개 국가가 서명한 것과 비교하면, 싱가포르조정협약에 대한 국제사회의 관심은 크게 더 높은 것으로 보인다. 2021년 9월 18일 현재 168개 국가가 뉴욕중재협약의 당사국이다. United Nations Treaty Collection, https://treaties.un.org/Pages/ViewDetails.aspx?src=TREATY&mtdsg_no=XXII-1&chapter=22&clang=_en 참조.

3) 협약 제11조 1항. 2021년 10월 11일 현재 55개 국가가 싱가포르조정협약에 서명하였다. 유럽연합 회원국들과 일본 등 국제경제의 비중이 큰 국가들이 서명하지 않고 있다. United Nations Treaty Collection, https://treaties.un.org/Pages/ViewDetails.aspx?src=TREATY

&mtdsg_no＝XXII－1&chapter＝22&clang＝_en 참조.

4) 이 점에서 싱가포르조정협약의 서명은 기속적 동의를 나타내는 '확정적 서명'(definitive signature)이 아니고 '단순 서명'(simple signature)이다. UN Office of Legal Affairs, *Treaty Handbook*, paras. 3.1.3－3.1.4(2012).

5) 조약법에 관한 비엔나협약 제18조 (a)호. 예컨대, 2019년 8월 7일 싱가포르의 서명식에서 싱가포르조정협약에 서명한 한국은 비준 시까지 동 협약의 목적을 저해하는 행위를 삼가야 한다. 한국은 서명국으로서 싱가포르조정협약이 추구하는 조정에 의한 국제상사분쟁의 해결을 방해하는 등의 행위를 하지 말아야 한다. 그러나 정식으로 비준을 하여 협약 당사국이 되기 전에 동 협약의 의무를 이행하도록 요구되지는 않는다.

6) 조약법에 관한 비엔나협약 제14조와 제15조 참조. 벨라루스는 2019년 8월 7일 싱가포르조정협약을 서명하고, 2020년 7월 15일 동 협약을 승인하였다. 그 이외 싱가포르 등 협약 당사국은 비준에 의하여 동 협약에 대한 기속적 동의를 표시하였다. United Nations Treaty Collection, https://treaties.un.org/Pages/ViewDetails.aspx?src＝TREATY&mtdsg_no＝XXII－4&chapter＝22&clang＝_en 참조.

7) 조약법에 관한 비엔나협약 제2조 1(b)항.

8) George Korontzis, "Making the Treaty", in Duncan Hollis(ed.), *The Oxford Guide to Treaties* 197(2014).

9) George Korontzis, "Making the Treaty", in Duncan Hollis(ed.), *The Oxford Guide to Treaties* 200(2014).

10) 협약 제11조 3항.

11) 조약법에 관한 비엔나협약 제26조.

12) 예컨대, 미국은 조약의 국내 이행을 위하여 별도의 법률을 채택하는 것이 보통인데, 싱가포르조정협약이 사법에 관한 조약인 점에서 별도의 법률 없이 직접 효력을 갖도록 '자기집행적'(self－executing)이어야 한다는 주장이 있다. Timothy Schnabel, "Implementation of the Singapore Convention: Federalism, Self－Execution, and Private Law Treaties", 30 Am. Rev. Int'l Arb., 265, 289(2020).

13) 헌법 제6조 1항.

14) 헌법 제73조.

15) 헌법 제89조 3호.

16) 외교부, '조약체결을 위한 국내절차', https://www.mofa.go.kr/www/wpge/m_3833/contents.do.

17) 법령공포법 제11조 1항. 공포란 이미 성립된 조약을 국민에게 단순히 주지시키는 선언적, 절차적 행위인 공표(publication)와 구별되며, 공포되지 아니한 조약은 국내법적 효력을 가질 수 없을 뿐 아니라 법원이나 국민을 구속하지 못한다. 외교부, '조약체결을 위한 국내절차', https://www.mofa.go.kr/www/wpge/m_3833/contents.do.

18) 헌법 제60조 1항. 조약이 입법사항에 해당하여 비준에 국회의 동의가 필요한지는 일차적으로 법제처가 검토하는 것으로 보인다.

19) 정명운·조소영, 국제협정 체결·비준시 국회 동의 대상 및 기준에 대한 연구-관세·무역협정 위주로, 40면(한국법제연구원, 2019년).

20) 싱가포르조정협약의 이행 법률의 유형에 관하여 본서 158－59면 참조.

21) 법무부는 2021년 3월 10일 싱가포르조정협약의 이행을 위하여 '싱가포르조정협약 이행법률 T/F'를 구성하여 발족하였다. 동 T/F는 이행법률 제정 관련 쟁점의 검토 및 논의, 싱

가포르조정협약 이행에 관한 국제적 동향 파악 및 이행법률안 마련 등을 수행할 것이다.
법무부, '중소기업 국제거래 분쟁해결에 힘이 되는 신속저비용 절차 도입 추진 — 법무부,
싱가포르조정협약 이행법률 제정 T/F 발족'(보도자료, 2021.3.10.)

XIV. 지역경제통합기구의 참여

제12조 지역경제통합기구의 참여

1. 주권 국가들로 구성되고 본 협약이 규율하는 특정 사안에 대한 권능을 가진 지역경제통합기구는 마찬가지로 본 협약을 서명, 비준, 수락, 승인 또는 가입할 수 있다. 이 경우 지역경제통합기구는 본 협약이 규율하는 사안에 대하여 권능을 가지는 범위 내에서 협약 당사국의 권리와 의무를 가져야 한다. 협약 당사국들의 수가 본 협약에서 관련이 있는 경우, 지역경제통합기구는 협약 당사국인 회원국들에 추가하여 협약 당사국으로 포함하지 않는다.

2. 지역경제통합기구는, 서명, 비준, 수락, 승인 또는 가입 당시, 그의 회원국들이 동 기구에 이전한 권능과 관련하여 본 협약이 규율하는 사안을 명시하여 수탁기관에게 선언하여야 한다. 지역경제통합기구는, 권능의 새로운 이전을 포함하여, 본 항에 따른 선언에 명시된 권능의 배분 변경을 수탁기관에게 즉시 통지하여야 한다.

3. 본 협약에서 '협약 당사국', '협약 당사국들', '국가' 또는 '국가들'에 대한 언급은 그 문맥이 요구하는 바에 따라 지역경제통합기구에 동등하게 적용된다.

4. 지역경제통합기구의 상충하는 규정이 본 협약의 전후에 채택 또는 발효하였는지 관계없이, 다음의 경우 본 협약은 동 규정에 우선하지 아니 한다:

   (a) 제4조에 따라 동 기구의 회원국인 국가에서 구제가 청구되고 제1조 1항에 따라 관련된 모든 국가들이 동 기구의 회원국들인 경우; 또는

   (b) 동 기구의 회원국들 사이에서 판결의 승인 또는 집행에 관한 경우.

협약 제12조는 지역경제통합기구(regional economic integration organizaton)의 싱가포르조정협약 가입에 관한 절차를 규정한다. 동 규정은 유럽연합과 같은 지역경제통합기구와 그의 회원국들의 싱가포르조정협약의 가입을 촉진하기 위한 것이다.[1] 특히 협약 제12조 4항은 지역경제통합기구의 판결의 승인 또는 집행에 관한 규정과 싱가포르조정협약의 관련 규정과의 우선적 적용 여부를 규정한다.

1. 지역경제통합기구의 싱가포르조정협약 가입 절차

지역경제통합기구는 단독으로 싱가포르조정협약의 당사국이 될 수 있고, 이 경우 동 기구의 회원국들은 설립헌장 등에 따라 동 협약을 적용해야 할 의무를 가진다. 또는 지역경제통합기구는 동 기구의 회원국들과 함께 싱가포르조정

협약의 당사국이 될 수 있다. 따라서, 싱가포르조정협약이 규율하는 특정 사안에 대한 권능을 가진 지역경제통합기구는 동 협약을 서명, 비준, 수락, 승인 또는 가입할 수 있다.[2] 이 경우 지역경제통합기구는 싱가포르조정협약이 규율하는 사안에 대하여 권능을 가지는 범위 내에서 협약 당사국의 권리와 의무를 가져야 한다.[3] 싱가포르조정협약에서 '협약 당사국', '협약 당사국들', '국가' 또는 '국가들'에 대한 언급은 그 문맥이 요구하는 바에 따라 지역경제통합기구에 동등하게 적용된다.[4] 협약 당사국들의 수가 싱가포르조정협약에서 관련이 있는 경우, 지역경제통합기구는 협약 당사국인 회원국들에 추가하여 협약 당사국으로 포함하지 않는다.[5]

　　지역경제통합기구는, 서명, 비준, 수락, 승인 또는 가입 당시, 그의 회원국들이 동 기구에 이전한 권능과 관련하여 싱가포르조정협약이 규율하는 사안을 명시하여 수탁기관에게 선언을 하여야 한다.[6] 지역경제통합기구는, 권능의 새로운 이전을 포함하여, 이러한 선언에 명시된 권능의 배분 변경을 수탁기관에게 즉시 통지하여야 한다.[7]

2. 싱가포르조정협약과 지역경제통합기구의 상충하는 규정의 관계

　　화해합의의 구제 부여에 관한 지역경제통합기구의 규정이 싱가포르조정협약과 상충할 수 있다. 다음의 경우, 지역경제통합기구의 상충하는 규정이, 싱가포르조정협약의 전후에 채택 또는 발효하였는지 관계없이, 싱가포르조정협약에 우선한다. 첫째, 협약 제4조에 따라 지역경제통합기구의 회원국에서 구제가 청구되고 협약 제1조 1항에 따라 관련된 모든 국가들이 동 기구의 회원국들인 경우 지역경제통합기구의 상충하는 규정이 싱가포르조정협약에 우선한다.[8] 예컨대 지역경제통합기구인 유럽연합의 회원국이 아닌 국가가 화해합의가 국제적인지 결정에 관련되면, 유럽연합의 상충하는 규정이 싱가포르조정협약에 우선하지 않는다.[9] 즉, 유럽연합과 그의 모든 회원국들이 싱가포르조정협약에 가입한 경우, 유럽연합에 소재한 두 개 기업들의 화해합의가 유럽연합 회원국 법원에서 다루어지는 경우, 동 화해합의에서 의무의 상당 부분이 유럽연합 회원국이 아닌 국가에서 이행되어야 하면 싱가포르조정협약이 적용된다.

　　둘째, 지역경제통합기구의 회원국들 사이에서 판결의 승인 또는 집행에 관한 규정은 싱가포르조정협약에 우선한다.[10] 지역경제통합기구의 한 회원국에 화해합의의 집행이 청구되어 집행 또는 거부의 결정이 내려지면, 동 기구의 규정에 따라 다른 회원국은 그 결정을 승인하는 것이다.[11] 즉, 화해합의를 원용하는 당사자가 지역경제통합기구 회원국의 법원에서 싱가포르조정협약에 따른 구제를 부여받지 못하는 경우, 그 법원의 판결은 동 지역경제통합기구 내에서 회람되고, 동 당사자는 더 이상 다른 회원국 법원에서 화해합의를 원용할 수 없게된다.[12] 지역경제통합기구의 어느 한 회원국에서 구제가 거부되면 다른 회원국에서 구제를 청구할 수 없기 때문에, 화해합의 당사자는 동 기구의 회원국에서 구제를 청구할 때 주의하여야 한다.[13] 그러나 화해합의 당사자는 지역경제통합기구 회원국의 법원이 구제를 거부하더라도 동 기구의 회원국이 아닌 다른 협약 당사국에서 싱가포르조정협약에 따른 구제를 청구할 수 있다.[14] 결론적으로, 싱가포르조정협약과 지역경제통합기구의 내부 규정이 상충하는 경우, 지역경제통합기구의 상충하는 규정이 우선하지만, 제한적이다.

3. 유럽연합

유럽연합이 싱가포르조정협약의 당사국이 되어야 할 가장 대표적인 지역경제통합기구이다.[15] 국제협정의 체결이 유럽연합의 입법행위에 규정되거나 유럽연합이 내부 권능을 행사할 수 있게 필요하거나 공동 규칙에 영향을 줄 수 있거나 그 범위를 변경할 수 있는 경우, 유럽연합은 국제협정의 체결에 대한 배타적 권능을 가진다.[16] 마침 EU사법법원은 2006년 2월 7일 회원국들과 제3국 사이 판결의 승인과 집행에 관한 '개정된 루가노협약'에 관하여 '의견 1/2003'(Opinion 1/2003)을 주었다.[17] EU사법법원은 판결의 승인과 집행에 관한 공동체 규칙은 통일되고 일관된 체제를 구성하는 점에서 법원 관할권에 관한 공동체 규칙과 분리될 수 없다고 하면서, '개정된 루가노협약'이 법원의 관할권과 판결의 승인과 집행에 관한 공동체 규칙의 통일되고 일관된 적용에 영향을 줄 것이기 때문에 공동체는 '개정된 루가노협약'을 체결할 배타적 권능을 가진다는 의견을 주었다.[18] 이 점에서 유럽연합은 회원국들을 위하여 싱가포르조정협약의 당사국이 될 권능을 가진다고 보아야 한다.[19]

---

1) 2018년 2월 작업그룹 보고서, para. 95.
2) 협약 제12조 1항 1문. 지역경제통합기구는 그 기구를 구성하는 주권 국가인 회원국들과 공동으로 권능을 행사할 수 있고 또는 단독으로 권능을 행사할 수 있다.

3) 협약 제12조 1항 2문.

4) 협약 제12조 1항 3문.

5) 협약 제12조 3항.

6) 협약 제12조 2항 1문. 참고로 UN해양법협약은 국제기구의 가입 문서 등이 동 국제기구의 회원국인 동 협약 당사국이 동 국제기구에게 이전한 권능에 관하여 동 협약이 규율하는 사안을 특정하는 선언을 포함하도록 요구한다. UN해양법협약 부속서 IX 제5조 1항. 유럽 연합은 국제기구로서 UN해양법협약의 당사국이다. 1984년 12월 7일 당시 유럽경제공동체 (European Economic Community)가 UN해양법협약을 서명하였고, 1998년 4월 1일 국제 기구의 비준에 해당하는 '공식 확정'(formal confirmation)을 통하여 동 협약에 가입하였다. 유럽연합은 동 협약 부속서 IX 제5조 1항에 따라 회원국들이 자신에게 이전한 동 협약에 대한 '전속 권능'(exclusive competence) 사안과 회원국들과 여전히 공유하는 권능 사안을 특정하는 선언을 하였다. United Nations Treaty Collection, https://treaties.un.org/Pages/ ViewDetailsIII.aspx?src＝TREATY&mtdsg_no＝XXI−6&chapter＝21&Temp＝mtdsg3&clang ＝_en#EndDec.

7) 협약 제12조 2항 2문.

8) 협약 제12조 4(a)항.

9) 협약 제1조 1(b)(i)항 참조.

10) 협약 제12조 4(b)항.

11) Intervention of Germany, in UNCITRAL Audio Recordings: Working Group Ⅱ (Dispute Settlement), 68th Session, Feb. 6, 2018, 15:00−18:00; 2018년 2월 작업그룹 보고서, paras. 104−07. 'Brussels 1 Recast Regulation'(Regulation No 1215/2012, 12 December 2012), 제36조 1항 참조.

12) 2018년 2월 작업그룹 보고서, para. 97.

13) 2018년 2월 작업그룹 보고서, para. 97; Intervention of the International Law Association (ILA), in UNCITRAL Audio Recordings: Working Group Ⅱ (Dispute Settlement), 68th Session, Feb. 6, 2018, 15:00−18:00.

14) Timothy Schnabel, p. 59.

15) 그러나 유럽연합의 싱가포르조정협약 가입은 쉽지 않아 보인다. Intervention of the European Union, in UNCITRAL Audio Recordings: UNCITRAL, 48th Session, July 2, 2015, 9:30−12:30; Intervention of the European Union, in UNCITRAL Audio Recordings: Working Group Ⅱ (Arbitration and Conciliation), 63rd Session, Sept. 7, 2015, 10:00−12:30 참조.

16) 유럽연합기능조약(Treaty on the Functioning of the European Union) 제3조 2항.

17) 동 의견에 관하여 Tristan Baume, "Competence of the Community to Conclude the New Lugano Convention on Jurisdiction and the Recognition and Enforcement of Judgements in Civil and Commercial Matters: Opinion 1/03 of 7 February 2006", 7 German Law Journal 681(2006) 참조.

18) [2006] ECR I−1145, paras. 172−73.

19) Haris Meidanis, "Singapore Convention Series: A Plea for The Adoption of the Singapore Convention by the EU", Kluwer Mediation Blog(March 20 2019). 유럽연합 은 뉴욕중재협약의 당사국이 아니다. UN 회원국, UN 전문기구 회원국, ICJ규약 당사국 또는 UN 총회가 초청한 국가가 동 협약 당사국이 될 수 있는데, 유럽연합은 이러한 지 위에 맞지 않는다. 뉴욕중재협약 제Ⅷ조 1항 참조.

XV. 통일되지 않은 법체제

제13조 통일되지 않은 법체제

1. 협약 당사국이 본 협약에서 다루는 사안과 관련하여 상이한 법체제가 적용 가능한 둘 이상의 영토 단위들을 가지는 경우, 동 당사국은, 서명, 비준, 수락, 승인 또는 가입 당시, 본 협약이 자신의 모든 영토 단위들 또는 하나 이상의 영토 단위에만 적용된다고 선언할 수 있고, 언제라도 다른 선언을 제출하여 자신의 선언을 수정할 수 있다.

2. 이들 선언은 수탁기관에게 통지되어야 하고 협약이 적용되는 영토 단위들을 명백하게 명시하여야 한다.

3. 협약 당사국이 본 협약에서 다루는 사안과 관련하여 상이한 법체제가 적용 가능한 둘 이상의 영토 단위들을 가지면,

   (a) 국가의 법 또는 절차규칙에 대한 언급은, 적절한 경우, 관련 영토 단위에서 유효한 법 또는 절차규칙을 나타내는 것으로 이해되어야 한다;

   (b) 국가에서 영업소에 대한 언급은, 적절한 경우, 관련 영토 단위에서 영업소를 나타내는 것으로 이해되어야 한다;

   (c) 국가의 소관 당국에 대한 언급은, 적절한 경우, 관련 영토 단위에서 소관 당국을 나타내는 것으로 이해되어야 한다.

4. 협약 당사국이 본 조 1항에 따라 선언을 하지 않는 경우, 협약은 동 국가의 모든 영토 단위들에 적용되어야 한다.

협약 당사국이 싱가포르조정협약에 관련되는 사안에 상이한 법체제를 적용하는 둘 이상의 영토 단위들을 가질 수 있다. 이러한 '통일되지 않은 법체제'(non-unified legal system)에 관한 규정은 국제사법의 조약에서 일반적이다.[1] 상이한 법체제의 영토 단위를 가지는 국가는 연방국가로서 미국, 캐나다와 호주가 대표적이다. 별도의 법체제를 가지는 홍콩과 마카오와 관계에서 중국도 이러한 경우에 해당할 것이다.[2]

협약 당사국이 싱가포르조정협약에서 다루어지는 사안과 관련하여 상이한 법체제가 적용 가능한 둘 이상의 영토 단위들을 가지는 경우, 동 당사국은, 서명, 비준, 수락, 승인 또는 가입 당시, 동 협약이 자신의 모든 영토 단위들 또는 하나 이상의 영토 단위에만 적용된다고 선언할 수 있고, 언제라도 다른 선언을 제출하여 자신의 선언을 수정할 수 있다.[3] 협약 당사국이 이러한 영토 단위에 관련된 선언을 하지 않는 경우, 싱가포르조정협약은 동 국가의 모든 영토 단위

들에 적용되어야 한다.[4]

이러한 선언에서 협약 당사국이 싱가포르조정협약을 자신의 영토 단위에 적용하지 않으면, 동 영토 단위의 소관 당국은 화해합의의 구제 부여 요청에 대하여 동 협약을 적용할 필요가 없다.[5] 그러나 싱가포르조정협약은, 화해합의가 국제적이면, 동 협약이 적용되지 않는 영토 단위에 소재한 영업소를 가진 당사자에게 적용된다. 영토 단위의 배제는 구제가 청구된 경우 동 영토 단위의 법원이 싱가포르조정협약을 적용할 필요가 없음을 의미하는 것이지, 해당 영토 단위에 영업소를 가진 당사자에게 동 협약이 적용되지 않음을 의미하는 것은 아니다.[6] 이러한 영토 단위에 관련된 선언은 수탁기관에게 통지되어야 하고 싱가포르조정협약이 적용되는 영토 단위를 명백하게 명시하여야 한다.[7]

협약 당사국의 특정 영토 단위에 대한 싱가포르조정협약의 적용과 관련하여 동 협약 규정에서 국가의 해당 영토 단위에 대한 의제가 필요하다. 첫째, 협약 당사국이 싱가포르조정협약에서 다루어지는 사안과 관련하여 상이한 법체제가 적용 가능한 둘 이상의 영토 단위들을 가지면, 국가의 법 또는 절차규칙에 대한 언급은, 적절한 경우, 관련 영토 단위에서 유효한 법 또는 절차규칙을 나타내는 것으로 이해되어야 한다.[8] 둘째, 협약 당사국이 싱가포르조정협약에서 다루어지는 사안과 관련하여 상이한 법체제가 적용 가능한 둘 이상의 영토 단위들을 가지면, 국가에서 영업소에 대한 언급은, 적절한 경우, 관련 영토 단위에서 영업소를 나타내는 것으로 이해되어야 한다.[9] 그러나 이 규정은 실제로 의미가 없다. 당사자의 영업소는 화해합의가 국제적인가의 결정에만 관련되기 때문이다.[10] 셋째, 협약 당사국이 싱가포르조정협약에서 다루어지는 사안과 관련하여 상이한 법체제가 적용 가능한 둘 이상의 영토 단위들을 가지면, 국가의 소관 당국에 대한 언급은, 적절한 경우, 관련 영토 단위의 소관 당국을 나타내는 것으로 이해되어야 한다.[11]

---

1) 2018년 2월 작업그룹 보고서, para. 99.

2) 중국은 '아시아태평양 국경간 전자무역의 촉진에 관한 프레임워크협정'(Framework Agreement on Facilitation of Cross-border Paperless Trade in Asia and the Pacific)을 서명 후 승인하면서 각각 홍콩과 마카오의 기본법(Basic Law)에 따라 중국 정부는 동 협정의 홍콩과 마카오에 대한 적용을 선언하였다. United Nations Treaty Collection, https://treaties.un.org/Pages/ViewDetails.aspx?src=TREATY&mtdsg_no=X-20&chapter=10&clang=_en 참조. 또한, 영국과 오스트리아가 체결한 '1961년 외국 판결의 상호 승인과 집행에 관한 협약'은 그 적용 범위에서 채널제도(Channel Islands)와 맨섬(Isle of Man)을 포함시키지 않았

다. 이들 영국 왕실속령(Crown Dependencise)은 독자적인 정부 형태를 구성하고 있다.

3) 협약 제13조 1항. 협약 제13조는 협약 제15조에 따른 싱가포르조정협약의 개정에서 적용될 것이어서, 협약 당사국은 동 협약의 개정을 자신의 영토 단위에 적용하거나 어떻게 적용할지 결정할 수 있다. 2018년 UNCITRAL 보고서, para. 46.

4) 협약 제13조 4항.

5) Alexander & Chong, para. 13.04.

6) Timothy Schnabel, p. 59.

7) 협약 제13조 2항.

8) 협약 제13조 3(a)항.

9) 협약 제13조 3(b)항.

10) Timothy Schnabel, p. 59.

11) 협약 제13조 3(c)항.

XVI. 싱가포르조정협약의 발효

제14조 발효

1. 본 협약은 비준, 수락, 승인 또는 가입의 세 번째 문서의 기탁 후 6개월이 경과하면 발효한다.
2. 비준, 수락, 승인 또는 가입의 세 번째 문서의 기탁 후 국가가 본 협약을 비준, 수락, 승인 또는 가입할 때, 본 협약은 동 국가에 대하여 비준, 수락, 승인 또는 가입의 문서 기탁일로부터 6개월 후 발효한다. 협약은 제13조에 따라 본 협약이 적용된 영토 단위에 대하여 동 조항에서 언급된 선언의 통지 후 6개월이 경과하면 발효한다.

싱가포르조정협약은 비준, 수락, 승인 또는 가입의 세 번째 문서의 기탁 후 6개월이 경과하면 발효한다.[1] 싱가포르(2020년 2월 25일), 피지(2020년 2월 25일)와 카타르(2020년 3월 12일)의 비준으로 싱가포르조정협약은 세 번째 비준국인 카타르의 비준 문서 기탁 후 6개월이 경과한 2020년 9월 12일 발효하였다.[2]

비준, 수락, 승인 또는 가입의 세 번째 문서의 기탁 후 국가가 싱가포르조정협약을 비준, 수락, 승인 또는 가입할 때, 동 협약은 동 국가에 대하여 비준, 수락, 승인 또는 가입의 문서 기탁일로부터 6개월 후 발효한다.[3] 2021년 10월 24일 현재 싱가포르, 피지와 카타르 이외에 사우디아라비아(2020년 5월 5일), 벨라루스(2020년 7월 15일), 에콰도르(2020년 9월 5일), 온두라스(2021년 9월 2일) 및 터키(2021년 10월 11일)가 동 협약을 비준 또는 승인하였다.[4]

협약 당사국이 싱가포르조정협약에서 다루어지는 사안과 관련하여 상이한 법체제가 적용 가능한 둘 이상의 영토 단위들을 가지는 경우, 협약 제13조에 따라 동 협약이 적용되는 영토 단위에 대하여 관련된 선언의 통지 후 6개월이 경과하면 발효한다.[5]

---

1) 협약 제14조 1항. 뉴욕중재협약 제XII조 1항은 비준 또는 가입의 세 번째 문서의 기탁 후 90일이 되는 날 발효한다고 규정한다. 작업그룹의 논의에서, 예컨대, 열 번째 문서의 기탁으로 발효해야 한다는 주장이 제기되었으나, 국제사법 조약에서 세 번째 문서의 기탁이 일반적이고 또한 싱가포르조정협약의 보다 조속한 발효 및 실행으로 동 협약의 당사국이 되려고 하는 다른 국가들에게도 도움이 된다고 지적되었다. 2018년 2월 작업그룹 보고서, para. 106.
2) 싱가포르조정협약은 그 발효일인 2020년 9월 12일 UN에 등록되었다.
3) 협약 제14조 2항 1문.

4) United Nations Treaty Collection, https://treaties.un.org/Pages/ViewDetails.aspx?src＝
   TREATY&mtdsg_no＝XXII－4&chapter＝22&clang＝_en 참조.
5) 협약 제14조 2항 2문. 협약 제13조 참조.

XVII. 싱가포르조정협약의 개정

제15조 개정

1. 어떤 협약 당사국도 국제연합 사무총장에게 본 협약에 대한 개정안을 제출하여 개정을 제안할 수 있다. 그러면 사무총장은 제안된 개정안을 협약 당사국들에게 통보하고, 협약 당사국들이 동 개정안을 고려하고 이에 대한 투표를 목적으로 협약 당사국 회의를 지지하는지 여부를 나타내도록 요청하여야 한다. 그러한 통보일로부터 4개월 이내에 협약 당사국들의 적어도 1/3이 그러한 회의를 지지하는 경우, 사무총장은 국제연합의 주관으로 동 회의를 소집하여야 한다.

2. 협약 당사국 회의는 각 개정에 대하여 총의를 이루도록 모든 노력을 하여야 한다. 총의를 위한 모든 노력에도 불구하고 총의가 이루어지지 않는 경우, 동 개정의 채택을 위하여, 최후 수단으로서, 동 회의에 출석하여 투표한 협약 당사국들의 2/3 다수결이 요구된다.

3. 채택된 개정안은 수탁기관에 의하여 비준, 수락 또는 승인을 위해 모든 협약 당사국들에게 제출되어야 한다.

4. 채택된 개정안은 비준, 수락 또는 승인의 세 번째 문서의 기탁일로부터 6개월 후 발효한다. 개정이 발효할 때, 동 개정은 이에 의하여 구속된다는 동의를 표시한 협약 당사국들에게 구속력이 있다.

5. 협약 당사국이 비준, 수락 또는 승인의 세 번째 문서의 기탁 후 개정을 비준, 수락 또는 승인할 때, 동 개정은 비준, 수락 또는 승인의 문서 기탁일로부터 6개월 후 동 협약 당사국에 대하여 발효한다.

싱가포르조정협약은 다른 조약과 마찬가지로 그 내용의 발전을 위하여 개정될 수 있다. 협약 제15조는 그 개정 절차와 효력을 규정한다.[1]

1. 개정 절차

협약 당사국은 UN 사무총장에게 싱가포르조정협약에 대한 개정안을 제출하여 개정을 제안할 수 있다.[2] 사무총장은 제안된 개정안을 협약 당사국들에게 통보하고, 협약 당사국들이 동 개정안을 고려하고 이에 대한 투표를 목적으로 '협약 당사국 회의'(a conference of Parties to the Convention)를 지지하는지 여부를 나타내도록 요청하여야 한다.[3] 그러한 통보일로부터 4개월 이내에 협약 당사국들의 적어도 1/3이 협약 당사국 회의를 지지하는 경우, 사무총장은 UN의

주관으로 동 회의를 소집하여야 한다.[4]

　협약 당사국 회의는 각 개정에 대하여 총의(consensus)를 이루도록 모든 노력을 하여야 한다.[5] 총의가 이루어지지 않는 경우, 동 개정의 채택을 위하여, 최후 수단으로서, 동 회의에 출석하여 투표한 협약 당사국들의 2/3 다수결이 요구된다.[6] 채택된 개정안은 수탁기관에 의하여 비준, 수락 또는 승인을 위해 모든 협약 당사국들에게 제출되어야 한다.[7]

2. 개정 효력

　채택된 개정안은 비준, 수락 또는 승인의 세 번째 문서의 기탁일로부터 6개월 후 발효한다.[8] 개정이 발효할 때, 동 개정은 이에 의하여 구속된다는 동의를 표시한 협약 당사국들에게 구속력이 있다.[9] 협약 당사국이 비준, 수락 또는 승인의 세 번째 문서의 기탁 후 개정을 비준, 수락 또는 승인할 때, 동 개정은 동 비준, 수락 또는 승인의 문서 기탁일로부터 6개월 후 동 협약 당사국에 대하여 발효한다.[10]

---

1) 뉴욕중재협약은 그 개정에 관한 규정을 두지 않는다.

2) 협약 제15조 1항 1문.

3) 협약 제15조 1항 2문.

4) 협약 제15조 1항 3문.

5) 협약 제15조 2항 1문. 개정에 대한 모든 당사국들의 찬성을 요구하는 만장일치(unanimity) 와 달리, 총의는 해당 결정을 위한 회의에 참석한 어느 한 당사국의 공식적 반대도 없을 것을 요구한다. WTO 설립협정 각주 1 참조.

6) 협약 제15조 2항 2문.

7) 협약 제15조 3항.

8) 협약 제15조 4항 1문.

9) 협약 제15조 4항 2문.

10) 협약 제15조 5항.

XVIII. 싱가포르조정협약의 폐기

제16조 폐기

1. 협약 당사국은 수탁기관에게 서면으로 공식 통지함으로써 본 협약을 폐기할 수 있다. 폐기는 본 협약이 적용되는 통일되지 않은 법체제의 특정 영토 단위들로 제한될 수 있다.
2. 폐기는 수탁기관의 통지 접수일로부터 12개월 후 효력을 발생한다. 폐기가 효력을 발생하는데 더 긴 기간이 통지에 명시된 경우, 폐기는 수탁기관의 통지 접수 후 이러한 더 긴 기간의 만료로 효력이 발생한다. 협약은 폐기가 효력을 발생하기 전에 체결된 화해합의에 계속 적용된다.

협약 당사국은, 다른 조약과 마찬가지로, 다른 유사한 내용의 조약 가입이나 불만의 표시 등 일정한 사정으로 싱가포르조정협약을 폐기할 수 있다. 협약 제16조는 그 폐기 절차와 효력을 규정한다.[1]

1. 폐기 절차

협약 당사국은 수탁기관에게 서면으로 공식 통지함으로써 싱가포르조정협약을 폐기할 수 있다.[2] 폐기는 싱가포르조정협약이 적용되는 통일되지 않은 법체제의 특정 영토 단위들로 제한될 수 있다.[3]

2. 폐기 효력

폐기의 효력은 해당 폐기 국가에 대한 싱가포르조정협약의 적용 종료이다. 싱가포르조정협약의 폐기는 수탁기관의 통지 접수일로부터 12개월 후 효력을 발생한다.[4] 폐기가 효력을 발생하는데 더 긴 기간이 통지에 명시된 경우, 싱가포르조정협약의 폐기는 수탁기관의 통지 접수 후 이러한 더 긴 기간의 만료로 효력이 발생한다.[5]

싱가포르조정협약은 폐기가 효력을 발생하기 전에 체결된 화해합의에 계속 적용된다.[6] 싱가포르조정협약의 종료 전에 동 협약의 시행을 통하여 발생한 당사국의 권리와 의무 또는 법적 상태는 영향을 받지 않는다.[7]

---

1) 뉴욕중재협약의 폐기에 관한 규정은 제 XIII조 참조.
2) 협약 제16조 1항 1문.

3) 협약 제16조 1항 2문.
4) 협약 제16조 2항 1문.
5) 협약 제16조 2항 2문.
6) 협약 제16조 2항 3문.
7) 조약법에 관한 비엔나협약 제70조 1(b)항.

chapter

02

조정모델법의
이해

02 조정모델법의 이해

UNCITRAL은 2018년 6월 25일 제1070차 회의에서 싱가포르조정협약과 함께 국제상사컨실리에이션 모델법에 대한 개정인 '국제상사조정 및 조정에 의한 국제화해합의 모델법'(Model Law on International Commercial Mediation and International Settlement Agreements Resulting from Mediation, 이하 '조정모델법')을 채택하였고,[1] UN 총회는 제73차 회기에서 2018년 12월 20일 결의 73/198에 따라 싱가포르조정협약을 공식 채택하였다.

싱가포르조정협약과 함께 조정모델법의 준비가 동시에 진행된 것은 상이한 관할권에서 조정에 관한 경험의 상이한 수준을 수용하고 국가에게 조정에 의한 국제화해합의의 국경간 집행에 대한 일관된 기준을 제공하기 위한 의도였다.[2] 이들 두 문서는 그 내용에 큰 차이가 있지 않고, 서로 보완적이다.[3] 관심 있는 국가들이 '두 문서'(either instrument) 모두를 채택하도록 기대되지는 않았다.[4]

I. 조정모델법의 이해

조정모델법은 조정 과정에 대한 '통일적 규칙'(uniform rules)을 제공하기 위하여 마련된 것이다.[5] 조정모델법은 조정 과정과 그 결과에 관한 보다 큰 예측 가능성과 안정성을 제공하여 조정의 이용을 장려하고자 한다.[6] UNCITRAL은 다음과 같은 의도로 분쟁 해결 과정을 마련하려는 국가를 지원하고자 한다:[7] i)

분쟁 해결의 비용과 시간의 감소; ii) 거래당사자들 사이의 협력 분위기 조성 및 유지; iii) 분쟁에 대한 유연하고 당사자들에게 맞는 해결책의 강구; iv) 추가 분쟁의 방지; v) 국제거래에서 안정성의 도입. '2018년 UNCITRAL 국제상사조정 및 조정에 의한 국제화해합의 모델법의 입법과 이용 가이드'(Guide to Enactment and Use of the UNCITRAL Model Law on International Commercial Mediation and International Settlement Agreements Resulting from Mediation(2018), 이하 '조정모델법 가이드')는 국제상사조정의 기초가 되는 법적 장치로서 조정모델법의 조항이 채택된 이유를 설명한다.[8]

　　조정모델법은 제1절 일반 규정, 제2절 국제상사조정 및 제3절 국제화해합의로 구성된다. 제3절 국제화해합의는 싱가포르조정협약의 관련 규정에 상응한다. 화해합의의 국제적 성격은 조정합의가 아닌 화해합의가 체결된 시점에서 결정된다.[9] 특히 조정모델법을 채택하는 국가는 화해합의가 조정모델법 제3조 2항, 3항 및 4항에 정의된 국제조정에 의한 것이면 국제적이라고 규정하여 국제화해합의 개념을 확대할 수 있다.[10] 조정모델법은 싱가포르조정협약과 마찬가지로 국제상사조정에 관한 것이지만, 조정모델법은 국내조정을 위한 입법적 모델이 될 수 있다.[11]

〈싱가포르조정협약과 조정모델법의 상응 규정〉

	싱가포르조정협약	조정모델법
정의	제2조	제16조
일반 원칙	제3조	제17조
화해합의의 원용 요건	제4조	제18조
구제 부여의 거부 사유	제5조	제19조
병행 신청 또는 청구	제6조	제20조

---

1) 2018년 UNCITRAL 보고서, paras. 49, 68.

2) 2017년 2월 작업그룹 보고서, para. 93; General Assembly resolution on 73/199 of 20 December 2018, 전문.

3) 2016년 9월 작업그룹 보고서, para. 142.

4) General Assembly resolution on 73/199 of 20 December 2018, 전문. 작업그룹은 UN 총회가 이들 두 문서 중에서 국가가 채택할 문서의 유형에 대한 선호를 표현하지 않도록 기

대하였다. 2017년 2월 작업그룹 보고서, para. 93.

5) 조정모델법 가이드, para. 15. 모델법은 국가들의 국내입법 통합에 권고되는 '입법 문서'(a legislative text)이다. 조정모델법 가이드, para. 16.

6) 조정모델법 가이드, paras. 3, 15.

7) 조정모델법 가이드, para. 3.

8) 조정모델법 가이드, para. 5.

9) 협약 제1조 1항. 조정이 당사자들 사이의 조정합의에 근거하여 개시되지 않을 경우도 고려해야 하기 때문이다. 2018년 2월 작업그룹 보고서, para. 123; 조정모델법 가이드, para. 117.

10) 조정모델법 각주 7. 즉, 국제조정의 당사자들이 동 국제조정에서 도출된 화해합의의 집행을 원하는 경우, 동 화해합의가 국제적이지 않아도 국제조정의 요건이 부합하면 조정모델법 제16조의 적용을 받는 국제합의로 확대하는 것이다.

11) 조정모델법 각주 3. 국제조정은 물론 국내조정에 적용하기 위해 조정모델법 제2절을 입법하고자 하는 국가들은 본문에 대한 다음의 변경을 고려할 수 있다: "제1조와 제3조의 1항에서 '국제' 단어를 삭제함; 및 제3조 2항, 3항 및 4항을 삭제하고 이에 따라 항들에 대한 언급을 수정함."

II. 싱가포르의 싱가포르조정협약 국내이행법

싱가포르는 싱가포르조정협약의 이행을 위하여 '2020년 싱가포르조정협약법'(Singapore Convention on Mediation Act 2020, 이하 '싱가포르 싱가포르조정협약법')을 채택하였다.[1] 싱가포르 싱가포르조정협약법은 싱가포르조정협약의 규정을 대체로 그대로 반영하고 있다. 싱가포르 싱가포르조정협약법은 '국제화해합의'(international settlement agreement), 조정, 당사자, 및 화해합의의 개념에 대한 정의를 두고 있다.[2] 싱가포르 싱가포르조정협약법은 협약 제1조 2항과 3항에 규정된 화해합의와 함께 협약 제8조에 따른 싱가포르의 유보의 적용을 받는 화해합의에 적용되지 않는다.[3] 싱가포르조정협약에 따른 싱가포르의 소관 당국은 고등법원(High Court) 또는 항소법원(Court of Appeal)이다.[4] 싱가포르 싱가포르조정협약법의 적용을 받지 않는 국제화해합의 당사자의 권리나 구제는 제한되지 않는다.[5] 고등법원은 국제화해합의를 '법원 명령'(an order of court)으로서 기록할 수 있다.[6] 국제화해합의의 원용에 필요한 문서는 협약 제4조의 규정을 반영한다.[7] 국제화해합의의 구제 부여 거부 사유는 협약 제5조의 규정을 그대로 반영한다.[8] 이외에 싱가포르조정협약의 이행에 필요한 실체적 및 절차적 사안은 싱가포르 최고법원법(Supreme Court of Judicature Act)에 따라 설치된 규칙위원회(Rules Committee)의 법원규칙(Rules of Court) 또는 장관의 규정(regulations)으로 규율될 수 있다.[9]

---

1) 싱가포르 싱가포르조정협약법은 싱가포르가 2020년 2월 25일 동 협약을 비준하기 직전인 2020년 2월 4일 의회에서 채택되고 2020년 2월 17일 대통령의 동의를 받았다.

2) 싱가포르 싱가포르조정협약법 제2조. 동 법이 싱가포르조정협약의 국내 이행을 위한 것인 점에서, 동 법의 직접 적용 대상인 국제화해합의의 정의와 함께 국제화해합의의 실체인 화해합의의 정의를 규정한다.

3) 싱가포르 싱가포르조정협약법 제3조 2항. 싱가포르는 싱가포르조정협약의 비준에서 협약 제8조에 따른 유보를 선언하지 않았다. United Nations Treaty Collection, https://treaties.un.org/Pages/ViewDetails.aspx?src=TREATY&mtdsg_no=XXII−4&chapter=22&clang=_en.

4) 싱가포르 싱가포르조정협약법 제4조 1항.

5) 싱가포르 싱가포르조정협약법 제4조 2항.

6) 싱가포르 싱가포르조정협약법 제5조.

7) 싱가포르 싱가포르조정협약법 제6조. 단, 당사자들이 서명한 국제화해합의 대신 서명된 화해합의의 인증본(a certified copy)의 제출도 가능하다. 싱가포르 싱가포르조정협약법 제6조 1(a)항.

8) 싱가포르 싱가포르조정협약법 제7조. 협약 제5조 1항에 규정된 '구제를 청구하는 당사자의 타방 당사자'(the party against whom the relief is sought)는 '국제화해합의의 집행 또는 원용이 청구되는 상대인 당사자(A)'(the party(called "A") against whom the international settlement agreement is sought to be enforced or invoked)라고 구체적으로 규정된다. 싱가포르 싱가포르조정협약법 제7조 1항.

9) 각각 싱가포르 싱가포르조정협약법 제10와 제11조.

III. 조정모델법의 내용

조정모델법과 이에 대한 가이드는 한국의 싱가포르조정협약의 이행을 위한 국내법의 제정에 중요한 참고가 될 것이다. 본서는 조정모델법의 내용 중에서 싱가포르조정협약의 이행에 밀접한 제3장(제16조 – 제20조)의 내용을 앞에서 동 협약의 설명에서 반영하였다. 아래의 내용은 조정모델법의 내용을 번역한 것이다.

1. 제1절 일반 규정

제1조 법의 적용 범위 및 정의

1. 본 법은 국제상사[1]조정[2]과 국제화해합의에 적용된다.

2. 본 법의 목적으로 '조정인'은 경우에 따라 단독 조정인 또는 둘 이상의 조정인들을 의미한다.

3. 본 법의 목적으로 '조정'은, 조정, 컨실리에이션 또는 유사한 의미의 표현으로 언급됨에 상관없이, 당사자들이 계약적 또는 다른 법적 관계로부터 발생하거나 이에 관련되는 분쟁을 우호적으로 해결하려고 시도할 때 제3자 또는 제3자들('조정인')에게 지원을 요청하는 과정을 의미한다. 조정인은 당사자들에게 분쟁의 해결책을 부과할 권한을 가지지 않는다.

[1] '상사' 용어는 계약적 여부에 관계 없이 상사적 성격의 모든 관계에서 발생하는 사안을 다루도록 넓은 해석이 주어져야 한다. 상사적 성격의 관계는 다음의 거래를 포함하나 이에 국한되지 않는다: 상품 또는 서비스의 공급이나 교환을 위한 모든 거래계약; 유통 계약; 상업적 대리 또는 대리인; 팩토링; 대여; 건설공사; 컨설팅; 엔지니어링; 라이센싱; 투자; 파이낸싱; 은행업무; 보험; 개발 계약 또는 양허; 합작 및 다른 유형의 산업 또는 사업 협력; 및 항공, 해상, 철도 또는 육로의 상품 또는 승객의 운송.

[2] 이전에 채택된 본문과 관련 문서에서, UNCITRAL은 '컨실리에이션'과 '조정' 용어가 혼용된다는 이해로 '컨실리에이션' 용어를 사용하였다. 본 모델법을 준비하면서, UNCITRAL은 용어의 실제적 및 실용적 이용에 맞추기 위한 노력에서 및 이러한 변경이 모델법의 홍보를 촉진하고 그 가시성을 제고할 것이라는 기대를 가지고 '조정' 용어를 대신 사용하기로 결정하였다. 용어의 이러한 변경은 실체적 또는 개념적 함의를 가지지 않는다.

제2조 해석

1. 본 법의 해석에서, 그 국제적 기원 및 그 적용의 일관성과 신의성실의 준수를 촉진할 필요가 고려되어야 한다.

2. 본 법이 규율하는 사안에 관하여 본 법에서 명확하게 해결되지 않는 문제는 본 법이 기초로 하는 일반 원칙에 부합하게 해결되어야 한다.

2. 제2절 국제상사조정

제3조 본 절의 적용 범위 및 정의

1. 본 절은 국제[3]상사조정에 적용된다.

2. 다음의 경우 조정은 '국제적'이다:

   (a) 조정합의 당사자들이, 동 합의의 체결 당시, 다른 국가들에서 그들의 영업소들을 가지거나; 또는

   (b) 당사자들이 그들의 영업소들을 가지는 국가가 다음의 어느 한 국가와 다른 경우:

   (i) 상사관계 의무의 상당 부분이 이행되어야 하는 국가; 또는

   (ii) 분쟁의 대상이 가장 밀접하게 관련된 국가.

3. 제2항의 목적으로:

   (a) 당사자가 둘 이상의 영업소들을 가지면, 영업소는 조정합의와 가장 밀접한 관계를 가지는 영업소이다.

   (b) 당사자가 영업소를 가지지 않으면, 동 당사자의 상거소를 참조하여야 한다.

4. 당사자들이 조정이 국제적이라고 합의하거나 본 절의 적용 가능성에 합의할 때 본 절은 상사조정에도 적용된다.

5. 당사자들은 본 절의 적용 가능성을 배제하는데 자유롭게 합의할 수 있다.

6. 본 조 7항의 규정을 조건으로, 본 절은, 분쟁의 발생 전이나 후에 이루어진 당사자들 사이의 합의, 법으로 확정된 의무, 또는 법원, 중재판정부나 소관 정부 기관의 지시나 제의를 포함하여, 조정이 수행되는 근거와 관계없이 적용된다.

7. 본 절은 다음에 적용되지 않는다:

   (a) 재판 또는 중재 절차 중에 판사 또는 중재인이 화해를 촉진하려고 시도하는 경우; 및

   (b) [...]

3) 국제조정은 물론 국내조정에 적용하기 위해 본 절을 입법하고자 하는 국가들은 본문에 대한 다음의 변경을 고려할 수 있다: - 제1조와 제3조의 1항에서 '국제' 단어를 삭제함; 및 - 제3조 2항, 3항 및 4항을 삭제하고 이에 따라 항들에 대한 언급을 수정함.

제4조 합의에 의한 변형

제7조 3항의 규정을 제외하고, 당사자들은 본 절의 어떤 규정도 배제하거나 변형하는 합의를 할 수 있다.

제5조 조정절차의 개시[4]

1. 발생한 분쟁에 관한 조정절차는 동 분쟁의 당사자들이 조정절차에의 참여를 합의한 날 개시된다.

2. 타방 당사자에게 조정을 요청한 당사자 일방이 동 요청이 발송된 날부터 30일 이내, 또는 동 요청에서 명시된 다른 기간 내에 동 요청의 수락을 받지 못하면, 동 당사자는 이를 조정 요청의 거부로 간주할 수 있다.

[4] 시효의 중단에 관한 규정을 채택하고자 하는 국가들에게 다음의 본문이 제의된다:
제 X 조. 시효의 중단
1. 조정절차가 개시될 때, 조정의 대상인 청구에 관한 시효의 진행은 중단된다.
2. 조정절차가 화해합의 없이 종료된 경우, 시효는 화해합의 없이 조정이 끝난 때부터 진행을 속개한다.

제6조 조정인의 수와 지정

1. 당사자들이 둘 이상의 조정인들을 합의하지 않는 한, 조정인은 하나이다.

2. 조정인 지정을 위한 다른 절차가 합의되지 않는 한, 당사자들은 조정인 또는 조정인들에 대한 합의에 이르도록 노력하여야 한다.

3. 당사자들은 조정인들의 지정과 관련되어 기관 또는 사람의 지원을 구할 수 있다. 특히:

   (a) 당사자는 그러한 기관 또는 사람에게 조정인으로서 행위하기에 적합한 사람들을 추천하도록 요청할 수 있다; 또는

   (b) 당사자들은 그러한 기관 또는 사람이 하나 또는 둘 이상의 조정인들을 직접 지정하도록 합의할 수 있다.

4. 조정인으로서 행위하는 개인들을 추천하거나 지정할 때, 기관이나 사람은 독립적이고 공평한 조정인의 지정을 확보할 것 같은 고려사항을 참작하여야 하고, 적절한 경우, 당사자들의 국적과 다른 국적의 조정인의 지정이 바람직함을 고려하여야 한다.

5. 사람이 조정인으로 지정될 가능성을 가지고 접근될 때, 그 또는 그녀는 자신의 공평성 또는 독립성에 대한 정당한 의심을 야기할 것 같은 모든 상황을 공개하여야 한다. 조정인은, 자신이 지정된 때부터 조정절차 내내, 자신이 당사자들에게 이미 고지하지 않은 모든 그러한 상황을 지체 없이 당사자들에게 공개하여야 한다.

제7조 조정의 수행

1. 당사자들은, 일련의 규칙을 참조하거나 달리, 조정이 수행되어야 하는 방식에 관하여 자유롭게 합의할 수 있다.

2. 조정이 수행되어야 하는 방식에 관한 합의가 실패하면, 조정인은, 사건의 상황, 당사자들이 표현할 수 있는 바람, 분쟁의 신속한 해결의 필요를 고려하여, 자신이 적절하다고 고려하는 방식으로 조정절차를 수행할 수 있다.

3. 절차의 수행에서, 어떠한 경우에도, 조정인은 당사자들의 공정한 대우를 유지하려고 해야 하고, 그렇게 함에 있어서, 사건의 상황을 고려하여야 한다.

4. 조정인은, 조정절차의 어느 단계에서도, 분쟁의 해결을 위한 제안을 할 수 있다.

제8조 조정인과 당사자들 사이의 의사소통

조정인은 당사자들을 함께 또는 각각 별도로 만나거나 의사소통 할 수 있다.

제9조 정보의 공개

조정인이 당사자 일방으로부터 분쟁에 관한 정보를 받을 때, 조정인은 그 정보의 요지를 조정의 타방 당사자에게 공개할 수 있다. 그러나 당사자 일방이, 비밀로 유지되어야 한다는 특정 조건으로, 조정인에게 정보를 줄 때, 동 정보는 조정의 타방 당사자에게 공개되어서는 아니 된다.

제10조 비밀유지

당사자들이 달리 합의하지 않는 한, 조정절차에 관련된 모든 정보는 비밀로 유지되어야 한다. 단, 법에 따라 또는 화해합의의 이행 또는 집행의 목적으로 공개가 요구되는 경우는 예외로 한다.

제11조 다른 절차에서 증거능력

1. 조정절차의 관리에 관여한 자들을 포함하여 조정절차 당사자, 조정인 및 모든 제3자는 중재, 소송 또는 유사한 절차에서 다음의 어느 하나를 원용하거나, 증거로서 제시하거나, 또는 이에 관한 증언이나 증거를 제공해서는 아니 된다:

   (a) 조정절차에 참여하라는 당사자의 요청 또는 당사자가 조정절차에 참여하고자 하였던 사실;

   (b) 분쟁의 가능한 해결과 관련하여 조정에서 당사자가 표현한 의견 또는 제시한 제의;

   (c) 조정절차의 과정에서 당사자의 진술 또는 시인;

   (d) 조정인의 제안;

(e) 당사자가 조정인의 해결 제안을 수락하려는 의향을 나타낸 사실;

(f) 조정절차의 목적으로만 준비된 문서.

2. 본 조 1항은 동 조항에서 언급된 정보나 증거의 형식과 관계없이 적용된다.

3. 중재판정부, 법원 또는 다른 소관 정부 당국은 본 조 1항에 언급된 정보의 공개를 명령해서는 아니 되고, 이러한 정보가 본 조 1항에 위반하여 증거로서 제공되는 경우, 동 증거는 인정되어서는 아니 된다. 그럼에도 불구하고, 그러한 정보는 법에 따라 또는 화해합의의 이행 또는 집행의 목적으로 요구되는 범위 내에서 증거로서 공개되거나 인정될 수 있다.

4. 본 조 1항, 2항 및 3항의 규정은 중재, 소송 또는 유사한 절차가 조정절차의 대상이거나 대상이었던 분쟁에 관련되는지 관계없이 적용된다.

5. 본 조 1항의 제한을 조건으로, 중재 또는 소송 또는 유사한 절차에서 달리 인정될 수 있는 증거는 조정에서 사용되었기 때문에 인정될 수 없는 것은 아니다.

제12조 조정절차의 종료

조정절차는 다음에 의하여 종료된다:

(a) 당사자들의 화해합의의 체결에 의하여, 동 합의 일자에;

(b) 당사자들과 협의 후, 조정에 대한 추가 노력이 더 이상 정당화되지 않는다는 취지의 조정인의 선언에 의하여, 동 선언 일자에;

(c) 조정절차가 종료된다는 취지의 당사자들의 조정인에 대한 선언에 의하여, 동 선언 일자에; 또는

(d) 조정절차가 종료된다는 취지의 당사자 일방의 타방 당사자 또는 당사자들과, 지정된 경우, 조정인에 대한 선언에 의하여, 동 선언 일자에.

제13조 중재인으로서 행위하는 조정인

당사자들이 달리 합의하지 않는 한, 조정절차의 대상이었거나 대상인 분쟁에 관하여, 또는 동일한 계약이나 법적 관계 또는 모든 관련된 계약이나 법적 관계에서 발생한 다른 분쟁에 관하여 조정인은 중재인으로서 행위해서는 아니 된다.

제14조 중재 또는 소송절차 회부

당사자들이 조정에 합의하였고 특정 기간 동안 또는 특정 사건이 발생할 때까지 현존의 또는 장래의 분쟁에 관하여 중재 또는 소송절차를 개시하지 않는다고 명시적으로 약속하였던 경우, 중재판정부 또는 법원은, 자신의 의견으로, 당사자

가 자신의 권리를 보전하기 위하여 필요한 범위를 제외하고, 동 약속의 내용이 준수될 때까지 동 약속을 유효하게 해야 한다. 그러한 절차의 개시는 그 자체로 조정합의의 포기나 조정절차의 종료로 간주되지 않는다.

제15조 화해합의의 구속력과 집행력

당사자들이 분쟁을 해결하는 합의를 체결하면, 동 화해합의는 구속력 있고 집행 가능하다.

3. 제3절 국제화해합의[5)]

제16조 본 절의 적용 범위 및 정의

1. 본 절은 상사분쟁을 해결하기 위하여 조정에 의하고 당사자들이 서면으로 체결한 국제합의('화해합의')에 적용된다.[6)]
2. 본 절은 다음의 화해합의에 적용되지 않는다:
   (a) 개인, 가족 또는 가사 목적으로 당사자들 중 일방(소비자)이 참여한 거래에서 발생하는 분쟁을 해결하기 위하여 체결된 화해합의;
   (b) 가족법, 상속법 또는 노동법과 관련된 화해합의.
3. 본 절은 다음에 적용되지 않는다:
   (a) 다음의 화해합의:
       (i) 법원이 승인하였거나 법원의 절차 중에 체결된 화해합의; 및
       (ii) 해당 법원의 국가에서 판결로서 집행 가능한 화해합의;
   (b) 중재판정으로 기록되었고 집행 가능한 화해합의.
4. 화해합의의 체결 당시 다음의 경우 화해합의는 '국제적'이다:[7)]
   (a) 화해합의의 적어도 두 당사자들이 상이한 국가들에서 그들의 영업소들을 가지거나; 또는
   (b) 화해합의 당사자들이 그들의 영업소들을 가지는 국가가 다음의 어느 한 국가와 다른 경우:
       (i) 화해합의에 따른 의무의 상당 부분이 이행되어야 하는 국가; 또는
       (ii) 화해합의의 대상과 가장 밀접하게 관련된 국가.
5. 제4항의 목적으로:
   (a) 당사자가 둘 이상의 영업소들을 가지는 경우, 관련 있는 영업소는 화해합의의 체결 당시 당사자들에게 알려지거나 당사자들이 예기한 상황을 고려하여, 화해합의로 해결된 분쟁에 가장 밀접한 관계를 가지는 영업소

이다;

　(b) 당사자가 영업소를 가지지 않는 경우, 동 당사자의 상거소를 참조하여야 한다.

6. 화해합의의 내용이 어느 형식으로도 기록되면 동 화해합의는 '서면으로'이다. 전자적 교신에 포함된 정보가 추후 참조를 위하여 이용될 수 있도록 접속 가능하면 화해합의의 서면으로 요건은 동 전자적 교신에 대하여 충족된다.

5) 국가는 분쟁을 해결하는 합의가 조정에 의한 것인지 관계없이 동 합의에 적용하도록 본 절의 입법을 고려할 수 있다. 그러면 관련 조항들이 수정되어야 할 것이다.

6) 국가는 화해합의 당사자들이 그 적용에 합의한 경우에만 적용하도록 본 절의 입법을 고려할 수 있다.

7) 국가는 4항에 다음의 호를 추가하여 '국제'화해합의의 정의를 확대하는 것을 고려할 수 있다: "화해합의는 제3조 2항, 3항 및 4항에 정의된 국제조정에 의한 것이면 역시 '국제적'이다".

제17조 일반 원칙

1. 화해합의는 본 국가의 절차규칙에 따라 및 본 절에 규정된 조건으로 집행되어야 한다.

2. 당사자가 화해합의에 의해 이미 해결되었다고 주장하는 사안에 관하여 분쟁이 발생하는 경우, 동 사안이 이미 해결되었음을 증명하기 위하여 동 당사자는 본 국가의 절차규칙에 따라 및 본 절에서 규정된 조건으로 동 화해합의를 원용할 수 있다.

제18조 화해합의의 원용 요건

1. 본 절에 따라 화해합의를 원용하는 당사자는 본 국가의 소관 당국에게 다음을 제공하여야 한다:

　(a) 당사자들이 서명한 화해합의;

　(b) 화해합의가 조정에 의하였다는 증거, 예컨대:

　　(i) 화해합의에 대한 조정인의 서명;

　　(ii) 조정이 수행되었음을 나타내는 조정인이 서명한 문서;

　　(iii) 조정을 관리한 기관의 증명; 또는

　　(iv) (i), (ii) 또는 (iii)이 없는 경우, 소관 당국이 수용할 수 있는 모든 다른 증거.

2. 당사자들이 또는, 적용 가능한 경우, 조정인이 화해합의를 서명하여야 한다는 요건은 전자적 교신과 관련하여 다음의 경우 충족된다:

(a) 당사자들 또는 조정인을 확인하기 위하여 및 전자적 교신에 포함된 정보에 관하여 당사자들 또는 조정인의 의사를 나타내기 위하여 수단이 사용되는 경우; 및

(b) 사용된 수단이 다음의 하나인 경우:

(i) 모든 관련 합의를 포함하여, 모든 상황을 고려하여, 전자적 교신이 생성되었거나 전송된 목적으로 적절하게 신뢰할 수 있는 경우; 또는

(ii) 그 자체로서 또는 추가 증거와 함께 위 (a)호에서 기술된 기능을 충족하였다고 사실상 증명된 경우.

3. 화해합의가 본 국가의 공식 언어로 작성되지 않은 경우, 소관 당국은 그러한 언어로 번역을 요청할 수 있다.

4. 소관 당국은 본 절의 요건이 준수되었음을 증명하기 위해 모든 필요한 문서를 요구할 수 있다.

5. 구제 요청을 고려할 때, 소관 당국은 신속하게 행위하여야 한다.

제19조 구제 부여의 거부 사유

1. 본 국가의 소관 당국은 구제를 청구하는 당사자의 타방 당사자가 소관 당국에게 다음의 증명을 제공해야만 동 당사자의 요청으로 구제 부여를 거부할 수 있다:

(a) 화해합의의 당사자가 제한능력자였던 경우;

(b) 원용하려는 화해합의가 다음과 같은 경우:

(i) 당사자들이 유효하게 화해합의에 적용한 법에 따라 또는, 그러한 표시가 없는 경우, 소관 당국이 적용 가능하다고 간주한 법에 따라 무효이거나, 실효이거나 이행불능인 경우;

(ii) 화해합의의 내용에 따라 구속력이 없거나, 종국적이지 않은 경우; 또는

(iii) 추후 수정된 경우;

(c) 화해합의에서 의무가 다음과 같은 경우:

(i) 이행된 경우; 또는

(ii) 명확하지 않거나 이해할 수 없는 경우;

(d) 구제 부여가 화해합의의 내용에 반할 경우;

(e) 조정인이 자신 또는 조정에 적용 가능한 기준을 심각하게 위반하였고 만약 그 심각한 위반이 아니었다면 동 당사자가 화해합의를 하지 않았을 경우; 또는

(f) 조정인이 자신의 공평성이나 독립성에 관하여 정당한 의심이 제기되는 상

황을 당사자들에게 공개하지 않았고 그러한 비공개가 당사자에게 중대한 효과나 부당한 영향을 주었고 만약 공개하였다면 동 당사자가 화해합의를 하지 않았을 경우.

2. 본 국가의 소관 당국은 다음의 경우 구제 부여를 거부할 수 있다:

(a) 구제 부여가 본 국가의 공공정책에 반할 경우; 또는

(b) 분쟁의 대상이 본 국가의 법에 따라 조정에 의한 해결이 가능하지 않은 경우.

제20조 병행 신청 또는 청구

화해합의에 관련된 신청이나 청구가 제18조에 따라 청구되고 있는 구제에 영향을 줄 수 있는 법원, 중재판정부 또는 다른 소관 당국에 제기되었으면, 그러한 구제가 청구되는 본 국가의 소관 당국은, 적절하다고 고려하는 경우, 결정을 연기할 수 있고, 당사자 일방의 요청으로 타방 당사자에게 적합한 담보를 제공하도록 명할 수도 있다.

조정의 이해: 'UNCITRAL 조정 노트'를 중심으로

03 조정의 이해: 'UNCITRAL 조정 노트'를 중심으로

UNCITRAL은 2021년 7월 14일 제54차 세션에서 'UNCITRAL 조정규칙' (UNCITRAL Mediation Rules)과 함께 'UNCITRAL 조정 노트'(UNCITRAL Notes on Mediation, 이하 '조정 노트')를 채택하였다.[1] 아래에서 조정의 실무를 올바르게 이해하기 위하여 조정 노트의 내용을 정리한다.[2]

1. 조정 노트의 목적

조정 노트는 조정에 관련된 사안을 간단히 정리한 것으로서, 특히 '국제조정'(international mediation)에서 분쟁당사자들과 조정 종사자들이 일반적으로 사용하도록 마련되었다.[3] 조정을 특징 짓는 유연성을 고려할 때, 당사자들 사이의 해결을 촉진하는 절차적 스타일, 관행 및 수단은 다양하지만,[4] 조정 노트는 특정 관행을 최선이라고 고취하지 않는다.[5] 조정 노트는 당사자들이나 조정인에게 구속력 있는 법적 요건을 부과하지 않으며, 조정규칙(mediation rules)으로 이용되기에는 적당하지 않다.[6]

2. 조정의 주요 특징

조정은 효율적이고 비용 효과적인 분쟁 해결방법으로서, 분쟁당사자들은 자신의 이해관계(interests)를 고려하고 승패(win-lose) 결과를 피함으로써 자신의 분쟁을 방지하거나 해결할 수 있다.[7] 조정을 통하여 당사자들은 상업적 관

계가 종료되는 경우를 감소하고 국제거래의 이행을 촉진할 수 있다.[8]

(1) 비사법적 과정

조정은 공식적이지 않고 '사법적 절차'(adjudicative proceedings)에 반대되어, 조정 과정의 방식은 법적으로 미리 결정되지 않는다.[9] 성공적인 조정에서 당사자들은 종종 '당사자 일방의 타방 당사자에 대한 적대적 태도에서 당사자 모두가 문제를 해결하려는 해결−지향적 태도로'(from an adversarial("one party against the other") to a solution−oriented("both parties against the problem") mindset) 전환한다.[10] 조정으로 화해합의를 하지 못한 경우에도, 당사자들은 쟁점을 보다 잘 이해하고 비현실적인 기대를 극복할 수 있게 된다.[11]

(2) 유연한 과정

조정은 당사자들이 자신의 필요(needs)와 사건의 상황(circumstances)을 고려하여 원하는 대로 만들 수 있는 유연한 과정이어서, 재판이나 중재보다 보통 시간과 재원이 덜 소요된다.[12] 당사자들은 자신의 '근본적인 우려와 이해관계'(underlying concerns and interests)에 집중하여, 잠재적 오해를 해소하고 장기적 사업 관계의 기초를 개발할 수 있다.[13]

(3) 당사자 자치에 기초한 자발적 과정

조정은 '당사자 자치'(party autonomy)에 기초하여, 당사자들은 조정의 참여에 대하여 완전한 통제를 행사한다.[14] 관련 법에 따른 '강행적 요건'(mandatory requirements)이 적용되지 않으면, 당사자들은 보통 다음의 사안을 자유로이 정할 수 있다:[15] 조정인에 대한 합의; 조정절차의 수행에 대한 합의; 조정으로 해결되는 쟁점의 범위 결정; 자신의 해결책 개발; 분쟁의 일부 또는 전부 해결; 및/또는 언제라도 조정의 종료.

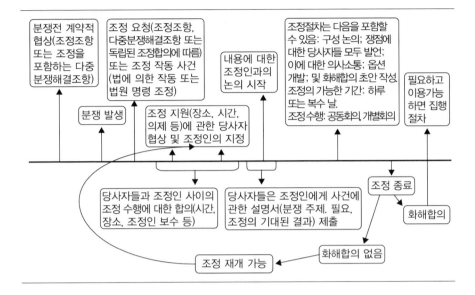

3. 법적 골격

(1) 싱가포르조정협약

2018년 12월 20일 UN 총회가 채택한 싱가포르조정협약은 조정에 의한 국제화해합의에 적용된다.17) 동 협약은 조정에 의한 국제화해합의의 집행 및 당사자들의 동 화해합의의 원용을 위한 통일적이고 효율적인 골격을 제공한다.18) 동 협약은 당사자들의 화해가 간소하고 간결한 절차에 따라 구속력 있고 집행 가능하도록 보장한다.19)

(2) 조정에 관한 법

조정모델법에 기초한 법을 포함한 '조정에 관한 법'(mediation law)은 보통 조정을 당사자들이 자신의 분쟁을 협상으로 우호적으로 해결하려는 시도에서 제3자(들)의 지원을 받는 과정이라고 정의한다.20) 조정인은 당사자들이 해결책을 찾도록 그들의 의사소통(communication)을 지원하지만, 당사자들에게 해결책을 부과할 권한을 갖지 않는다.21)

기본적으로 조정에 관한 법은 조정인이 '필요한 공개'(the necessary disclosures)를 하도록 보장하는 등 조정 과정의 완결성(integrity)의 보호와 당사자 자치를 보전하여 최대한 유연성의 제고 사이의 균형을 이루고자 한다.[22] 조정에 관한 법은 절차적 차이를 수용하여, 보통 조정절차에 관한 기본적 규정을 포함한다.[23] 조정에 관한 법은 종종 '국내조정'(domestic mediation)에 집중하고 조정에 대한 접근, 조정기관의 설립, 조정인의 지정과 인증 및 비밀 보호에 관한 규정을 포함한다.[24]

(3) 조정규칙

당사자들은 조정규칙(mediation rules)의 이용에 합의할 수 있는데, 조정규칙은 보통 조정의 절차적 골격을 결정한다.[25] 조정규칙은 모델조정조항(model mediation clause)을 포함하여, 당사자들이 상사계약에서 용이하게 채택할 수 있게 한다.[26] 예컨대, UNCITRAL 조정규칙은 절차적 규칙으로서 '조정관리기관'(an institution administering the mediation) 없이도 이용할 수 있고, 당사자들은 원하는 대로 동 규칙을 변경하고 조정할 수 있다.[27] 당사자들은 기관이 관리하는 조정절차를 이용하도록 결정할 수 있고, 대부분 기관의 규칙은 당사자들에게 높은 수준의 유연성을 제공한다.[28]

4. 조정의 구성에서 고려할 수 있는 사안(주석)

(1) 조정의 개시

1) 다양한 근거

조정은 중재, 재판 또는 다른 분쟁 해결절차의 전이나 도중에 분쟁의 상이한 단계에서 성공적으로 개시될 수 있다.[29] 조정은 분쟁이 발생하기 전이나 후에 당사자들 사이의 합의에 근거하여 수행될 수 있다.[30] 조정은 종종 공식적 절차가 개시되기 전이나 종결된 후에(예컨대 중재판정이나 판결의 집행 목적으로) 분쟁을 해결하기 위하여 해결책을 찾는 마지막 가능한 노력이 된다.[31] 조정은 국제문서나 법 또는 법원, 중재판정부나 소관 정부 기관의 지시나 제안에 의하여 확립된 의무에 근거하여 수행될 수 있다.[32]

2) 당사자들의 합의
① 분쟁 전 합의

당사자들은 계약에 조정조항(a mediation clause)을 포함하는 것이 바람직하다.[33] 조정조항은 보통 당사자들이 조정을 통하여 계약의 분쟁을 해결하도록 노력한다고 규정한다.[34] 당사자들은 보통 그들의 필요에 맞게 조정조항을 변형할 수 있다.[35] 당사자들은 조정규칙을 선택할 수 있고, 조정 언어와 조정 장소를 나타낼 수도 있다.[36]

계약에 포함될 수 있는 '분쟁 전 조정조항'(a pre-dispute mediation clause)은 간단한 조항이거나 또는 조정이 첫 단계인 '다층 분쟁 해결조항'(a multi-tiered dispute resolution clause)의 부분이거나 또는 중재, 재판 또는 다른 분쟁 해결절차와 동시에 조정이 개시한다고 규정하는 조항이다.[37] 다층 분쟁 해결조항의 경우, 당사자들은 시간과 과정에 관한 단계를 나타내도록 다중과정의 부분으로서 특정 행위를 준수해야 하는 시기를 결정하는 것이 바람직하다.[38]

② 현존하는 분쟁을 조정하는 합의

조정의 사전 합의가 없는 경우, 당사자는 어느 단계에서도, 중재, 재판 또는 다른 분쟁 해결절차가 진행하는 중에도, 조정을 요청할 수 있다.[39] 조정이 중재나 재판의 도중에 수행되는 경우, 중재나 재판은, 적용 가능한 법이 금지하지 않으면, 조정이 수행되도록 유예될 수 있다.[40] 경우에 따라 당사자들은 조정과 중재 또는 재판을 동시에 수행하도록 합의할 수 있다.[41]

3) 조정의 요청

조정을 개시하고자 하는 당사자는 보통 타방 당사자(들)에게 조정을 요청한다.[42] 이러한 예비 단계에서, '합의하거나 강행적 절차'(any agreed or mandatory procedure)에 따라, 조정의 요청에 다음을 나타내는 것이 유용하다:[43] 분쟁 대상의 간단한 설명; 분쟁이 발생하거나 관련되는 계약이나 다른 법적 문서 또는 이러한 계약이나 문서가 없는 경우 적절한 관계의 간단한 기술; 요청이 '조정합의'(a mediation agreement)나 다른 근거에 따른 것인지와 같은 조정의 근거 표시; 적용 가능한 조정규칙, 또는 있으면, 조정절차; 및 조정 요청의 거부로 간주할 수 있는 조정 요청의 수령 후 기간.

4) 조정의 개시일

당사자들은 여러 이유로 조정의 개시일을 결정하는 것이 바람직한데, 예컨대 조정의 개시일은 비밀유지 의무의 개시 시점이 된다.[44] 조정의 개시일은 종종 분쟁 당사자들이 조정에 참여하기로 합의하는 날이다.[45]

5) 기관의 지원

당사자들은 자신의 분쟁을 조정기관(a mediation institution)에 맡기는 것을 고려할 수 있다.[46] 조정기관은 조정을 일반적으로 다루거나, 또는 건설, 기반시설, 지재권 분쟁이나 온라인 분쟁 해결과 같은 특정 유형의 해결 등 특정 분쟁의 유형에 따라 전문화될 수 있다.[47] 기관의 지원 이용 가능성, 성격 및 비용은 해당 기관에 따라 다르다. 기관의 지원은 다음을 포함할 수 있다: 절차적 단계와 비용 등 조정의 구성에 관한 지침 제공; 조정인의 선정과 지정의 지원; 회의시설 예약과 번역 등 '행정 및 지원 사안'(administrative and logistical matters)의 지원; 특히 '온라인 조정'(online mediation)의 경우 개인정보보호와 사이버안전의 제공; 및 조정이 수행되었음의 증명.[48]

(2) 조정인의 선정 및 지정

1) 조정인의 선정 및 지정 방법

당사자들이 조정에 참여하기로 합의한 후, 당사자들은 보통 조정인의 '선정 및 지정'(selection and appointment) 작업을 한다.[49] 당사자들은 조정인에 대하여 또는 조정인의 지정 절차에 대하여 합의할 수 있다.[50] 조정인의 지정에 대한 합의는 조정의 '합의적 성격'(consensual nature)을 존중하고 당사자들에게 보다 큰 통제와 자치 및 조정 과정에의 신뢰를 제공한다.[51]

일반적으로 신속하고 낮은 비용의 조정을 위하여 한 명의 조정인을 지정한다.[52] 가끔 당사자들은 다음의 경우 둘 이상의 조정인을 지정한다:[53] 분쟁이 복잡하여 둘 이상의 분야에서 특별한 전문성이 필요한 경우(이 경우 전문가를 대신 지정할 수 있음); 한 명의 조정인이 국제거래에 관련된 법과 상관습(trade usages), 언어 또는 문화를 충분하게 알 수 없는 경우; '다수 당사자들'(multiple parties)이 관여하는 경우.

당사자들이 조정인을 지정할 수 없을 때, 특정 조정규칙은 조정인을 지정하는 권한의 제공을 규정한다.[54] 이런 경우, 당사자들은 기관이나 사람에게 '적합한 조정인'(a suitable mediator)을 추천하거나 직접 조정인을 지정하라고 요청할 수 있다.[55] 예컨대, UNCITRAL 조정규칙 제3조는 당사자들이 기관이나 사람에게 조정인의 선정을 부탁하고 추후 당사자들이 지정할 수 있게 한다.[56] 국제조정에서 개인을 조정인으로서 행위하도록 추천하거나 지정할 때, 지정하는 기관이나 사람은 당사자들 국적과 다른 국적의 조정인을 선택할 필요가 있는지 고려할 수 있고 지리적 다양성과 성별을 존중하도록 노력해야 한다.[57]

2) 이용 가능성, 기술 및 배경

유망한 조정인을 선정할 때, 당사자들은 다음의 요소를 고려할 수 있다:[58] 이용 가능성, 조정의 수련과 경험 및 조정 수행 능력; 국적과 법적 전통 등 배경; '공인된 전문적 조정표준기관'(a recognized professional mediation standards body)이 수여한 적절한 승인 및/또는 인증; 및 분쟁 대상에 대한 전문성, 언어 및 전문적 기술을 포함하여 직업적 전문성과 자격.

3) 윤리적 요건

조정인은 보통 독립적이고 공평하여야 하고, 분쟁이나 그 결과에 대하여 직업적, 재정적 또는 다른 이해관계를 가지지 않아야 한다.[59] 조정인의 지정 시점부터 조정 과정 내내, 조정인은 보통 자신의 공평성에 대하여 정당화될 수 있는 의심을 일으킬 것 같은 어떤 상황도 공개하도록 요구된다.[60] 당사자들은 '잠재적 이해충돌'(potential conflicts of interests)을 고지받고 조정인의 지정에 '이해한 동의'(informed consent)를 준 경우, 조정인은 조정을 속행할 수 있다.[61]

많은 관할권에서, 당사자들이 달리 합의하지 않으면, 조정인은 조정의 대상이거나 대상이었던 분쟁에서 또는 동일하거나 관련된 계약이나 법적 관계에서 발생하는 다른 분쟁을 위하여 중재인이나 판사로 행위하는 것이 허용되지 않는다.[62] 법과 조정규칙도 종종 조정인이 중재, 재판 또는 다른 분쟁 해결절차에서 조정의 대상인 분쟁에 관하여 당사자의 '대리인이나 변호인'(a representative or counsel)으로서 행위하지 않도록 요구한다.[63]

(3) 준비 단계

1) 위임 사항과 비용

당사자들이 조정인을 선정하면, 조정인의 지정은 확정되어야 한다.[64] 당사자들은 '지정 서신'(an appointment letter)을 조정인에게 발송할 수 있다.[65] 당사자들과 조정인은 조정의 다양한 요소와 조정인의 조정 과정에의 개입을 포함하는 '위임 사항'(terms of reference)에 서명하는 것이 보통이다.[66] 위임 사항은 분쟁의 요약, 조정인에게 적용 가능한 윤리적 기준과 공개 의무 등 조정 수행을 결정하는 관련 규칙 및 당사자들의 비밀유지에 관한 합의를 포함할 수 있다.[67]

당사자들과 조정인은 처음에 조정인 비용과 조정 비용의 결정과 할당에 대하여 합의하여야 한다.[68] '조정인 비용'(fees of the mediator)은 '조정의 결과 또는 분쟁 가액'(the outcome of the mediation or the amount in dispute)에 따를 수도 있고 그렇지 않을 수도 있다.[69] 또한, 당사자들은 처음부터 조정인이 결과에 관계 없이 보수를 받는다고 합의해야 한다.[70] '조정 비용'(mediation costs)은 보통 다음을 포함한다:[71] 조정인 비용; 있으면, 조정관리기관의 비용; 당사자들이 직접 부담하지 않는 경우, 여행, 숙박 및 '행정적이고 기술적인 지원'(administrative and technological support) 등 조정인이 부담하는 비용; 있으면, 전문가가 발생한 비용; 및 번역과 통역비를 포함한 다른 비용.

조정인은 당사자들에게 사전에 비용을 기탁하도록 요구할 수 있고, 동 기탁금이 지불될 때까지 조정을 정지할 수 있다.[72] 조정규칙은 종종 당사자들이 균등하게 기탁하는지 및 일방 당사자가 요구된 지불을 하지 않는 결과 등의 사안에 관한 규정을 둔다.[73] 조정기관이 조정을 관리하는 경우, 동 기관은 기탁금액의 확정과 기탁금의 관리 등을 수행할 수 있다.[74] 조정기관이 이렇게 관리하지 않는 경우, 당사자들 또는 조정인은 은행이나 외부의 서비스 제공자 등과 필요한 조치를 취해야 한다.[75] 어느 경우이든, 기탁금의 계좌 유형과 소재, 기탁금의 관리 방법 및 기탁금의 이자 등 사안을 명확하게 하는 것이 유용하다.[76]

'직업적 및 윤리적 강령'(professional and ethical codes)의 제한, 수령인의 신원에 관한 금융 규정 및 거래 또는 지불 제한과 같은 규제적 제한은 비용의 기탁금 관리에 영향을 줄 수 있다.[77] 비용의 할당은 보통 당사자들이 합의하거나 적용 가능한 조정규칙에 규정된다.[78] 일반적으로, 할당 수단이 합의되지 않으면, 조정에 관한 비용은 당사자들이 균등하게 부담한다.[79] '다자 절차'(multiparty proceedings)에서 '비용의 균등 배분'(equally sharing costs)에 대한 합의는 추가적으로 특정되어야 한다.[80]

2) 행정 지원

조정인은 조정 수행을 원활하게 하기 위하여 행정 지원을 필요로 할 수 있다.[81] 당사자들 또는 당사자들의 동의를 얻은 조정인은 적합한 사람이나 기관의 행정 지원을 마련할 수 있다.[82]

3) 당사자의 참석과 대리

당사자가, 분쟁의 해결에서 이사회, 행정위원회(ministerial committee) 또는 보험회사의 승인을 받아야 하는 등의 이유로 해결 권한의 제한을 받으면, 당사자는 처음에 조정인과 타방 당사자에게 그 제한을 고지하여야 한다.[83] 이로써 조정인은 조정의 시작 전에 당사자들과 이 사안을 논의할 수 있게 된다.[84] 위임장(a power of attorney)의 제출이 필요할 수 있다.[85]

조정 참가자들은 분쟁의 해결을 지원할 수 있는 사람을 포함할 수 있다.[86] 특히 국제분쟁에서는 변호인(counsel)이 조정 과정의 일부 또는 전부에서 당사자들을 지원하는 것이 보통이다.[87] 당사자들 사이의 협상은 일반적으로 '이해관계 기반'(interest-based)이고 법적 고려사항에 국한되지 않아서, 모든 경우에 '법정 대리'(legal representation)가 요구되지 않는다.[88] 당사자들의 법적 권리와 의무를 논의하고 화해의 제안과 옵션의 법적 의미를 분석하며 화해합의의 초안 작성에는 변호인의 참여가 권고된다.[89]

4) 비밀유지

당사자들은 조정의 처음에 그들이 바라는 조정의 비밀유지(confidentiality) 범위를 고려하고, 비밀유지 의무가 분명하게 규정되고 충분하게 보장되기 위하여 적용 가능한 법과 규정을 확인하는 것이 바람직하다.[90] 당사자들은 다음의 사항을 포함하여 비밀유지가 어떻게 다루어져야 할지 합의하여야 한다.[91]

① 조정인과 조정에 참여한 자

조정인은 일반적으로 조정에 관련되거나 조정 중에 획득한 어떤 정보도 포함하여 조정을 비밀로 유지하도록 기대된다.[92] 비밀유지 의무는 보통 조정인은 물론 당사자들을 대리하거나 지원하는 자와 행정 지원을 제공하는 자 등 '조정에 참여한 다른 사람들'(others involved in the mediation)에게도 적용된다.[93] 조정에 참여한 모두가 비밀유지 약정에 포함되는 것이 바람직하다.[94]

② 당사자들 사이

당사자들은 적용 가능한 법이 금지하지 않는 범위에서 기대되는 '비밀유지 체제'(confidentiality regime)에 대하여 합의할 수 있다.[95] 당사자들은 조정 자체와 조정 중에 교환되거나 공개된 정보가 비밀로 유지되는 범위를 결정할 수 있다.[96] '비밀유지 약정'(a confidentiality agreement)은 다음 사안의 하나 이상을 포함할 수 있다:[97] 조정 수행의 사실, 당사자들과 조정인의 신원, 서면 및 구두의 의사소통, 화해 내용 등 비밀이 유지되어야 하는 자료 또는 정보; 그러한 정보의 비밀을 유지하는 조치 및 비밀유지 의무의 기간; 법적 권리의 보호에 필요한 범위에서 전체로서 또는 부분적으로 비밀인 정보가 공개될 수 있는 상황; 공개된 정보, 법이나 규제기관이 요구하는 공개 등 이러한 공개가 허용될 수 있는 다른 상황.

③ 조정 중의 당사자들과 조정인 사이

당사자들은 조정인이 조정 중에 당사자에게서 수령한 정보를 다루는 방법을 합의해야 한다.[98] 예컨대, 조정인은 그러한 공개가 당사자들의 분쟁 해결에 도움이 될 것 같은 경우 그러한 정보의 요지(substance)를 조정의 타방 당사자에게 공개할 수 있을 것이다.[99] 그러나 당사자가 비밀이 유지되는 조건으로 조정인에게 정보를 제공한 경우, 그러한 정보는 조정의 타방 당사자에게 공개될 수 없다.[100]

④ 다른 절차에서 증거능력

주로 조정을 위하여 준비된 문서, 해결에 관한 제안 또는 조정 중에 당사자의 시인(admissions)은 중재, 재판 또는 다른 분쟁 해결절차에서 증거능력(admissibility of evidence)이 없다.[101] 다른 절차에서 증거능력을 인정하지 않는 것은 당사자들이 해결을 위하여 표시한 실체적 정보나 견해에 관한 공개로 결과하는 불이익을 갖지 않게 하고자 함이다.[102] 조정 중의 의사소통이나 교환된 정보를 증거로서 인정하지 않고 조정인을 조정 후의 절차에서 증인으로 소환할 수 없는 것은 조정의 대상이거나 대상이었던 분쟁에 관련된 모든 추후 절차를 포함한다.[103] 그럼에도, 보통 이러한 정보는 법에 따라 또는 화해합의의 집행이나 이행의 목적으로 요구되는 경우 증거로서 공개되거나 인정될 수 있다.[104]

5) 조정 장소와 시간의 결정

당사자들은 처음에 조정의 수행 장소를 결정해야 한다.[105] '조정 수행의 장소'(meeting locations)를 결정할 때, 다음을 고려할 수 있다:[106] 당사자들과 조정인의 조정 수행 장소로의 여행을 포함한 편의와 중립성; 지원 서비스의 이용 가능성과 비용; 및 각 당사자를 위한 '개별 방'(separate rooms)과 모든 당사자들이 참여하는 공동회의(joint meetings)를 위한 큰 방. 조정은 당사자들과 조정인 사이의 접촉을 '가상적 회의'(virtual meetings)로 제한하여 완전하게 또는 부분적으로 온라인으로 수행될 수 있다.[107] 이러한 경우, 적용 가능한 법의 결정은 영향을 받을 수 있어서, 조정 과정과 화해합의에 적용 가능한 법을 사전에 결정하는 것이 특히 중요할 수 있다.[108] 적절하게 준비하기 위하여, 당사자들은 조정의

'시간표와 시간 구성에 대한 합의를 포함하여 시간'(the timing, including agreeing on a time-table and time frame)을 결정할 수 있다.[109]

6) 조정 언어의 합의

당사자들은 통상적으로 조정의 수행에서 사용될 언어를 합의해야 한다.[110] 조정 중에 다수 언어가 사용되는 경우, 당사자들과 조정인은 이들 언어를 통역이나 번역 없이 혼용하여 사용하는지 또는 일정한 문서와 의사소통(또는 그 중 관련 부분)이 모든 언어로 번역될 필요가 있는지 결정하여야 한다.[111]

(4) 조정의 수행

1) 조정인의 역할

일반적으로 조정인의 역할은 조정 과정에서 및 당사자들 사이에서 신뢰를 구축하여 분쟁의 해결에 이르는 것이다.[112] 조정인은 처음에 '효과적인 협상을 위한 안전하고, 중립적이며 지원하는 분위기'(a safe, neutral and supportive atmosphere for effective negotiation)를 만들어야 한다.[113] 조정인은 당사자들의 기대, 사건의 상황과 상이한 관행에 따라 다양한 수준의 영향을 적용한다.[114] 조정인의 '중립적 지위'(neutral status)에서 조정인은 당사자들의 주장에 대응할 특별한 자격을 가지고, 당사자들 입장의 신뢰성을 평가하며 당사자들을 지원한다.[115] 조정인은 또한 당사자들이 그들의 필요와 이해관계를 파악하고 우선순위를 정하는데 지원하여 분쟁에 대한 '이해한 협상'(informed negotiations)과 '당사자들에게 적합한 해결책'(tailor-made solutions)에 이르게 한다.[116]

조정인은 교착상태를 극복하고 과정을 진전시키는 다양한 수단의 기법과 기술을 보유한다.[117] 조정 내내 조정인은 당사자들을 지원하고 토론에 대한 지침을 제공하며, 종종 당사자들이 창의적으로 생각하게 도움을 주어서, 가능한 결과를 고려하여 창의적이거나 달리 적합한 해결책을 포함한 해결책을 찾도록 하는데, 이는 법원이나 중재에서 이용 가능하지 않다.[118]

2) 초기 협의

조정인이 지정되면, 당사자들과 조정인은 전형적으로 대면 또는 전화 회의와 같은 원격으로 '준비 회의'(a preparatory meeting)를 하는데, 준비 회의에서 당사자들이 이용 가능한 다양한 규칙 중에서 선택하여 그들의 필요에 따라 조정할 수 있는 절차적 수행과 지원(logistical) 사안을 포함하여 사건에 최적인 조치를 합의할 수 있다.[119] 이러한 '초기 협의'(inital consultations)는 조정의 합의적 성격에 본질적이고, 특히 준비 단계에서 언급된 대부분의 구성에 관한 결정이 이루어진다.[120] 조정의 개시 전 또는 분쟁 전 조정합의에서 당사자들이 이들 사안에 대하여 합의하면, 당사자들은 이들 결정을 확정할 수 있다.[121]

초기 협의는 조정의 수행에 대한 당사자들의 기대를 분명히 하는데 도움이 되고, 당사자들은 조정인의 접근, 수단과 스타일이 해당 분쟁에 적합한지 및 수반되는 비용이 합리적인지 평가할 수 있다.[122] 따라서, 초기 협의는 중요하고, '지원 쟁점'(logistical issues)이 이미 다루어졌을 '기관 조정'(an institutional mediation)의 경우에도 그러하다.[123]

당사자들이 조정인이 따라야 할 절차나 조정을 규율하는 조정규칙에 대하여 합의를 하지 않았다면, 조정인과 당사자들은 그 절차를 함께 마련할 수 있다.[124] 당사자들은 적용 가능한 법의 강행적 규정에 따라 조정이 어떻게 수행되는지 결정하는 것을 조정인의 재량에 맡길 수 있다.[125] 특히, 초기에 당사자들은 이따금 절차적 사안에 대한 합의에 어려움을 가질 수 있어서, 조정인이 동 사안을 결정하도록 요청할 수 있다.[126] 일부 조정인들은 당사자들을 '일상적 절차적 사안'(routine procedural matters)에 관여시키는 것이 과정에서 신뢰의 확립에 첫째 필요한 조치라고 고려한다.[127]

당사자들은 조정의 초기에 조정이 중재, 재판 또는 다른 분쟁 해결절차의 개시를 차단하는지를 포함한 다양한 문제를 분명히 해야 한다.[128] 당사자들은 화해합의의 체결, 이행 및 집행의 법적 골격에 관한 문제도 고려해야 한다.[129]

3) 제출 문서 등

당사자들은 사건에 관한 정보가 조정인에게 어떻게 어떤 형식으로 제공되어야 하는지 자유로이 합의할 수 있다.[130] 조정 과정의 일부로서 당사자들은 보통 입장문(position paper), 조정문(mediation statement), 취지문(briefs), 또는 사건요약(case summary)으로 불리는 짧은 문서를 교환한다.[131] 이러한 요약문의 준비는 분쟁의 해결을 위하여 조정에서만 사용되도록 하는 것이지 추가적 소송에서 사용될 것은 아니다.[132] 요약문은 각 당사자가 또는 공동으로 제출할 수 있고, 다음을 포함할 것이다:[133] 분쟁 경과; 쟁점 설명; 및 당사자가 조정에서 얻고자 하는 것.

당사자들은 그들의 주장을 지원하거나 분쟁을 명확히 하기 위하여 제출될 문서에 합의할 수 있다.134) 이러한 문서는 계약과 서신(correspondence) 및 다른 관련 정보를 포함한다.135) 당사자들과 조정인은 특정 검색 기능을 보유한 전자적 포맷(format)을 포함하여 프린트물(hard copy), 전자적 형식 또는 '공유된 플랫폼'(a shared platform) 등 정보가 전달될 형식 등의 실제적 사항을 합의하는 것이 도움이 된다고 고려할 수 있다.136)

'전자적 교신 수단'(electronic means of communication)의 사용으로 조정은 보다 더 신속하고 효율적으로 수행할 수 있다.137) 그러나 모든 당사자들이 이러한 수단에 접속할 수 있고 잘 알고 있는지 고려하는 것이 바람직하다.138) 전자적 교신 수단을 결정할 때, 당사자들과 조정인은 호환성, 저장, 접속, 데이터 안전 및 관련 비용의 문제를 고려할 필요가 있다.139) 당사자들과 조정인은 전자적 교신이 충분하게 보호되는지 보장할 필요가 있다.140)

4) 조정 세션과 능동적 협상

주요 사실관계와 가능한 결과의 확실한 이해는 조정 과정에서 드러나야 한다.141) 이러한 목적으로, 조정인은 조정세션(mediation sessions)이라 불리는 공동회의(joint meetings)와 개별회의(private meetings)를 허용하는 적절한 플랫폼을 사용하여 대면 또는 원격으로 보통 하나 또는 몇 개 회의를 구성한다.142) 조정인은 당사자들과 협의하여 조정세션에 할당할 시간을 결정하는 것이 바람직하다.143)

조정세션은 모든 당사자들이 출석하여 열리거나 또는 코커스(caucus) 형식으로 '각 당사자와 별도로 열리거나', 또는 공동회의와 개별회의의 조합으로 열릴 수 있다.144) 예컨대, 조정인은 공동회의를 통하여 당사자들이 분쟁에 관한 자신의 견해를 논의하고 그 후에 각 당사자와 별도로 논의할 수 있다.145) '일방적 의사소통'(ex parte communications)은 금지되지 않고, 조정에서 유용하게 간주된다.146) 그러나 조정인은 당사자들의 '공정한 대우'(a fair treatment)를 유지하도록 기대되고 또한 일방적 의사소통이 이루어지고 있음을 타방 당사자에게 공개하도록 기대된다.147) 조정인은 타방 당사자보다 일방 당사자와 더 많은 시간을 가질 필요가 있는 점에서, 공정한 대우는 '동일한 대우'(equal treatment)를 의미하지 않는다.148) 당사자들은 조정 세션에 참가하는 것이 권고된다.149)

조정세션의 수와 그 시간은 쟁점의 복잡함에 따라 다르고 사건과 조정인과 당사자들이 선호하는 접근에 따라 정해질 수 있다.150) 쟁점을 파악하고 '오랫동안 지속 가능한 해결책'(a lasting and sustainable solution)을 강구하기 위하여 필요한 시간을 들이는 것은 중요하다.151) 복잡한 조정에서 조정세션의 구성에 관하여 더 큰 주의가 필요하다.152) 당사자들의 사전의 명시적 동의에 따라, 이해관계자들과/또는 전문가들이 필요에 따라 참석하도록 초대될 수 있다.153) 이러한 경우에 비밀유지의 문제는 비밀유지 약정 등으로 해결될 필요가 있다.154)

(5) 화해합의

1) 화해 제안

조정인은 당사자들에게 해결책을 부과할 수 없지만, 당사자들이 그들 분쟁의 '우호적 해결'(an amicable settlement)에 이르도록 당사자들을 지원할 수 있다.155) '화해 제안'(settlement proposals)은 당사자들 사이에서 직접 또는 조정인을 통하여 이루어질 수 있다.156) 조정인은 당사자들의 요청으로 화해 내용을 권고할 수 있다.157)

2) 화해합의의 초안

당사자들이 그들의 분쟁을 해결하는데 합의한 경우, 당사자들은 화해합의를 준비한다.158) 적용 가능한 법에 따라, 조정인은, 요청된 경우, '합의된 내용의 요약'(a summary of the agreed terms)을 제공하는 등 당사자들이 화해합의를 준비하는데 지원할 수 있다.159) 보통, 화해합의는 서면으로 작성하는데, 당사자들은 이러한 요건이 어떻게 충족되는지 확인하는 것이 바람직하다.160)

화해합의는 분명하게 작성되어야 하는데, 특히 이행 조건은 분명하게 확인할 수 있어야 한다.161) 화해합의에 적용 가능한 법을 합의하고, 화해합의의 의무가 관련된 장소를 고려할 때, 당사자들은 이에 대한 법적 결과 및 싱가포르조정협약을 포함하여 보다 일반적으로 법적 골격을 유념하여야 한다.162)

3) 집행력

일반적으로 당사자들은 자발적으로 화해합의에 규정된 의무를 준수한다.163) 그럼에도, 당사자들은 적용 가능한 조정에 관한 법이 규정한 화해합의의 언어 요건을 포함한 형식, 내용, 파일링(filing), 등록 또는 전달에 관한 요건, 집행지(들)의 관련 법 및 적용 가능한 조정규칙을 고려해야 한다.164) 필요한 경우, 화해합의는 집행이 청구되는 국가의 절차에 따라 집행될 수 있다.165) 이러한 절차는 상이한 관할권에 따라 다르다.166)

싱가포르조정협약 당사국인 국가와 조정모델법에 기초한 법을 입법한 국가는 이들에 규정된 집행 절차를 따를 것이다.[167] 화해합의를 기초하면서, 당사자들은 싱가포르조정협약과 조정모델법에 따른 관련 규정과 요건에 주의할 수 있다.[168] 싱가포르조정협약 제8조에 따른 당사국의 유보 리스트는 UNCITRAL 웹사이트에서 확인할 수 있다.[169]

당사자들은 화해합의가 조정에 의하였다는 증거로서 사용될 수 있고 적용 가능한 법적 골격에 따라 구제를 청구하기 위하여 원용할 수 있다는 이해를 밝힐 수 있다.[170]

(6) 조정의 종료

당사자들이 조정에 참여한 후, 조정은 보통 다음의 여섯 가지 경우에 종료한다:[171] i) 당사자들의 화해합의의 체결에 의하여, 동 합의 일자 또는 화해합의에서 당사자들이 합의한 다른 일자에; ii) 당사자들과 협의 후, 조정인이 지정한 합리적 기간 내에 모든 당사자들이 요구된 기탁금을 완전하게 지불하지 않았다면, 조정인의 선언에 의하여, 동 선언 일자에; iii) 당사자들과 협의 후, 조정에 대한 추가 노력이 더 이상 정당화되지 않는다는 취지의 조정인의 선언에 의하여, 동 선언 일자에; iv) 조정절차가 종료된다는 취지의 당사자들의 조정인에 대한 선언에 의하여, 동 선언 일자에; v) 자신에 대하여 조정절차가 종료된다는 취지의 당사자 일방의 타방 당사자 또는 당사자들과, 지정된 경우, 조정인에 대한 선언에 의하여, 동 선언 일자에; 또는 vi) 적용 가능한 국제문서, 법원 명령 또는 '강행적 법규정'(mandatory statutory provision)에서 규정된 기간 또는 당사자들이 처음에 합의한 기간이 만료한 경우.

조정절차의 종료는 추후 분쟁 해결절차가 개시하는 기준점이 될 수 있기 때문에 또는 조정의 대상인 청구에 적용 가능한 시효의 진행에 영향을 줄 수 있기 때문에, 조정절차의 종료는 분명하고 명확하게 기록되는 것이 바람직하다.[172]

---

1) 2021년 UNCITRAL 보고서, para. 112. 그 본문(초안)은 UNCITRAL, Settlement of Commercial Disputes, International Commercial Mediation: UNCITRAL Notes on Mediation, Note by the Secretariat, A/CN.9/1075 참조. UNCITRAL은 조정 노트를 채택하면서 일부 내용을 수정하였음에 유의해야 한다. 2021년 UNCITRAL 보고서, paras. 102−111 참조.
2) 이해의 편의를 위하여 조정 노트의 내용은 다소 의역될 수 있다.

3) 조정 노트 제1항.

4) 조정 노트 제2항 1문.

5) 조정 노트 제2항 3문.

6) 조정 노트 제3항.

7) 조정 노트 제4항.

8) 조정 노트 제5항.

9) 조정 노트 제6항.

10) 조정 노트 제7항 1문.

11) 조정 노트 제7항 2문.

12) 조정 노트 제8항.

13) 조정 노트 제9항.

14) 조정 노트 제10항 1문과 2문.

15) 조정 노트 제10항 3문.

16) 조정 노트 제11항.

17) 조정 노트 제12항 1문.

18) 조정 노트 제12항 2문.

19) 조정 노트 제12항 3문.

20) 조정 노트 제13항 1문.

21) 조정 노트 제13항 2문.

22) 조정 노트 제14항 1문.

23) 조정 노트 제14항 2문과 3문.

24) 조정 노트 제14항 4문.

25) 조정 노트 제15항 1문과 2문.

26) 조정 노트 제15항 3문.

27) 조정 노트 제15항 4문.

28) 조정 노트 제15항 5문과 6문.

29) 조정 노트 제16항.

30) 조정 노트 제17항 1문. 조정 노트 제19-22항 참조.

31) 조정 노트 제17항 2문.

32) 조정 노트 제18항.

33) 조정 노트 제19항 1문.

34) 조정 노트 제19항 2문.

35) 조정 노트 제19항 3문.

36) 조정 노트 제19항 4문과 5문. 조정 노트 제15항 및 제52항-54항 참조.

37) 조정 노트 제20항 1문.

38) 조정 노트 제20항 2문.

39) 조정 노트 제21항.

40) 조정 노트 제22항 1문.

41) 조정 노트 제22항 2문.

42) 조정 노트 제23항.

43) 조정 노트 제24항.

44) 조정 노트 제25항.

45) 조정 노트 제26항.

46) 조정 노트 제27항 1문.

47) 조정 노트 제27항 2문.

48) 조정 노트 제28항 1문과 2문.

49) 조정 노트 제29항 1문.

50) 조정 노트 제29항 2문.

51) 조정 노트 제29항 3문.

52) 조정 노트 제30항 1문.

53) 조정 노트 제30항 2문.

54) 조정 노트 제31항 1문.

55) 조정 노트 제31항 2문.

56) 조정 노트 각주 10.

57) 조정 노트 제31항 3문.

58) 조정 노트 제32항.

59) 조정 노트 제33항.

60) 조정 노트 제34항 1문.

61) 조정 노트 제34항 2문.

62) 조정 노트 제35항 1문.

63) 조정 노트 제35항 2문.

64) 조정 노트 제36항 1문.

65) 조정 노트 제36항 2문.

66) 조정 노트 제36항 3문.

67) 조정 노트 제36항 4문. 조정 노트 제45−51항 참조.

68) 조정 노트 제37항 1문.

69) 조정 노트 제37항 2문.

70) 조정 노트 제37항 3문.

71) 조정 노트 제37항 4문.

72) 조정 노트 제38항 1문.

73) 조정 노트 제38항 2문. UNCITRAL 조정규칙 제11조 3−5항 참조.

74) 조정 노트 제38항 3문.

75) 조정 노트 제38항 4문.

76) 조정 노트 제38항 5문.

77) 조정 노트 제39항.

78) 조정 노트 제40항 1문.

79) 조정 노트 제40항 2문. UNCITRAL 조정규칙 제11조 2항 참조.

80) 조정 노트 제40항 3문.

81) 조정 노트 제41항 1문.

82) 조정 노트 제41항 2문.

83) 조정 노트 제42항 1문.

84) 조정 노트 제42항 2문.

85) 조정 노트 제42항 3문.

86) 조정 노트 제43항 1문.

87) 조정 노트 제44항 1문.

88) 조정 노트 제44항 2문.

89) 조정 노트 제44항 3문.

90) 조정 노트 제45항 1문.

91) 조정 노트 제45항 2문.

92) 조정 노트 제46항 1문.

93) 조정 노트 제46항 2문.

94) 조정 노트 제46항 3문.

95) 조정 노트 제47항 1문.

96) 조정 노트 제47항 2문.

97) 조정 노트 제48항.

98) 조정 노트 제49항 1문.

99) 조정 노트 제49항 2문.

100) 조정 노트 제49항 3문. 조정모델법 제9조 참조.

101) 조정 노트 제50항.

102) 조정 노트 제51항 1문.

103) 조정 노트 제51항 2문.

104) 조정 노트 제51항 3문.

105) 조정 노트 제52항 1문.

106) 조정 노트 제52항 2문.

107) 조정 노트 제53항 1문.

108) 조정 노트 제53항 2문.

109) 조정 노트 제54항.

110) 조정 노트 제55항 1문.

111) 조정 노트 제55항 2문.

112) 조정 노트 제56항 1문.

113) 조정 노트 제56항 2문.

114) 조정 노트 제56항 3문.

115) 조정 노트 제56항 4문.

116) 조정 노트 제56항 5문.

117) 조정 노트 제57항 1문.

118) 조정 노트 제57항 2문.

119) 조정 노트 제58항 1문. 조정모델법 제7조 1항 참조. 다양한 규칙은 UNCITRAL 조정규칙

과 조정기관의 규칙을 포함한다.

120) 조정 노트 제58항 2문. 준비 단계는 조정 노트 제36－55항 참조.

121) 조정 노트 제58항 3문.

122) 조정 노트 제59항 1문.

123) 조정 노트 제59항 2문.

124) 조정 노트 제60항 1문.

125) 조정 노트 제60항 2문.

126) 조정 노트 제60항 3문.

127) 조정 노트 제60항 4문.

128) 조정 노트 제61항 1문.

129) 조정 노트 제61항 2문.

130) 조정 노트 제62항 1문.

131) 조정 노트 제62항 2문.

132) 조정 노트 제63항 1문.

133) 조정 노트 제63항 2문.

134) 조정 노트 제64항 1문.

135) 조정 노트 제64항 2문.

136) 조정 노트 제65항.

137) 조정 노트 제66항 1문.

138) 조정 노트 제66항 2문.

139) 조정 노트 제66항 3문.

140) 조정 노트 제66항 4문.

141) 조정 노트 제67항 1문.

142) 조정 노트 제67항 2문.

143) 조정 노트 제67항 3문.

144) 조정 노트 제68항 1문.

145) 조정 노트 제68항 2문.

146) 조정 노트 제68항 3문. UNCITRAL은 당사자들이 일방적 의사소통을 허용할지 않을지 합의할 수 있음을 유념하였다. UNCITRAL, Draft report: Addendum(Vienna, 28 June－16 July 2021), A/CN.9/LIV/CRP.1/Add.8, para. 7.

147) 조정 노트 제68항 4문.

148) 조정 노트 제68항 5문.

149) 조정 노트 제68항 6문.

150) 조정 노트 제69항 1문.

151) 조정 노트 제69항 2문.

152) 조정 노트 제70항 1문.

153) 조정 노트 제70항 2문.

154) 조정 노트 제70항 3문.

155) 조정 노트 제71항 1문.

156) 조정 노트 제71항 2문.

157) 조정 노트 제72항.

158) 조정 노트 제73항 1문.

159) 조정 노트 제73항 2문.

160) 조정 노트 제73항 3문. 조정모델법 제16조 6항 참조.

161) 조정 노트 제74항.

162) 조정 노트 제75항.

163) 조정 노트 제76항 1문.

164) 조정 노트 제76항 2문.

165) 조정 노트 제77항 1문.

166) 조정 노트 제77항 2문.

167) 조정 노트 제78항 1문.

168) 조정 노트 제78항 2문. 특히 협약 제4조와 제5조 및 조정모델법 제18조와 제19조 참조.

169) 조정 노트 제78항 3문.

170) 조정 노트 제79항.

171) 조정 노트 제80항.

172) 조정 노트 제81항.

결어

04 결어

　　2019년 8월 7일 싱가포르에서 공식 서명된 싱가포르조정협약이 2020년 9월 12일 발효하였다. 협약 당사국은 국제상사분쟁의 조정에 의한 화해합의를 당사자가 이행하지 않는 경우 법원 등을 통하여 동 화해합의를 집행할 의무를 가진다. 싱가포르조정협약은 외국 중재판정의 승인과 집행에 관한 뉴욕중재협약과 유사하게 국제상사분쟁의 조정을 통한 해결에 대하여 법적 안정성과 예측가능성을 제공한다. 싱가포르조정협약의 적용을 받는 화해합의는 당사자들의 입장이 충분히 반영될 수 있는 유연한 조정절차에 따르면서 뉴욕중재협약에 따른 중재판정과 같이 협약 당사국에서 효과적으로 집행될 수 있는 점에서, 조정과 중재의 장점을 결합한 것으로서 이해할 수 있다.

　　싱가포르조정협약의 이행은 협약 당사국들 사이의 상호성을 따르지 않는다. 즉, 동 협약에 따라 집행될 수 있는 화해합의는 반드시 협약 당사국에서 결과할 필요가 없다. 또한, 싱가포르조정협약에 따른 화해합의는 그 불이행에 대하여 협약 당사국 법원에서 집행될 수 있는 점에서 조정을 통하여 이루어진 합의로서 일반적인 계약은 아니고, 또한 조정절차를 통하여 합의되었기에 일반적인 중재판정도 아니다. 특히 미국과 중국 등 국제경제 비중이 큰 국가들이 싱가포르조정협약의 당사국이 되면, 국제상사조정은 국제상사중재와 함께 분쟁의 효과적인 해결에서 중요한 역할을 하게 될 것이다.

1. 국제분쟁에서 조정의 유용성

조정은 중재와 함께 재판의 시간과 비용의 부담을 덜기 위하여 고안된 '대체적 분쟁 해결 수단'(alternative dispute resolution, ADR)의 대표적 유형이다. 조정에서 제3자인 조정인이 분쟁 당사자들의 협상을 통한 해결을 도와주는 점에서, 조정은 '확대된 협상'(extended negotiation)으로 이해할 수 있다. 협상이 조정의 중심인 점에서, 조정인이나 분쟁당사자와 그 대리인은 'win—win 협상'의 기본 개념과 원칙을 올바로 이해하는 것이 필요하다. 재판과 중재와 달리, 예컨대, 조정에서는 분쟁당사자들이 주역이 되고 조정인은 조역이 된다고 볼 수 있다. 2020년 '싱가포르 국제분쟁 해결 아카데미'(Singapore International Dispute Resolution Academy)의 분석에 따르면, 분쟁 해결제도의 이용자들 중에서 변호사 등 '법적 이용자'(legal user)와 '기업 이용자'(business user)는 조정의 비용에 가장 크게 만족하였다. 즉, 법적 이용자의 62%와 기업 이용자의 72%가 조정 비용에서 크게 만족하였다. 법적 이용자의 51%와 기업 이용자의 39%는 소송에서의 비용에 크게 만족하였고, 법적 이용자의 23%와 기업 이용자의 31%는 중재의 비용에 크게 만족하였다. 따라서, 기업 이용자의 편에서 조정은 특히 비용에 관하여 가장 좋은 분쟁 해결방법으로 볼 수 있다.[1] 또한, 조정의 해결 속도(이용자의 68%)와 비용(이용자의 65%)에서 보다 높게 만족하였는데, 소송의 속도(이용자의 45%)와 비용(이용자의 48%) 및 중재의 속도(이용자의 30%)와 비용(이용자의 25%)에 비교하여 조정은 월등히 높은 만족도를 보였다.[2] 이러한 차이에도 불구하고, 조정을 통하여 분쟁이 해결되지 못하면, 법적 구속력을 가진 결과를 도출하는 중재나 재판이 활용될 수 있는 점에서, 조정은 중재와 재판에 대하여 보완적인 관계에 있다.

2. 싱가포르조정협약의 국내이행법률 제정

싱가포르조정협약의 당사국이 되면, '자신의 절차규칙에 따라 및 동 협약에 규정된 조건으로' 국제상사분쟁의 조정에 의한 화해합의를 집행하고 그 원용을 허용하여야 한다. 한국이 싱가포르조정협약을 비준하여 당사국이 되려면, 관련 절차규칙이 필요하다. 마침 법무부는 2021년 3월 싱가포르조정협약의 이행을 위한 법률 제정을 연구하고 준비하는 태스크포스(TF)를 출범하였다. 동 이행법률의 내용과 형식은 다음과 같이 예상할 수 있다. 첫째, 싱가포르조정협약의 원래 취지인 국제상사분쟁의 조정을 통한 화해합의의 집행 등에 관한 내용에 국한하여 소극적으로 접근하는 것이다. 법률 제목은 가칭 '싱가포르조정협약에 관한 법률'이 될 수 있다. 둘째, 싱가포르조정협약의 이행은 물론 동 협약과 함께 UNCITRAL 조정모델법 및 UNCITRAL 조정규칙에 규정된 조정에 관한 국제적 기준을 수용하여 보다 적극적으로 접근하는 것이다. 법률 제목은 가칭 '상사조정기본법'이 될 수 있는데, 상사중재에 적용되는 중재법에 유사한 조정에 관한 기본법이 될 것이다. 동 법은 싱가포르조정협약에 따른 국제상사분쟁의 조정을 통한 합의의 집행을 규정함과 동시에, 조정절차의 국제기준을 수용하여 조정의 개념, 조정절차, 조정인의 역할, 조정의 효력 등을 규정함으로써, 궁극적으로 국내에서 올바른 조정이 확산하는 기폭제가 될 수 있다. '중재산업 진흥에 관한 법률'의 예에 따라 동 법은 국내에서 조정의 활성화를 위한 정부의 지원 등을 규정할 수 있다. 동 법의 제정으로 현재 법원이 관장하는 민사조정과 충돌하지 않으면서, 소위 민간형 조정이 활성화될 수 있을 것이다.

3. 국제조정의 활성화를 위한 정부의 역할

싱가포르조정협약의 이행을 위한 국내법의 제정에서 중요한 문제는 국제조정의 수행에 관련된 정부의 역할이다. '국제조정의 허브'가 된다는 명목으로 정부 주도로 국제조정을 전담하는 기관을 설립하는 것이 검토될 수 있다. 그런데, 정부의 전적인 지원은 반드시 능사가 아니라고 볼 것이다. 모름지기 국제조정기관은 국제조정을 수행하는데 필요한 조정절차에 관한 규칙을 구비하고, 국제경쟁력을 가지는 조정인 명부를 비치하며, 해외의 유사 국제조정기관과 협력과 경쟁을 할 수 있는 등 국제조정이 가능하도록 '촉진하는'(facilitate) 역할을 하는 것이다. 이러한 국제조정의 촉진적 역할에는 상시적으로 많은 인력과 재원이 굳이 필요하지 않을 것이다. 특히, 법적 근거에 기반하고 법적 구속력을 부과하는 중재와 달리 당사자들의 이해관계를 충족시키는 협상을 도와주는 조정의 자율적 성격을 고려할 때 조정의 활용과 경쟁력 제고에 정부의 직접적 개입은 바람직하지 않다.

싱가포르조정협약의 이행법률이 어떤 내용과 형식이 되더라도, 형식적이거나 실질적으로 법원의 민사조정, 행정형 조정 및 형사조정과 같은 정부가 개입하는 '관제'가 되어서는 아니 될 것이다. 현재 국내에서 시행 중인 조정을 포함한 분쟁 해결제도는 공공재로서 간주하여 이용자인 국민의 접근 문턱을 낮추려고 한다. 그러나 조정인에 대한 대우가 현실적이지 않은 등의 문제로 이용자인 국민에게 실제로 도움이 되도록 신뢰할 만한 조정제도가 운영되고 있다고 보기는 어렵다. 사건의 규모나 성격, 당사자들의 지위 등을 고려하여 이에 맞는 조정인에 의한 조정이 가능해야 한다. 즉, 조정의 수행에서 자율성과 독립성을 보장함으로써, 조정을 통한 성공적인 분쟁 해결이 가능해야 이용자의 신뢰가 높아진다. 특히 국제경쟁력과 국제적 평판이 중요한 국제상사분쟁의 조정에서는 더욱 그러하다.

조정은 당사자들이 스스로 분쟁을 해결하게 도와주는 점에서 풀뿌리 민주주의에 부합하는 것이고, 기업들의 국제상사분쟁은 기본적으로 자유시장질서를 존중하여 해결되어야 한다. 이를 반영한 싱가포르조정협약체제에서 한국이 '국제조정의 허브'가 되려고 한다면, 국제적 평판과 신뢰를 가지고, 자율적 경쟁을 할 수 있는 독립적인 국제조정기관이 활동하여야 한다. 물론 조정이 당사자들의 자율적 분쟁 해결이라는 합의적 성격을 가진 점에서, 특히 한국의 국제경쟁력을 고려할 때, 다수의 국제조정기관이 국내에 설립되어도 좋을 것이다. 다만, 정부는 윤리적 기준을 포함한 일정한 기준에 부합하는 국제조정기관이 국제경쟁력을 갖출 수 있도록 필요한 시설과 설비의 이용을 지원하는 등 제한적이지만 효과적이고 충실한 지원을 하는 것이 바람직하다.

4. 결어

싱가포르조정협약은 공식 서명이 개시된 후 1년 후 발효하였지만, 미국과 중국은 물론 한국과 일본 등 국제경제적 활동이 큰 국가들이 가입하여야 한다. 동 협약이 유용하려면 화해합의의 구제가 부여될 수 있는 보다 많은 협약 당사국들이 필요하기 때문이다. 싱가포르조정협약은 국제상사분쟁의 조정에 의한 화해합의가 효과적으로 집행될 수 있게 하지만, 보다 근본적인 목적은 국제상사분쟁의 조정에 의한 해결의 촉진이다. 협약 당사국으로서 국가는 싱가포르조정협약의 이행에 있어서 특히 적용 범위, 집행과 원용 및 구제 거부 등에 관하여 국내법에서 구체적 기준을 채택하고 시행해야 할 것이다. 이 점에서 싱가포르조정협약의 적용을 받는 화해합의의 이행에 관한 국가실행(State practice)이 집적

될 필요가 있다.

싱가포르조정협약이 추구하는 국제상사분쟁의 조정에 의한 해결을 위하여 국제상사분쟁의 당사자인 기업이 조정의 유용성을 인식해야 하고, 국제계약에 싱가포르조정협약에 따라 조정에 의하여 분쟁을 해결한다는 조정조항이 포함되는 것이 바람직하다. 이 점에서 기업의 자문을 하는 사내외 변호사들의 적극적이고 올바른 역할이 요구된다. 특히 우리 기업이 국제상사분쟁을 조정에 의하여 해결하려는 의지가 없으면 싱가포르조정협약의 이행법률 제정 등 국제조정을 위한 국내 인프라 구축은 의미가 없게 된다. 우리 기업이 외국 기업과 체결하는 계약에 분쟁이 발생하면 조정을 통하여 해결하고, 이렇게 해결되지 않는 경우 중재 등을 통하여 해결하는 조정조항이 필요하다. 우리 기업 오너가 협상과 조정을 올바로 이해하여 기업 활동에서 활용하려는 노력도 필요하다. 전문경영인이 국제상사분쟁을 조정을 통하여 해결할 때 경영판단의 원칙에 따라 부당한 책임의 불이익을 받지 않는 합리적 경영 활동이 존중되어야 한다. 이와 함께 변호사 등 법조인의 협상과 조정의 올바른 이해도 필요하다. 분쟁에서 조정을 포함한 어떠한 방식의 해결이 사건 의뢰인에게 유리한 것인지 파악하여 올바른 자문을 줄 수 있어야 한다. 국내 대부분의 로스쿨에서 협상과 조정 교육이 이루어지지 않는 현실이지만 법조인은 협상과 조정 기법을 열심히 익혀야 한다. 우리 법조인의 협상과 조정의 올바른 이해와 우리 기업의 협상과 조정 능력의 제고를 바탕으로, 국제경쟁력을 갖춘 국내 국제조정기관의 자율적 활동이 보장되면 싱가포르조정협약체제에서 한국은 적어도 아시아에서 '국제조정의 허브'로 도약할 수 있을 것이다. 법원 등 정부와 변호사와 기업 등 민간 부문의 싱가포르조정협약의 올바른 이해와 활용으로 기업 간 국제상거래는 물론 국가 간 통상관계의 우호적 발전도 기대된다.

---

1) Singapore International Dispute Resolution Academy, *SIDRA Survery 2020*, para. 4.2.13.
2) Singapore International Dispute Resolution Academy, *SIDRA Survery 2020*, para. 4.2.10.

United Nations Convention on International Settlement Agreements Resulting from Mediation

Preamble

The Parties to this Convention,

Recognizing the value for international trade of mediation as a method for settling commercial disputes in which the parties in dispute request a third person or persons to assist them in their attempt to settle the dispute amicably,

Noting that mediation is increasingly used in international and domestic commercial practice as an alternative to litigation,

Considering that the use of mediation results in significant benefits, such as reducing the instances where a dispute leads to the termination of a commercial relationship, facilitating the administration of international transactions by commercial parties and producing savings in the administration of justice by States,

Convinced that the establishment of a framework for international settlement agreements resulting from mediation that is acceptable to States with different legal, social and economic systems would contribute to the development of harmonious international economic relations,

Have agreed as follows:

Article 1. Scope of application

1. This Convention applies to an agreement resulting from mediation and concluded in writing by parties to resolve a commercial dispute ("settlement agreement") which, at the time of its conclusion, is international in that:

    (a) At least two parties to the settlement agreement have their places of business in different States; or

(b) The State in which the parties to the settlement agreement have their places of business is different from either:

    (i) The State in which a substantial part of the obligations under the settlement agreement is performed; or

    (ii) The State with which the subject matter of the settlement agreement is most closely connected.

2. This Convention does not apply to settlement agreements:

    (a) Concluded to resolve a dispute arising from transactions engaged in by one of the parties (a consumer) for personal, family or household purposes;

    (b) Relating to family, inheritance or employment law.

3. This Convention does not apply to:

    (a) Settlement agreements:

        (i) That have been approved by a court or concluded in the course of proceedings before a court; and

        (ii) That are enforceable as a judgment in the State of that court;

    (b) Settlement agreements that have been recorded and are enforceable as an arbitral award.

Article 2. Definitions

1. For the purposes of article 1, paragraph 1:

    (a) If a party has more than one place of business, the relevant place of business is that which has the closest relationship to the dispute resolved by the settlement agreement, having regard to the circumstances known to, or contemplated by, the parties at the time of the conclusion of the settlement agreement;

    (b) If a party does not have a place of business, reference is to be made to the party's habitual residence.

2. A settlement agreement is "in writing" if its content is recorded in any form. The requirement that a settlement agreement be in writing is met by an electronic communication if the information contained therein is accessible so as to be useable for subsequent reference.

3. "Mediation" means a process, irrespective of the expression used or the basis upon which the process is carried out, whereby parties attempt to

reach an amicable settlement of their dispute with the assistance of a third person or persons ("the mediator") lacking the authority to impose a solution upon the parties to the dispute.

Article 3. General principles

1. Each Party to the Convention shall enforce a settlement agreement in accordance with its rules of procedure and under the conditions laid down in this Convention.
2. If a dispute arises concerning a matter that a party claims was already resolved by a settlement agreement, a Party to the Convention shall allow the party to invoke the settlement agreement in accordance with its rules of procedure and under the conditions laid down in this Convention, in order to prove that the matter has already been resolved.

Article 4. Requirements for reliance on settlement agreements

1. A party relying on a settlement agreement under this Convention shall supply to the competent authority of the Party to the Convention where relief is sought:
   (a) The settlement agreement signed by the parties;
   (b) Evidence that the settlement agreement resulted from mediation, such as:
      (i) The mediator's signature on the settlement agreement;
      (ii) A document signed by the mediator indicating that the mediation was carried out;
      (iii) An attestation by the institution that administered the mediation; or
      (iv) In the absence of (i), (ii) or (iii), any other evidence acceptable to the competent authority.
2. The requirement that a settlement agreement shall be signed by the parties or, where applicable, the mediator is met in relation to an electronic communication if:
   (a) A method is used to identify the parties or the mediator and to indicate the parties' or mediator's intention in respect of the information contained in the electronic communication; and

(b) The method used is either:

    (i) As reliable as appropriate for the purpose for which the electronic communication was generated or communicated, in the light of all the circumstances, including any relevant agreement; or

    (ii) Proven in fact to have fulfilled the functions described in subparagraph (a) above, by itself or together with further evidence.

3. If the settlement agreement is not in an official language of the Party to the Convention where relief is sought, the competent authority may request a translation thereof into such language.

4. The competent authority may require any necessary document in order to verify that the requirements of the Convention have been complied with.

5. When considering the request for relief, the competent authority shall act expeditiously.

Article 5. Grounds for refusing to grant relief

1. The competent authority of the Party to the Convention where relief is sought under article 4 may refuse to grant relief at the request of the party against whom the relief is sought only if that party furnishes to the competent authority proof that:

(a) A party to the settlement agreement was under some incapacity;

(b) The settlement agreement sought to be relied upon:

    (i) Is null and void, inoperative or incapable of being performed under the law to which the parties have validly subjected it or, failing any indication thereon, under the law deemed applicable by the competent authority of the Party to the Convention where relief is sought under article 4;

    (ii) Is not binding, or is not final, according to its terms; or

    (iii) Has been subsequently modified;

(c) The obligations in the settlement agreement:

    (i) Have been performed; or

    (ii) Are not clear or comprehensible;

(d) Granting relief would be contrary to the terms of the settlement agreement;

(e) There was a serious breach by the mediator of standards applicable to the mediator or the mediation without which breach that party would not have entered into the settlement agreement; or

(f) There was a failure by the mediator to disclose to the parties circumstances that raise justifiable doubts as to the mediator's impartiality or independence and such failure to disclose had a material impact or undue influence on a party without which failure that party would not have entered into the settlement agreement.

2. The competent authority of the Party to the Convention where relief is sought under article 4 may also refuse to grant relief if it finds that:

(a) Granting relief would be contrary to the public policy of that Party; or

(b) The subject matter of the dispute is not capable of settlement by mediation under the law of that Party.

Article 6. Parallel applications or claims

If an application or a claim relating to a settlement agreement has been made to a court, an arbitral tribunal or any other competent authority which may affect the relief being sought under article 4, the competent authority of the Party to the Convention where such relief is sought may, if it considers it proper, adjourn the decision and may also, on the request of a party, order the other party to give suitable security.

Article 7. Other laws or treaties

This Convention shall not deprive any interested party of any right it may have to avail itself of a settlement agreement in the manner and to the extent allowed by the law or the treaties of the Party to the Convention where such settlement agreement is sought to be relied upon.

Article 8. Reservations

1. A Party to the Convention may declare that:

(a) It shall not apply this Convention to settlement agreements to which it is a party, or to which any governmental agencies or any person acting on behalf of a governmental agency is a party, to the extent specified in the declaration;

(b) It shall apply this Convention only to the extent that the parties to the settlement agreement have agreed to the application of the Convention.

2. No reservations are permitted except those expressly authorized in this article.

3. Reservations may be made by a Party to the Convention at any time. Reservations made at the time of signature shall be subject to confirmation upon ratification, acceptance or approval. Such reservations shall take effect simultaneously with the entry into force of this Convention in respect of the Party to the Convention concerned. Reservations made at the time of ratification, acceptance or approval of this Convention or accession thereto, or at the time of making a declaration under article 13 shall take effect simultaneously with the entry into force of this Convention in respect of the Party to the Convention concerned. Reservations deposited after the entry into force of the Convention for that Party to the Convention shall take effect six months after the date of the deposit.

4. Reservations and their confirmations shall be deposited with the depositary.

5. Any Party to the Convention that makes a reservation under this Convention may withdraw it at any time. Such withdrawals are to be deposited with the depositary, and shall take effect six months after deposit.

Article 9. Effect on settlement agreements

The Convention and any reservation or withdrawal thereof shall apply only to settlement agreements concluded after the date when the Convention, reservation or withdrawal thereof enters into force for the Party to the Convention concerned.

Article 10. Depositary

The Secretary—General of the United Nations is hereby designated as the depositary of this Convention.

Article 11. Signature, ratification, acceptance, approval, accession

1. This Convention is open for signature by all States in Singapore, on 7 August 2019, and thereafter at United Nations Headquarters in New York.

2. This Convention is subject to ratification, acceptance or approval by the signatories.

3. This Convention is open for accession by all States that are not signatories as from the date it is open for signature.

4. Instruments of ratification, acceptance, approval or accession are to be deposited with the depositary.

Article 12. Participation by regional economic integration organizations

1. A regional economic integration organization that is constituted by sovereign States and has competence over certain matters governed by this Convention may similarly sign, ratify, accept, approve or accede to this Convention. The regional economic integration organization shall in that case have the rights and obligations of a Party to the Convention, to the extent that that organization has competence over matters governed by this Convention. Where the number of Parties to the Convention is relevant in this Convention, the regional economic integration organization shall not count as a Party to the Convention in addition to its member States that are Parties to the Convention.

2. The regional economic integration organization shall, at the time of signature, ratification, acceptance, approval or accession, make a declaration to the depositary specifying the matters governed by this Convention in respect of which competence has been transferred to that organization by its member States. The regional economic integration organization shall promptly notify the depositary of any changes to the distribution of competence, including new transfers of competence, specified in the declaration under this paragraph.

3. Any reference to a "Party to the Convention", "Parties to the Convention", a "State" or "States" in this Convention applies equally to a regional economic integration organization where the context so requires.

4. This Convention shall not prevail over conflicting rules of a regional economic integration organization, whether such rules were adopted or entered into force before or after this Convention:

(a) if, under article 4, relief is sought in a State that is member of such an organization and all the States relevant under article 1, paragraph 1, are members of such an organization; or

(b) as concerns the recognition or enforcement of judgments between member States of such an organization.

Article 13. Non-unified legal systems

1. If a Party to the Convention has two or more territorial units in which different systems of law are applicable in relation to the matters dealt with in this Convention, it may, at the time of signature, ratification, acceptance, approval or accession, declare that this Convention is to extend to all its territorial units or only to one or more of them, and may amend its declaration by submitting another declaration at any time.

2. These declarations are to be notified to the depositary and are to state expressly the territorial units to which the Convention extends.

3. If a Party to the Convention has two or more territorial units in which different systems of law are applicable in relation to the matters dealt with in this Convention:

(a) Any reference to the law or rule of procedure of a State shall be construed as referring, where appropriate, to the law or rule of procedure in force in the relevant territorial unit;

(b) Any reference to the place of business in a State shall be construed as referring, where appropriate, to the place of business in the relevant territorial unit;

(c) Any reference to the competent authority of the State shall be construed as referring, where appropriate, to the competent authority in the relevant territorial unit.

4. If a Party to the Convention makes no declaration under paragraph 1 of this article, the Convention is to extend to all territorial units of that State.

Article 14. Entry into force

1. This Convention shall enter into force six months after deposit of the third instrument of ratification, acceptance, approval or accession.

2. When a State ratifies, accepts, approves or accedes to this Convention after the deposit of the third instrument of ratification, acceptance, approval or accession, this Convention shall enter into force in respect of that State six months after the date of the deposit of its instrument of ratification, acceptance, approval or accession. The Convention shall enter into force for a territorial unit to which this Convention has been extended in accordance with article 13 six months after the notification of the declaration referred to in that article.

Article 15. Amendment

1. Any Party to the Convention may propose an amendment to the present Convention by submitting it to the Secretary−General of the United Nations. The Secretary−General shall thereupon communicate the proposed amendment to the Parties to the Convention with a request that they indicate whether they favour a conference of Parties to the Convention for the purpose of considering and voting upon the proposal. In the event that within four months from the date of such communication at least one third of the Parties to the Convention favour such a conference, the Secretary−General shall convene the conference under the auspices of the United Nations.

2. The conference of Parties to the Convention shall make every effort to achieve consensus on each amendment. If all efforts at consensus are exhausted and no consensus is reached, the amendment shall, as a last resort, require for its adoption a two−thirds majority vote of the Parties to the Convention present and voting at the conference.

3. An adopted amendment shall be submitted by the depositary to all the Parties to the Convention for ratification, acceptance or approval.

4. An adopted amendment shall enter into force six months after the date of deposit of the third instrument of ratification, acceptance or approval. When an amendment enters into force, it shall be binding on those Parties to the Convention that have expressed consent to be bound by it.

5. When a Party to the Convention ratifies, accepts or approves an amendment following the deposit of the third instrument of ratification, acceptance or approval, the amendment shall enter into force in respect of that Party to the Convention six months after the date of the deposit of its instrument of ratification, acceptance or approval.

Article 16. Denunciations

1. A Party to the Convention may denounce this Convention by a formal notification in writing addressed to the depositary. The denunciation may be limited to certain territorial units of a non−unified legal system to which this Convention applies.
2. The denunciation shall take effect 12 months after the notification is received by the depositary. Where a longer period for the denunciation to take effect is specified in the notification, the denunciation shall take effect upon the expiration of such longer period after the notification is received by the depositary. The Convention shall continue to apply to settlement agreements concluded before the denunciation takes effect.

DONE in a single original, of which the Arabic, Chinese, English, French, Russian and Spanish texts are equally authentic.

UNCITRAL Model Law on International Commercial Mediation and International Settlement Agreements Resulting from Mediation, 2018 (amending the UNCITRAL Model Law on International Commercial Conciliation, 2002)

Section 1 — General provisions

Article 1. Scope of application of the Law and definitions

1. This Law applies to international commercial[1] mediation[2] and to international settlement agreements.

2. For the purposes of this Law, "mediator" means a sole mediator or two or more mediators, as the case may be.

3. For the purposes of this Law, "mediation" means a process, whether referred to by the expression mediation, conciliation or an expression of similar import, whereby parties request a third person or persons ("the

---

1) The term "commercial" should be given a wide interpretation so as to cover matters arising from all relationships of a commercial nature, whether contractual or not. Relationships of a commercial nature include, but are not limited to, the following transactions: any trade transaction for the supply or exchange of goods or services; distribution agreement; commercial representation or agency; factoring; leasing; construction of works; consulting; engineering; licensing; investment; financing; banking; insurance; exploitation agreement or concession; joint venture and other forms of industrial or business cooperation; and carriage of goods or passengers by air, sea, rail or road.

2) In its previously adopted texts and relevant documents, UNCITRAL used the term "conciliation" with the understanding that the terms "conciliation" and "mediation" were interchangeable. In preparing this Model Law, the Commission decided to use the term "mediation" instead in an effort to adapt to the actual and practical use of the terms and with the expectation that this change will facilitate the promotion and heighten the visibility of the Model Law. This change in terminology does not have any substantive or conceptual implications.

mediator") to assist them in their attempt to reach an amicable settlement of their dispute arising out of or relating to a contractual or other legal relationship. The mediator does not have the authority to impose upon the parties a solution to the dispute.

Article 2. Interpretation

1. In the interpretation of this Law, regard is to be had to its international origin and to the need to promote uniformity in its application and the observance of good faith.

2. Questions concerning matters governed by this Law which are not expressly settled in it are to be settled in conformity with the general principles on which this Law is based.

Section 2 — International commercial mediation
Article 3. Scope of application of the section and definitions

1. This section applies to international[3] commercial mediation.

2. A mediation is "international" if:

   (a) The parties to an agreement to mediate have, at the time of the conclusion of that agreement, their places of business in different States; or

   (b) The State in which the parties have their places of business is different from either:

   (i) The State in which a substantial part of the obligations of the commercial relationship is to be performed; or

   (ii) The State with which the subject matter of the dispute is most closely connected.

3. For the purposes of paragraph 2:

   (a) If a party has more than one place of business, the place of business

---

3) States wishing to enact this section to apply to domestic as well as international mediation may wish to consider the following changes to the text:
   - Delete the word "international" in paragraph 1 of articles 1 and 3; and
   - Delete paragraphs 2, 3 and 4 of article 3, and modify references to paragraphs accordingly.

is that which has the closest relationship to the agreement to mediate;

(b) If a party does not have a place of business, reference is to be made to the party's habitual residence.

4. This section also applies to commercial mediation when the parties agree that the mediation is international or agree to the applicability of this section.

5. The parties are free to agree to exclude the applicability of this section.

6. Subject to the provisions of paragraph 7 of this article, this section applies irrespective of the basis upon which the mediation is carried out, including agreement between the parties whether reached before or after a dispute has arisen, an obligation established by law, or a direction or suggestion of a court, arbitral tribunal or competent governmental entity.

7. This section does not apply to:

(a) Cases where a judge or an arbitrator, in the course of judicial or arbitral proceedings, attempts to facilitate a settlement; and

(b) [⋯].

Article 4. Variation by agreement

Except for the provisions of article 7, paragraph 3, the parties may agree to exclude or vary any of the provisions of this section.

Article 5. Commencement of mediation proceedings[4]

1. Mediation proceedings in respect of a dispute that has arisen commence on the day on which the parties to that dispute agree to engage in mediation proceedings.

---

4) The following text is suggested for States that might wish to adopt a provision on the suspension of the limitation period:

Article X. Suspension of limitation period

1. When the mediation proceedings commence, the running of the limitation period regarding the claim that is the subject matter of the mediation is suspended.

2. Where the mediation proceedings have terminated without a settlement agreement, the limitation period resumes running from the time the mediation ended without a settlement agreement.

2. If a party that invited another party to mediate does not receive an acceptance of the invitation within 30 days from the day on which the invitation was sent, or within such other period of time as specified in the invitation, the party may elect to treat this as a rejection of the invitation to mediate.

Article 6. Number and appointment of mediators

1. There shall be one mediator, unless the parties agree that there shall be two or more mediators.
2. The parties shall endeavour to reach agreement on a mediator or mediators, unless a different procedure for their appointment has been agreed upon.
3. Parties may seek the assistance of an institution or person in connection with the appointment of mediators. In particular:
   (a) A party may request such an institution or person to recommend suitable persons to act as mediator; or
   (b) The parties may agree that the appointment of one or more mediators be made directly by such an institution or person.
4. In recommending or appointing individuals to act as mediator, the institution or person shall have regard to such considerations as are likely to secure the appointment of an independent and impartial mediator and, where appropriate, shall take into account the advisability of appointing a mediator of a nationality other than the nationalities of the parties.
5. When a person is approached in connection with his or her possible appointment as mediator, he or she shall disclose any circumstances likely to give rise to justifiable doubts as to his or her impartiality or independence. A mediator, from the time of his or her appointment and throughout the mediation proceedings, shall without delay disclose any such circumstances to the parties unless they have already been informed of them by him or her.

Article 7. Conduct of mediation

1. The parties are free to agree, by reference to a set of rules or otherwise, on the manner in which the mediation is to be conducted.

2. Failing agreement on the manner in which the mediation is to be conducted, the mediator may conduct the mediation proceedings in such a manner as the mediator considers appropriate, taking into account the circumstances of the case, any wishes that the parties may express and the need for a speedy settlement of the dispute.

3. In any case, in conducting the proceedings, the mediator shall seek to maintain fair treatment of the parties and, in so doing, shall take into account the circumstances of the case.

4. The mediator may, at any stage of the mediation proceedings, make proposals for a settlement of the dispute.

Article 8. Communication between mediator and parties

The mediator may meet or communicate with the parties together or with each of them separately.

Article 9. Disclosure of information

When the mediator receives information concerning the dispute from a party, the mediator may disclose the substance of that information to any other party to the mediation. However, when a party gives any information to the mediator, subject to a specific condition that it be kept confidential, that information shall not be disclosed to any other party to the mediation.

Article 10. Confidentiality

Unless otherwise agreed by the parties, all information relating to the mediation proceedings shall be kept confidential, except where disclosure is required under the law or for the purposes of implementation or enforcement of a settlement agreement.

Article 11. Admissibility of evidence in other proceedings

1. A party to the mediation proceedings, the mediator and any third person,

including those involved in the administration of the mediation proceedings, shall not in arbitral, judicial or similar proceedings rely on, introduce as evidence or give testimony or evidence regarding any of the following:

(a) An invitation by a party to engage in mediation proceedings or the fact that a party was willing to participate in mediation proceedings;

(b) Views expressed or suggestions made by a party in the mediation in respect of a possible settlement of the dispute;

(c) Statements or admissions made by a party in the course of the mediation proceedings;

(d) Proposals made by the mediator;

(e) The fact that a party had indicated its willingness to accept a proposal for settlement made by the mediator;

(f) A document prepared solely for purposes of the mediation proceedings.

2. Paragraph 1 of this article applies irrespective of the form of the information or evidence referred to therein.

3. The disclosure of the information referred to in paragraph 1 of this article shall not be ordered by an arbitral tribunal, court or other competent governmental authority and, if such information is offered as evidence in contravention of paragraph 1 of this article, that evidence shall be treated as inadmissible. Nevertheless, such information may be disclosed or admitted in evidence to the extent required under the law or for the purposes of implementation or enforcement of a settlement agreement.

4. The provisions of paragraphs 1, 2 and 3 of this article apply whether or not the arbitral, judicial or similar proceedings relate to the dispute that is or was the subject matter of the mediation proceedings.

5. Subject to the limitations of paragraph 1 of this article, evidence that is otherwise admissible in arbitral or judicial or similar proceedings does not become inadmissible as a consequence of having been used in a mediation.

Article 12. Termination of mediation proceedings

The mediation proceedings are terminated:

(a) By the conclusion of a settlement agreement by the parties, on the date of the agreement;

(b) By a declaration of the mediator, after consultation with the parties, to the effect that further efforts at mediation are no longer justified, on the date of the declaration;

(c) By a declaration of the parties addressed to the mediator to the effect that the mediation proceedings are terminated, on the date of the declaration; or

(d) By a declaration of a party to the other party or parties and the mediator, if appointed, to the effect that the mediation proceedings are terminated, on the date of the declaration.

Article 13. Mediator acting as arbitrator

Unless otherwise agreed by the parties, the mediator shall not act as an arbitrator in respect of a dispute that was or is the subject of the mediation proceedings or in respect of another dispute that has arisen from the same contract or legal relationship or any related contract or legal relationship.

Article 14. Resort to arbitral or judicial proceedings

Where the parties have agreed to mediate and have expressly undertaken not to initiate during a specified period of time or until a specified event has occurred arbitral or judicial proceedings with respect to an existing or future dispute, such an undertaking shall be given effect by the arbitral tribunal or the court until the terms of the undertaking have been complied with, except to the extent necessary for a party, in its opinion, to preserve its rights. Initiation of such proceedings is not of itself to be regarded as a waiver of the agreement to mediate or as a termination of the mediation proceedings.

Article 15. Binding and enforceable nature of settlement agreements

If the parties conclude an agreement settling a dispute, that settlement agreement is binding and enforceable.

Section 3 — International settlement agreements[5)]

Article 16. Scope of application of the section and definitions

1. This section applies to international agreements resulting from mediation and concluded in writing by parties to resolve a commercial dispute ("settlement agreements").[6)]

2. This section does not apply to settlement agreements:

   (a) Concluded to resolve a dispute arising from transactions engaged in by one of the parties (a consumer) for personal, family or household purposes;

   (b) Relating to family, inheritance or employment law.

3. This section does not apply to:

   (a) Settlement agreements:

      (i) That have been approved by a court or concluded in the course of proceedings before a court; and

      (ii) That are enforceable as a judgment in the State of that court;

   (b) Settlement agreements that have been recorded and are enforceable as an arbitral award.

4. A settlement agreement is "international" if, at the time of the conclusion of the settlement agreement:[7)]

   (a) At least two parties to the settlement agreement have their places of business in different States; or

   (b) The State in which the parties to the settlement agreement have their places of business is different from either:

      (i) The State in which a substantial part of the obligations under the settlement agreement is to be performed; or

---

5) A State may consider enacting this section to apply to agreements settling a dispute, irrespective of whether they resulted from mediation. Adjustments would then have to be made to relevant articles.

6) A State may consider enacting this section to apply only where the parties to the settlement agreement agreed to its application.

7) A State may consider broadening the definition of "international" settlement agreement by adding the following subparagraph to paragraph 4: "A settlement agreement is also 'international' if it results from international mediation as defined in article 3, paragraphs 2, 3 and 4."

(ii) The State with which the subject matter of the settlement agreement is most closely connected.

5. For the purposes of paragraph 4:

(a) If a party has more than one place of business, the relevant place of business is that which has the closest relationship to the dispute resolved by the settlement agreement, having regard to the circumstances known to, or contemplated by, the parties at the time of the conclusion of the settlement agreement;

(b) If a party does not have a place of business, reference is to be made to the party's habitual residence.

6. A settlement agreement is "in writing" if its content is recorded in any form. The requirement that a settlement agreement be in writing is met by an electronic communication if the information contained therein is accessible so as to be useable for subsequent reference.

Article 17. General principles

1. A settlement agreement shall be enforced in accordance with the rules of procedure of this State, and under the conditions laid down in this section.

2. If a dispute arises concerning a matter that a party claims was already resolved by a settlement agreement, the party may invoke the settlement agreement in accordance with the rules of procedure of this State, and under the conditions laid down in this section, in order to prove that the matter has already been resolved.

Article 18. Requirements for reliance on settlement agreements

1. A party relying on a settlement agreement under this section shall supply to the competent authority of this State:

(a) The settlement agreement signed by the parties;

(b) Evidence that the settlement agreement resulted from mediation, such as:

(i) The mediator's signature on the settlement agreement;

(ii) A document signed by the mediator indicating that the mediation was carried out;

    (iii) An attestation by the institution that administered the mediation; or

    (iv) In the absence of (i), (ii) or (iii), any other evidence acceptable to the competent authority.

2. The requirement that a settlement agreement shall be signed by the parties or, where applicable, the mediator, is met in relation to an electronic communication if:

    (a) A method is used to identify the parties or the mediator and to indicate the parties' or mediator's intention in respect of the information contained in the electronic communication; and

    (b) The method used is either:

        (i) As reliable as appropriate for the purpose for which the electronic communication was generated or communicated, in the light of all the circumstances, including any relevant agreement; or

        (ii) Proven in fact to have fulfilled the functions described in subparagraph (a) above, by itself or together with further evidence.

3. If the settlement agreement is not in an official language of this State, the competent authority may request a translation thereof into such language.

4. The competent authority may require any necessary document in order to verify that the requirements of this section have been complied with.

5. When considering the request for relief, the competent authority shall act expeditiously.

Article 19. Grounds for refusing to grant relief

1. The competent authority of this State may refuse to grant relief at the request of the party against whom the relief is sought only if that party furnishes to the competent authority proof that:

    (a) A party to the settlement agreement was under some incapacity;

    (b) The settlement agreement sought to be relied upon:

        (i) Is null and void, inoperative or incapable of being performed under the law to which the parties have validly subjected it or, failing any indication thereon, under the law deemed applicable by the competent authority;

        (ii) Is not binding, or is not final, according to its terms; or

(iii) Has been subsequently modified;

(c) The obligations in the settlement agreement:

(i) Have been performed; or

(ii) Are not clear or comprehensible;

(d) Granting relief would be contrary to the terms of the settlement agreement;

(e) There was a serious breach by the mediator of standards applicable to the mediator or the mediation without which breach that party would not have entered into the settlement agreement; or

(f) There was a failure by the mediator to disclose to the parties circumstances that raise justifiable doubts as to the mediator's impartiality or independence and such failure to disclose had a material impact or undue influence on a party without which failure that party would not have entered into the settlement agreement.

2. The competent authority of this State may also refuse to grant relief if it finds that:

(a) Granting relief would be contrary to the public policy of this State; or

(b) The subject matter of the dispute is not capable of settlement by mediation under the law of this State.

Article 20. Parallel applications or claims

If an application or a claim relating to a settlement agreement has been made to a court, an arbitral tribunal or any other competent authority which may affect the relief being sought under article 18, the competent authority of this State where such relief is sought may, if it considers it proper, adjourn the decision and may also, on the request of a party, order the other party to give suitable security.

부록 약어

논문/저서

Alexander & Chong: Nadja Alexander and Shouyu Chong, *The Singapore Convention on Mediation: A Commentary*(2019)

Gary Born: Gary Born, *International Commercial Arbitration*(2014)

Natalie Morris—Sharma: Natalie Y Morris—Sharma, "Constructing the Convention on Mediation: The Chairperson's Perspective", 31 SAcLJ 487(2019)

Timothy Schnabel: Timothy Schnabel, "The Singapore Convention on Mediation: A Framework for the Cross—Border Recognition and Enforcement of Mediated Settlements", 19 Pepp. Disp. Resol. L.J. 1(2019)

법령/조약 등

뉴욕중재협약: 외국 중재판정의 승인과 집행에 관한 뉴욕협약(New York Convention on the Recognition and Enforcement of Foreign Arbitral Awards, 1958)

미국 통일조정법: 통일조정법(Uniform Mediation Act, 2001년 채택 및 2003년 개정)

싱가포르 국제중재법: 싱가포르 국제중재법(Singapore International Arbitration Act)

싱가포르조정협약: 조정에 의한 국제화해합의에 관한 UN협약(United Nations Convention on International Settlement Agreements Resulting from Mediation, 2019)

싱가포르 싱가포르조정협약법: 2020년 싱가포르조정협약법(Singapore Convention on Mediation Act 2020)

전자계약협약: 국제계약에서 전자적 교신의 이용에 관한 UN 협약(United Nations Convention on the Use of Electronic Communications in International Contracts, 2005)

전자계약협약 주석: 국제계약에서 전자적 교신의 이용에 관한 UN 협약에 대한 UNCITRAL 사무국의 주석(Explanatory note by the UNCITRAL secretariat on the United Nations Convention on the Use of Electronic Communications in

International Contracts)

조정규칙: UNCITRAL 조정규칙(Mediation Rules, 2021)

조정 노트: UNCITRAL 조정 노트(Notes on Mediation, 2021)

조정모델법: 2018년 UNCITRAL 국제상사조정 및 조정에 의한 국제화해합의 모델법(2002년 UNCITRAL 국제상사컨실리에이션 모델법 개정)(UNCITRAL Model Law on International Commercial Mediation and International Settlement Agreement Resulting from Mediation, 2018(amending the UNCITRAL Model Law on International Commercial Conciliation, 2002))

조정모델법 가이드: UNCITRAL 조정모델법의 입법 및 이용 가이드(Guide to Enactment and Use of the UNCITRAL Model Law on International Commercial Mediation and International Settlement Agreements Resulting from Mediation(2018), 2021)

중재규칙: UNCITRAL 중재규칙(Arbitration Rules, 1976)

중재모델법: UNCITRAL 국제상사중재 모델법(Model Law on International Commercial Arbitration, 1985년 채택 및 2006년 개정)

컨실리에이션모델법: UNCITRAL 국제상사컨실리에이션 모델법(Model Law on International Commercial Conciliation, 2002)

컨실리에이션모델법 가이드: 국제상사컨실리에이션 모델법의 입법 및 이용 가이드(Guide to Enactment and Use of the Model Law on International Commercial Conciliation, 2002)

헤이그관할합의협약: 관할합의에 관한 헤이그협약(Hague Convention on Choice of Court Agreements, 2005)

헤이그외국판결협약: 민사/상사 외국판결의 승인 및 집행에 관한 헤이그협약(Hague Convention on the Recognition and Enforcement of Foreign Judgments in Civil or Commercial Matters, 2019)

EU 조정지침: 민사/상사 조정에 관한 지침(Directive 2008/52/EC of the European Parliament and of the Council of 21 May 2008 on certain aspects of mediation in civil and commercial matters)

EU 행동강령: 유럽조정인행동강령(European Code of Conduct for Mediators)

ODR 노트: UNCITRAL ODR 노트(UNCITRAL Technical Notes on Online Dispute Resolution)

보고서 등

2000년 3월 작업그룹 보고서: UNCITRAL, Report of Working Group on

Arbitration on the work of its thirty-second session(Vienna, 20-31 March 2000)

2001년 11월 작업그룹 보고서: UNCITRAL, Report of Working Group on Arbitration on the work of its thirty-fifth session(Vienna, 19-30 November 2001)

2015년 2월 작업그룹 보고서: UNCITRAL, Report of Working Group Ⅱ (Arbitration and Conciliation) on the work of its sixty-second session (New York, 2-6 February 2015)

2015년 9월 작업그룹 보고서: UNCITRAL, Report of Working Group Ⅱ (Arbitration and Conciliation) on the work of its sixty-third session (Vienna, 7-11 September 2015)

2016년 2월 작업그룹 보고서: UNCITRAL, Report of Working Group Ⅱ (Arbitration and Conciliation) on the work of its sixty-fourth session (New York, 1-5 February 2016)

2016년 9월 작업그룹 보고서: UNCITRAL, Report of Working Group Ⅱ (Dispute Settlement) on the work of its sixty-fifth session(Vienna, 12-23 September 2016)

2017년 2월 작업그룹 보고서: UNCITRAL, Report of Working Group Ⅱ (Dispute Settlement) on the work of its sixty-sixth session(New York, 6-10 February 2017)

2017년 10월 작업그룹 보고서: UNCITRAL, Report of Working Group Ⅱ (Dispute Settlement) on the work of its sixty-seventh session(Vienna, 2-6 October 2017)

2018년 2월 작업그룹 보고서: UNCITRAL, Report of Working Group Ⅱ (Dispute Settlement) on the work of its sixty-eighth session(New York, 5-9 February 2018)

2014년 UNCITRAL 보고서: A/69/17 - Report of the United Nations Commission on International Trade Law on the work of its forty-seventh session(New York, 7-18 July 2014)

2015년 UNCITRAL 보고서: A/70/17 - Report of the United Nations Commission on International Trade Law on the work of its forty-eighth session(Vienna, 29 June-16 July 2015)

2017년 UNCITRAL 보고서: A/72/17 - Report of the United Nations

Commission on International Trade Law on the work of its fiftieth session (Vienna, 3-21 July, 2017)

2018년 UNCITRAL 보고서: A/73/17 - Report of the United Nations Commission on International Trade Law on the work of its fifty-first session(New York, 25 June-13 July 2018)

2021년 UNCITRAL 보고서: A/76/17 - Report of the United Nations Commission on International Trade Law on the work of its fifty-fourth session(Vienna, 28 June-16 July 2021)

2016년 사무국 노트: UNCITRAL, Note by the Secretariat, A/CN.9/WG.II/WP.195 (1-5 February 2016)

2017년 사무국 노트 1: UNCITRAL, Note by the Secretariat, A/CN.9/WG.II/WP.202, (2017): compromise as supported by the Commission

2017년 사무국 노트 2: UNCITRAL, Note by the Secretariat, A/CN.9/WG.II/WP.205 (2017)

용어 등

작업그룹: UNCITRAL 작업그룹 Ⅱ

협약: 싱가포르조정협약

협약 당사국: 싱가포르조정협약 당사국

부록   참고자료

논문/저서

사법정책연구원, 외국재판의 승인과 집행에 관한 연구(2020년)

한국조정학회, 국제상사조정 및 합의의 집행 관련 협약과 모델법의 국내 수용
및 동북아시아 분쟁 조정 허브 도입 방안 연구(법무부, 2019)

Nadja Alexander, "The Mediation Metamodel: Understanding Practice", 26
Conflict Resolution Quarterly 97(2008)

Nadja Alexander, *International and Comparative Mediation — Legal Perspectives*
(2009)

Nadja Alexander and Felix Steffek, *Making Mediation Law*(International
Finance Corporation, 2016)

Nadja Alexander and Shouyu Chong, *The Singapore Convention on Mediation:
A Commentary*(2019)

Nadja Alexander & Shouyu Chong, "Singapore Case Note: Interpretation of
MSAs and Inadmissibility of Evidence", Kluwer Mediation Blog(March 17,
2019)

Tristan Baumé, "Competence of the Community to Conclude the New
Lugano Convention on Jurisdiction and the Recognition and Enforcement
of Judgements in Civil and Commercial Matters: Opinion 1/03 of 7
February 2006", 7 German Law Journal 681(2006)

George A. Bermann, "Recognition and Enforcement of Foreign Arbitral
Awards — The Interpretation and Application of the New York Convention
by National Courts" in George A. Bermann(ed.), *Recognition and Enforcement
of Foreign Arbitral Awards* 23(2017)

Gary Born, *International Commercial Arbitration*(2014)

Haoqian Chen, Hailin Bao & Tianyi Zhang. "Piercing the Veil of Public
Policy in the Recognition and Enforcement of Foreign—Related Awards in
China", 7 Beijing Law Review 23(2016)

Shouyu Chong and Nadja Alexander, "An Implied Ground for Refusal to

Enforce iMSAs Under the Singapore Convention on Medialion: The Effect of Article 6", Kluwer Mediation B1og(17 February 2019)

Shouyu Chong and Felix Steffek, "Enforcement of international settlement agreements resulting from mediation under the Singapore convention – Private international law issues in perspective", 31 SAcLJ 448(2019)

Eunice Chua, "The Singapore Convention on Mediation: A Brighter Future for Asian Dispute Resolution", Asian Journal of International Law 1(2019)

James R. Coben, "Evaluating the Singapore Convention through a U.S.- Centric Litigation Lens: Lessons Learned from Nearly Two Decades o{ Mediation Disputes in American Federal and State Courts", Cardozo J. Conflict Resol. 1063(2019)

Aldo Frignani, "Interpretation and Application of the New York Convention in Italy", in George A. Bermann(ed.), *Recognition and Enforcement of Foreign Arbitral Awards* 568(2017)

Prof. Dr. Kennedy Gastorn, "Speech of the Secretary General of AALCO on "Mediation in Disputes pertaining to Multinational Corporations: Convention on International Settlement Agreements Resulting from Mediation(the Singpore Convention)" at the International Conference on Mediation – 2019"(6-7 April 2019)

Jonathan Hill, "The Exercise of Judicial Discretion in Relation to Applications to Enforce Arbitral Awards under the New York Convention 1958", 36 Oxford Journal of Legal Studies 304(2016)

George Korontzis, "Making the Treaty", in Hollis(ed.), *The Oxford Guide to Treaties*(2014)

P. Mayer and A. Sheppard, "Final ILA Report on Public Policy as a Bar to Enforcement of International Arbitral Awards", 19 Arb. Int'1 249(2003)

Haris Meidanis, "International Enforcement of Mediated Settlement Agreements: Two and a Half Models – Why and How to Enforce Internationally Mediated Settlement Agreements", 85(1) Arbitration 49(2019)

Haris Meidanis, "Singapore Convention Series: A Plea for The Adoption of the Singapore Convention by the EU", Kluwer Mediation Blog(March 20, 2019).

Natalie Y Morris-Sharma, "Constructing the Convention on Mediation: The Chairperson's Perspective", 31 SAcLJ 487(2019)

Norel Rosner, "The New UNCITRAL Instruments on International Commercial Settlement Agreements Resulting from Mediation – an Insider's View", 22(4) Nederlands–Vlaams tijdschrift voor mediation en conflictmanagement 30(2018)

Chee Ho Tham, "Discharge by Performance or Operation of Law" in Andrew Phang(ed.), *The Law of Contract in Singapore*(2012)

Timothy Schnabel, "The Singapore Convention on Mediation: A Framework for the Cross–Border Recognition and Enforcement of Mediated Settlements", 19 Pepp. Disp. Resol. L.J. 1(2019)

Timothy Schnabel, "Implementation of the Singapore Convention: Federalism, Self–Execution, and Private Law Treaties", 30 Am. Rev. Int'l Arb. 265 (2019)

Singapore International Dispute Resolution Academy, *SIDRA Survery 2020* (2020)

UN Office of Legal Affairs, *Treaty Handbook*(2012)

국제 문서

아시아태평양 국경간 전자무역의 촉진에 관한 프레임워크협정(Framework Agreement on Facilitation of Cross–border Paperless Trade in Asia and the Pacific)

국경간 기업간 분쟁의 온라인 분쟁해결의 APEC 공동 프레임워크(APEC Collaborative Framework for Online Dispute Resolution of Cross–Border Business–to–Business Disputes)

UNCITRAL 문서

UNCITRAL, *Yearbook, Vol XI: 1980*(A/CN.9/SER.A/1980)(1982) Part Three, Annex Ⅱ

UNCITRAL 작업그룹 보고서:

Report of Working Group on Arbitration on the work of its thirty–second session(Vienna, 20–31 March 2000)

Report of Working Group on Arbitration on the work of its thirty–fifth session(Vienna, 19–30 November 2001)

Report of Working Group Ⅱ(Arbitration and Conciliation) on the work of its sixty−second session(New York, 2−6 February 2015)

Report of Working Group Ⅱ(Arbitration and Conciliation) on the work of its sixty−third session(Vienna, 7−11 September 2015)

Report of Working Group Ⅱ(Arbitration and Conciliation) on the work of its sixty−fourth session(New York, 1−5 February 2016)

Report of Working Group Ⅱ(Dispute Settlement) on the work of its sixty−fifth session(Vienna, 12−23 September 2016)

Report of Working Group Ⅱ(Dispute Settlement) on the work of its sixty−sixth session(New York, 6−10 February 2017)

Report of Working Group Ⅱ(Dispute Settlement) on the work of its sixty−seventh session(Vienna, 2−6 October 2017)

Report of Working Group Ⅱ(Dispute Settlement) on the work of its sixty−eighth session(New York, 5-9 February 2018)

UNCITRAL 보고서:

A/69/17 - Report of the United Nations Commission on International Trade Law on the work of its forty−seventh session(New York, 7−18 July 2014).

A/70/17 - Report of the United Nations Commission on International Trade Law on the work of its forty−eighth session(Vienna, 29 June−16 July 2015).

A/72/17 − Report of the United Nations Commission on International Trade Law on the work of its fiftieth session(Vienna, 3−21 July, 2017)

A/73/17 − Report of the United Nations Commission on International Trade Law on the work of its fifty−first session(New York, 25 June−13 July 2018)

A/76/17 − Report of the United Nations Commission on International Trade Law on the work of its fifty−fourth session(Vienna, 28 June−16 July 2021)

UNCITRAL 사무국 자료:

Note by the Secretariat, A/CN.9/WG.II/WP.195(1−5 February 2016)

Note by the Secretariat, A/CN.9/WG.II/WP.202(2017)

Note by the Secretariat, UN Doc. A/CN.9/WG.II/WP.205(2017)

UNCITRAL의 '국제상사조정'(International Commercial Mediation)에 관한 홈페이지(https://uncitral.un.org/en/texts/mediation)

UNCITRAL 작업그룹 회의 녹음:
Intervention of the Chair, in UNCITRAL Audio Recordings: Working Group Ⅱ(Dispute Settlement), 66th Session, Feb. 10, 2017, 10:00–13:00 등

판결

Chan Gek Yong v Violet Netto, [2018] SGHC 208, https://www.singapore-lawwatch.sg/Portals/0/%5B2018%5D%20SGHC%20208.pdf

Daiichi Sankyo Company Limited vs Malvinder Mohan Singh And Ors, O.M.P.(EFA)(Comm.)(6/2016), https://indiankanoon.org/doc/105320746/

Electricity Corporation Of New Zealand Limited v/s Fletcher Challenge Energy Limited, CA No. 132 of 2000, Court of Appeal of New Zealand, https://www.lawyerservices.in/Electricity－Corporation－Of－New－Zealand－Limited－Versus－Fletcher－Challenge－Energy－Limited－2001－10－10

Fung Sang Trading Limited v Kai Sun Sea Products and Food Company Limited, [1991] 2 HKC 526; [1992] HKCU 0380, https://newyorkconvention1958.org/index.php?lvl＝notice_display&id＝948&opac_view＝2

Gao Haiyan and Xie Heping v. Keeneye Holdings Limited and New Purple Golden Resources Development Limited, [2012] 1 HKLRD 627, https://newyork-convention1958.org/index.php?lvl＝notice_display&id＝949&opac_view＝2

Haresh Dayaram Thakur v State of Mahrashtra, AIR 2000 SC 2281, https://indiankanoon.org/doc/1600086/

D Heung and Associates, Architects and Engineers v Pacific Enterprises (Holdings) Company Limited, 04.05.1995, CLOUT case No. 108, http://www2.gov.si/uncitral/clout.nsf/250e70152c3772a6c12566cb003c410d/9a29867e72ee99a0c12566cb0045745a?OpenDocument

Jumaiah bte Amir and Another v Salim bin Abdul Rashid, [2019] SGHC 63

Mysore Cements Ltd. v Svedala Barmac Ltd., 2003 AIR SCW 2007, https://indiankanoon.org/doc/1751314/?__cf_chl_jschl_tk__＝pmd_fCl6SIdiJkn81CoqWl8BthA6W4HCVWkvw9EtgmmDvqY－1632725295－0－gqNtZGzNAiWjcnBszQrR

Olam v Congress Mortgage Co, 68 F Supp 2d 1110(ND Ca11999), https://

law.justia.com/cases/federal/district−courts/FSupp2/68/1110/2377130/

USA Productions and Tom Hulett & Associates v. China Women Travel Services, [1997] SPC 35

Vito G. Gallo v The Government of Canada, UNCITRAL PCA Case No. 55798, Decision on the Challenge to Mr. J. Christopher Thomas, QC, (2009), https://www.italaw.com/sites/default/files/case−documents/ita0352 .pdf

Ward v Keen(No 2), [2009] WASC 369, http://sites.thomsonreuters.com.au/ journals/files/2010/09/j01_v021_ADRJ_pt02_casenotes_offprint.pdf

찾아보기

조문색인

저자 약력

박노형 교수는 고려대학교 법과대학을 졸업하고, 고려대학교 대학원(법학석사), 미국 Harvard Law School(LL.M.)과 영국 Cambridge University(Ph.D.)에서 국제법을 공부하였다. 1990년 9월 이후 고려대학교 법과대학/법학전문대학원에서 국제경제법을 중심으로 개인정보보호, 사이버안보, 디지털통상에 관한 법과 협상/조정을 담당하고 있다.

고려대학교 대학원 인문사회계 부장, 기획처장, 교무처장과 법학전문대학원 원장을 맡았고, 국제경제법학회 초대회장, 한국협상학회 회장, 한국조정학회 회장을 맡았으며, 현재 한국통상법제연구소 소장, 국제사이버법연구회 회장, 국제조정센터(KIMC) 이사장, 고려대학교 사이버법센터 소장을 맡고 있다. 개인정보보호위원회 법령평가위원, 무역위원회 위원, 영상물등급위원회 위원, 농산물지리적표시등록심의회 위원장, 동해연구회 회장 등을 맡았다.

개인정보보호, 사이버안보, 디지털통상, 조정의 분야에서 미국, EU, 일본, 중국, 러시아 등의 전문가들과 연구 협력을 정례적으로 수행하고, 정부의 자문을 맡고 있다. 협상 관련하여 「협상교과서」(랜덤하우스코리아, 2007년)와 「한국의 1967년 GATT 가입 협상」(박노형, 정명현 공저, 2019년, 국립외교원 외교안보연구소) 등의 저서가 있다.

국제상사조정체제
싱가포르조정협약을 중심으로

초판발행	2021년 11월 15일
지은이	박노형
펴낸이	안종만 · 안상준
편 집	장유나
기획/마케팅	조성호
표지디자인	이수빈
제 작	고철민 · 조영환
펴낸곳	(주) **박영사**
	서울특별시 금천구 가산디지털2로 53, 210호(가산동, 한라시그마밸리)
	등록 1959. 3. 11. 제300-1959-1호(倫)
전 화	02)733-6771
f a x	02)736-4818
e-mail	pys@pybook.co.kr
homepage	www.pybook.co.kr
ISBN	979-11-303-4037-1 93360

* 파본은 구입하신 곳에서 교환해 드립니다. 본서의 무단복제행위를 금합니다.
* 저자와 협의하여 인지첩부를 생략합니다.

정 가   20,000원